Freizeitführer
SÜDHESSEN

Markus Berger

Wartberg Verlag

Anmerkung des Verlages

Die im nachfolgenden Text verwendeten Symbole haben folgende Bedeutung:
☏ = Telefon, 📠 = Fax, ✉ = E-Mail-Adresse, 🌐 = Internet-Adresse,
☺ = Attraktionen für Kinder und Junggebliebene

1. Auflage 2013

Layout: Designbüro Gerald Halstenberg, Berlin
Karte: KGS Kartographie und Grafik Schlaich, Geislingen
Druck: Thiele & Schwarz, Kassel

34281 Gudensberg-Gleichen, Im Wiesental 1
Telefon (0 56 03) 9 30 50
www.wartberg-verlag.de
ISBN: 978-3-8313-2292-3

Einige Worte vorweg

Liebe Leserin, lieber Leser,
Weinberge und Genusskultur, großstädtische Betriebsamkeit und ländliche Romantik, geschichtsträchtige Winkel und moderne Fleckchen Erde – das alles kennzeichnet das Leben und die Charakteristik Südhessens. Mit dem Freizeitführer Südhessen sind Ihnen auf Ihren Reisen durchs südliche Hessenland Erläuterungen zu Sehenswürdigkeiten, Ausflugzielen, Museen und Freizeitattraktionen gute Begleiter. Entdecken Sie die Angebote der zahlreichen Städte und Gemeinden. Für Einheimische und Besucher jener Orte bieten sich mannigfaltige Möglichkeiten, geruh- und erholsame oder auch abenteuer- und erlebnisreiche, in jedem Fall aber unvergessliche Stunden zu verbringen.
Ob Urlaub oder Tages- oder Wochenendausflug – in Südhessen gibt es für jeden Geschmack das passende Angebot. Historisch bedeutsame Bauwerke und Denkmäler, geschützte und gepflegte Naturräume, actionreiche wie auch beschauliche Freizeitmöglichkeiten sowie Sportangebote, Kultur- und Familien-Erlebnisstätten und vieles mehr sind in Südhessen zu erkunden und zu erleben – lassen Sie sich mit dem Freizeitführer Südhessen auf eine Entdeckungsreise begleiten.

Schloss Steinau ist immer eine Reise wert.

Verlag und Autor bedanken sich bei allen aufgeführten Städten und Gemeinden und bei deren Touristik- und Marketingabteilungen für die freundliche Unterstützung sowie bei allen Fotografen, die mit ihren Bildern den Freizeitführer Südhessen auch zum optischen Genuss haben werden lassen.

Auf eine angenehme Zeit in Südhessen.

Aarbergen

(Rheingau-Taunus-Kreis)

Die Gemeinde Aarbergen liegt in der Mitte zwischen der Region Limburg/Diez und dem Rhein-Main-Gebiet im Bereich des westlichen Untertaunus, abseits von Hektik und andauernder Betriebsamkeit. Sie entstand nach der Gebietsreform 1971 und besteht aus den Ortsteilen Kettenbach, Michelbach, Hausen über Aar, Rückershausen, Panrod und Daisbach.

Gemeinde Aarbergen
Rathausstraße 1
65326 Aarbergen
06120/270
06120/2744
www.aarbergen.de
info@aarbergen.de

Sehenswertes

Durch die Gemeinde zieht sich die Aartalbahn, die mit 40 Bahnkilometern als längstes denkmalgeschütztes Baudenkmal Hessens gilt. Im Sommer werden Draisinefahrten angeboten. Mit ihrem seltenen Wuchs – 12 Ramifikationen – und ihrem außergewöhnlichen Ausmaß prägt die über 250 Jahre alte Apostellinde das Ortsbild von Michelbach. In Hausen über Aar findet man die wunderschöne Aarbrücke aus Bruchsteinmauerwerk mit gusseisernem Geländer von 1863 und ein denkmalgeschütztes Ehrenmal von 1928. Das Ringwall-Altschloss mit einer Ringwallanlage, vermutlich aus dem 8.–10. Jahrhundert, gibt es in Panrod zu bewundern.

▸ Kirchen

In der evangelischen Kirche in der Kettenbacher Kirchgasse 10 befindet sich die unter Denkmalschutz stehende barocke Orgel von 1763. Die Michelbacher Wehrkirche auf dem Friedhof des Orts stammt vermutlich aus dem 11. Jahrhundert. Sie wird seit 1958 als Trauerhalle genutzt. Rückershausen und Panrod besitzen ebenfalls eine evangelische Kirche aus dem 14. Jahrhundert, erbaut um 1326 bzw. 1321. Die katholische Kirche in Daisbach ist die einzige erhaltene katholische Fachwerkkirche Hessens und wurde 1670 erbaut.

▸ Sauerbrunnen

Im Ortsteil Rückershausen steht der Sauerbrunnen, aus dem der Antonius-Sprudel, ein Heilwasser mit natürlicher Kohlensäure, fließt.

Freizeit und Natur

▸ Passavant-Waldschwimmbad

Das Waldschwimmbad bietet ein kombiniertes Becken für Schwimmer und Nichtschwimmer, eine Schaukelbucht, eine Nacken- und Schwallwasserdusche, Rutsche, Planschbecken und vieles mehr.
Adresse: Aarbergen-Michelbach, **Öffnungszeiten:** 10–20 Uhr

▸ Aarhöhenwanderweg

Der historische Aar-Höhenweg führt von der Aarquelle bei Taunusstein-Orlen bis zur Mündung in die Lahn. Durch seine Steigungs- und Gefällstrecken stellt er unterschiedliche Ansprüche an die Wanderer.

▸ Walderlebnispfad Panrod

In reizvollem und landschaftlich schönem Gebiet wurden auf einem 3 km langen Waldweg 11 Stationen eingerichtet, wie z. B. Klanghölzer, eine Akustikhütte, eine Insektenwand und ein Baumtelefon.

▸ Landwehrrundweg

Der Rundweg des Lehrpfads beginnt zwischen Kettenbach und Daisbach auf einem

Parkplatz. Interessant für Hobbyhistoriker sind die Überbleibsel der Köhlerei, die Hohlwege der spätmittelalterlichen Limburger Straße und die Hennethaler Landwehr, ein Wall-Grabensystem.

▸ Aartalradweg

Der gut ausgeschilderte Aartalradweg führt von Diez über Holzheim, Niederneisen, Hahnstätten, Schiesheim über Aarbergen-Michelbach bis Taunusstein. Die Strecken von Diez bis Aarbergen-Michelbach und von Michelbach bis Hohenstein sind familienfreundlich und auch für wenig geübte bis geübte Radfahrer geeignet. An die Strecke von Hohenstein bis Taunusstein sollten sich nur geübte bis sportlich ambitionierte Radfahrer wagen.

▸ Aartalbahn

Die Aartalbahn ist eine denkmalgeschützte Museumsbahn, deren Strecke von Wiesbaden über Taunusstein, Bad Schwalbach, Aarbergen und Hahnstätten bis nach Diez führt. Mit Muskelkraft, nämlich per Draisine, kann die Strecke befahren werden.
Information: Arbeitskreis Aartalbahn
🌐 www.arbeitskreis-aartalbahn.de oder bei der Gemeinde Aarbergen, ✆ 06120/2736

Veranstaltungen und Feste

Jedes Jahr im Herbst wird die Kerb gefeiert. Ob **Michelbacher Hammelkerb, Kettenbacher Schulweihkerb,** die **Häuser** und **Panröder Kerb** oder in Daisbach die **Klaa-Frankfurter-Kerb** – hier haben alle viel Spaß. Seit 1532 findet in Rückershausen jedes Jahr am letzten Dienstag im Oktober der **Rückershäuser Markt** statt. **„Fahr zur Aar"** heißt es immer am letzten Sonntag im Mai. Zu dieser Veranstaltung ist die Aarstraße für Autos tabu. Jeweils am 3. Oktober wird zum **Erlebnistag im Aartal** mit Festen und Märkten eingeladen. Jährlich am zweiten Advent wird der **Michelsbacher Weihnachtsmarkt** veranstaltet.

Im sanierten Waldschwimmbad wird für kleine und große Wasserratten etwas geboten.

Abtsteinach

C4

(Kreis Bergstraße)

Abtsteinach ist mit 2630 Einwohnern die kleinste Gemeinde im Kreis Bergstraße. Mit ihren drei Ortschaften Ober-Abtsteinach, Unter-Abtsteinach und Mackenheim liegt sie mitten im Erholungsgebiet des Geo-Naturparks Bergstraße-Odenwald. Entsprechend bietet die Gemeinde nicht nur eine angenehme Atmosphäre für die Einheimischen, sondern ist zudem ein beliebtes Ziel von Naturfreunden und anderen Touristen. Im Jahr 2012 feierte Abtsteinach sein 1000-jähriges Bestehen.

Gemeinde Abtsteinach
Kirchstraße 2
69518 Abtsteinach
06207/94070
www.abtsteinach.de
gemeinde@abtsteinach.de

Sehenswertes

▸ Sakralbauwerke
Für Freunde historischer Sakralbauten sind die katholische Pfarrkirche St. Bonifatius in Ober-Abtsteinach sowie die Sandsteinkapelle in der Ortsmitte von Unter-Abtsteinach sehenswert.

▸ St. Maria Lichtenklingen
Diese Ruine einer Marienkultstätte befindet sich zwischen dem Hardberg und der Stiefelhöhe nahe den Ortschaften Siedelsbrunn und Unter-Abtsteinach. Möglicherweise befand sich hier ein aus heidnischen Zeiten stammendes Quellheiligtum der Kelten oder Germanen. Die Ruine des noch vor dem 14. Jahrhundert errichteten Bauwerks ist zum Teil noch gut erhalten und restauriert worden.

Freizeit und Natur

▸ Wanderzentrum des UNESCO Geo-Naturparks Bergstraße-Odenwald
Das Wanderzentrum befindet sich in den Räumen der Sparkasse Starkenburg (Ortsmitte Ober-Abtsteinach). Im Wanderzentrum erhalten Besucher Informationsmaterial über den Geo-Naturpark sowie über regionale und überregionale Veranstaltungen. Geopark-vor-Ort-Begleiter bieten auf Anfrage geführte Wanderungen zu verschiedenen Themen an.
Öffnungszeiten: Unter der Woche zu den Öffnungszeiten der Sparkasse sowie am Wochenende von 10–12 Uhr.

Die katholische Pfarrkirche St. Bonifatius in Ober-Abtsteinach.

▸ Kunstweg Abtsteinach
Von Künstlern gestaltete und in die Landschaft integrierte Kunstobjekte erfreuen seit dem Jahr 2000 die Besucher der Gemeinde.

▸ Wanderwege
Einer der neuen Qualitätswanderwege im Überwald führt unter der Bezeichnung „Panoramaweg Abtsteinach" rund um die Ortschaften Ober- und Unter-Abtsteinach. Die anspruchsvolle Wanderung führt auf 17 km vorbei an fünf höher als 500 Meter gelegenen Odenwalderhebungen

Der Kunstweg Abtsteinach.

mit wundervollen Ausblicken auf die Rheinebene.

▸ Mountainbike
Immer beliebter wird das Befahren der Wälder mit dem Mountainbike. Speziell hierfür ausgewiesene Strecken erleichtern den Fahrern die Orientierung und führen sie zu attraktiven Aussichtspunkten rund um Abtsteinach.

Veranstaltungen und Feste

Am **Fastnachtssonntag** finden die Prunksitzungen des Ober-Abtsteinacher Karnevalclubs und ein großer Umzug statt. Darüber hinaus feiert Absteinach die **Kirchweih** in den Ortsteilen Ober- und Unter-Abtsteinach, den **Kunsthandwerkermarkt** zu Pfingsten sowie diverse Pfarrfeste. Auch die **Wallfahrt nach Lichtenklingen** am Sonntag nach Maria Himmelfahrt ist einen Besuch wert. Mit dem **Weihnachtsmarkt** am 3. Adventswochenende endet das Jahr in Ober-Abtsteinach.

Alsbach-Hähnlein

(Darmstadt-Dieburg)

Alsbach-Hähnlein an der Bergstraße ist eine Gemeinde, in der etwa 9400 Einwohner leben. Alsbach wurde erstmals im Jahr 773 urkundlich erwähnt, Hähnlein unter dem Namen Hennechen 1333. Archäologische Funde belegen, dass die Gemarkungen Alsbach und Hähnlein bereits in der Jungsteinzeit, um 2800 vor Christus, bevölkert gewesen waren.

Gemeinde Alsbach-Hähnlein
Bickenbacher Straße 6
64665 Alsbach-Hähnlein
06257/5008-0
www.alsbach-haehnlein.de

Sehenswertes

▸ Schloss Alsbach
Das Alsbacher Schloss, die sogenannte Burg Bickenbach, war um 1235 im Auftrag der

Das Rathaus von Alsbach-Hähnlein.

Herren von Bickenbach oberhalb des Dorfs Alsbach errichtet worden. Das Schloss zählt heute zu den Hessischen Kulturgütern. Seit 2005 existiert eine Rittergruppe, die die Kultur des mittelalterlichen Lebens erhalten will. Im Eingangsbereich sowie in der Vorburg ist ein Kräutergarten angelegt. Das Rosarium zieht das ganze Jahr über Rosen- und Pflanzenfreunde in seinen Bann. Schließlich wird im Schloss Alsbach Wein angebaut. Vom Schlosswein „Barbakan" werden jedes Jahr etwa hundert Liter produziert.
Information: www.schloss-alsbach.org

Museen

▸ Museum Alsbach-Hähnlein
Im Museum Alsbach-Hähnlein wird Regionalgeschichte lebendig. Das Heimatmuseum ist allerdings nur nach Vereinbarung geöffnet.
Adresse: Gernsheimer Straße 36
Kontakt: Gemeindeverwaltung Alsbach-Hähnlein, 06257/5008-0

Freizeit und Natur

▸ Wandern und Radfahren
In und um Alsbach-Hähnlein kommen Radfahrer und Wanderer voll auf ihre Kosten. Im Odenwald und an der Bergstraße bieten sich zahllose Möglichkeiten, die Landschaft in Ruhe zu erkunden. Für Besucher mit Internetanschluss gibt es sogar einen Routenplaner zum Wandern im Netz, mit dem diverse Strecken festgelegt werden können.
Information: www.regioausflug.de/odenwald

Veranstaltungen und Feste

Im Schloss Alsbach wird jedes Jahr zu Pfingsten der größte Kunst- und Handwerksmarkt der Region ausgerichtet. Hier warten zahlreiche Handwerker- und Krämerstände, Ritter, Gaukler und andere historische Figuren – das Motto: „Feiern wie im Mittelalter". Das **Kinder-Ritterfest** im August und das **Kinder-Kelterfest** im September sowie der mittelalterliche **Weihnachtsmarkt** Anfang Dezember bilden den Abschluss des Festjahres in Alsbach-Hähnlein.

Babenhausen

(Darmstadt-Dieburg)

Die Stadt Babenhausen liegt verkehrsgünstig zwischen Darmstadt, Frankfurt und Aschaffenburg in der Region Starkenburg. Neben der deutschen Fachwerkstraße durchquert außerdem der Fluss Gersprenz das Stadtgebiet. Den Charme der prämierten Pferdestadt Babenhausen und ihrer Stadtteile machen die weiten Naturlandschaften aus. Erstmals urkundlich erwähnt wurde Babenhausen im Jahr 1236, die Stadtrechte wurden 1295 verliehen.

Stadt Babenhausen
Marktplatz 2
64832 Babenhausen
06073/602-0
06073/602-22
www.babenhausen.de
touristinfo@babenhausen.de

Sehenswertes

Der Marktplatz mit seinem wunderschönen Rathaus, Patrizierhäusern und der evangelischen Stadtkirche St. Nikolaus sind sehenswert: Die Kirche ist ein mittelalterliches Bauwerk, das von 2001–2006 aufwendig renoviert und saniert wurde. Besonders erwähnenswert ist der geschnitzte Altar. In der Stadtmühle aus dem 14. Jahrhundert befindet sich ein Lokal in historischem Stil.

‣ Hexenturm
Direkt an der Stadtmauer von 1445 steht der Hexenturm als Wahrzeichen von Babenhausen. Er ist neben dem Breschturm einer von zwei noch existierenden Wehrtürmen. In direkter Nähe zum Hexenturm steht das wahrscheinlich älteste Haus von Babenhausen aus dem Jahr 1442.

‣ Schloss Babenhausen
Das heute denkmalgeschützte Schloss im Schlossweg stammt aus dem 12./13. Jahrhundert. Es befindet sich in Privatbesitz und kann nicht besichtigt werden.
Adresse: Schlossweg 1, 64832 Babenhausen

Veranstaltungen und Feste

Das **Altstadtfest** läutet jährlich zum zweiten Wochenende im September den Herbst ein. Ebenso wie der **Ostermarkt** eine Woche vor den Osterfeiertagen, lockt auch der **Weihnachtsmarkt** am ersten Adventswochenende viele Besucher aus nah und fern in die Altstadt. Viele weitere Festivitäten und Veranstaltungen erwarten Bürger und Besucher. Nähere Informationen hierzu gibt es auf der Webseite der Stadt Babenhausen: 🌐 www.babenhausen.de.

Freizeit und Natur

Imposant anzusehen: Die **„Schöne Eiche“** im Stadtteil Harreshausen gilt als die Mutter der Pyramideneichen. Sie ist über 500 Jahre alt und misst einen Stammumfang von fast vier Metern. Der Baum gilt als botanische Besonderheit. Die Flora und Fauna von Babenhausen erstreckt sich von Wald- und Wiesenlandschaften über Felder bis hin zu Gartengebieten. Naturfreunde schätzen die gute Luft und die vielen Bäche und Flüsse. Besonders Reiter, Wanderer und Fahrradfahrer erfreuen sich an der weitläufigen Natur. An Freizeitangeboten bieten die Stadt Babenhausen und ihre Stadtteile eine bunte Mischung für Familien und zahlreiche kulturellen Veranstaltungen. Das weit über die Stadtgrenze hinaus geschätzte Freibad wurde aufwendig saniert und liebevoll gestaltet. Besonderer Höhepunkt ist der **Kutter „Jenny“** als Wiedererkennungsmerkmal der Badeeinrichtung.

In Babenhausen kommen Familien auf ihre Kosten.

Bad Homburg

(Hochtaunuskreis)

In Bad Homburg vor der Höhe leben etwa 52 000 Menschen. Bad Homburg besteht aus der Innenstadt, Dornholzhausen, Gonzenheim, Kirdorf, Ober-Erlenbach und Ober-Eschbach. Sie ist Kreisstadt im hessischen Hochtaunuskreis. Bad Homburg trägt seit 1912 den amtlichen Namenszusatz Bad, der die Stadt zum beliebten Heilbad avancieren ließ.

Stadt Bad Homburg v. d. Höhe
Rathausplatz 1
61348 Bad Homburg v. d. Höhe
06172/100-0
www.bad-homburg.de
rathaus@bad-homburg.de

Sehenswertes

Kurpark

Mitten im 44 Hektar großen Kurpark liegt das Kaiser-Wilhelms-Bad, in dem heute das exklusive Day Spa Kur-Royal zu finden ist. Viele Heilquellen mit verschiedenen Mineralgehalten prägen das Bild entlang der Brunnenallee. Eine weitere besondere Sehenswürdigkeit des Parks sind die beiden Thai-Salas (Siamesische Tempel). Das Casino „Mutter von Monte Carlo“, die Russische Kirche, Orangerie und Musikpavillon sind ebenfalls im Kurpark zu finden.

Landgrafenschloss

Nach Abriss der Burg im Jahr 1680, bei dem nur der Bergfried erhalten blieb, wurde bis 1685 das Schloss aufgebaut. Es diente nach 1866 den preußischen Königen und deutschen Kaisern als Sommerresidenz. Von der offenen Terrasse aus kann man den wunderschönen Ausblick auf den Schlosspark und den Taunus genießen.

Gotisches Haus

Das im neugotischen Stil errichtete Gotische Haus liegt im Stadtteil Dornholzhausen. Es wurde auf Geheiß von Landgräfin Elizabeth für ihren Gatten, den Landgraf Friedrich VI., im Jahr 1823 erbaut und beherbergt heute das Städtische Museum mit Hutmuseum und Sonderausstellungen sowie das Stadtarchiv. Nahe dem Haus befindet sich eine kuriose Sehenswürdigkeit – ein Pferdegrab. Hier wurde 1773 das Lieblingspferd des Landgrafen begraben. Am Kiesweg, der zum Hirschgarten führt, erinnert heute eine Kopie der Landgrafensäule an die Landgrafenzeit.
Adresse: Tannenwaldweg 102, 61348 Bad Homburg

Hölderlin-Haus

Das Haus in der Bad Homburger Innenstadt wurde nach dem Dichter Friedrich Hölderlin benannt, der dort während zweier Aufenthalte wohnte. Es handelt sich um ein einfaches Haus, das Anfang der 80er-Jahre abgerissen und anschließend fast originalgetreu wieder aufgebaut wurde. Im Haus steht Hölderlin-Forschern eine Wohnung zur Verfügung. Jedes Jahr wird dem Dichter zu Ehren der Friedrich-Hölderlin-Preis verliehen.
Adresse: Dorotheenstraße 34, 61348 Bad Homburg

Russische Kirche

Der Grundstein für die Kirche wurde im Oktober 1896 gelegt, die Einweihung erfolgte im September 1899. Das Gebäude ist im russischen Kirchenstil des 16. Jahrhunderts erbaut und durch sein Äußeres und den Zwiebelturm nicht nur für Experten und Historiker ein ebenso interessantes wie imposantes Bauwerk. Sakrale Wandmalereien des russischen Kirchenmalers Adam W. Russak zieren den Innenraum.
Adresse: Kaiser-Friedrich-Promenade/Kurpark, 61348 Bad Homburg

Ausstellungsräume

▸ Sinclair-Haus
Das Eckhaus wurde 1708 gebaut und befindet sich gegenüber dem Bad Homburger Schloss. Das Kulturdenkmal wechselte mehrfach den Besitzer. 1978 wurde das Gebäude von der Altana AG gekauft, restauriert und bekam seinen heutigen Namen, benannt nach Hölderlins Freund Isaac von Sinclair. Seit seiner Eröffnung 1982 wird hier nationale und internationale Kunst aus dem 20. und 21. Jahrhundert präsentiert. Das Programm umfasst dabei Führungen, Konzerte, Lesungen und Vorträge. Außerdem gibt es jedes Jahr drei bis vier wechselnde Ausstellungen.
Adresse: Löwengasse 15, 61348 Bad Homburg, ☏ 06172/404-120, **Öffnungszeiten:** Dienstag 14–20 Uhr, Mittwoch bis Freitag 14–19 Uhr, Samstag, Sonntag und an Feiertagen 10–18 Uhr, Montag und am 24./31.12. geschlossen

▸ Kulturzentrum Englische Kirche
Im Kulturzentrum Englische Kirche, dem sogenannten „Kleinen Haus", kommen Kunst- und Kulturfreunde voll auf ihre Kosten. Von Oktober bis April finden hier viele Kabarett-, Comedy-, Kino-, Theater-, Varieté- und Musikveranstaltungen statt. In den Sommermonaten sind wechselnde Ausstellungen verschiedener Künstler zu sehen.
Information: Kulturzentrum Englische Kirche, Ferdinandsplatz, 61348 Bad Homburg, ☏ 06172/100-4114

Freizeit und Natur

▸ Seedammbad
Das Seedammbad ist ein Erlebnis- und Freizeitbad für die ganze Familie. Ein Sportbecken, Whirlpool, verschiedene Becken für Kinder, eine Röhrenrutsche, Solarien und eine Sauna sind im Hallenbereich zu finden. Ein besonderes Schmankerl ist das sich unter einer Glaskuppel befindende Abenteuerbecken mit Spritzen, Massagedüsen, Rutschen, Tunnel, Strömungskanal, Wasserpilzen und einem Karussell. Die Kuppel kann bei schönem Wetter geöffnet werden. Das Freibad bietet drei weitere Schwimmbecken und Kinderbecken, einen Sprungturm, große Liegewiesen und einen Kinderspielplatz.
Adresse: Seedammweg 7, 61352 Bad Homburg, ☏ 06172/4013-240, **Öffnungszeiten:** Montag 13–21 Uhr, Dienstag bis Freitag 7–21 Uhr, Samstag und Sonntag 8–20 Uhr

Das Seedammbad in Bad Homburg bietet Wasserspaß für die ganze Familie.

▸ Taunus-Therme
Die weithin bekannte Taunus-Therme ist nicht nur für Einheimische ein beliebtes Ausflugsziel. Eine einzigartige Landschaft von mehr als 1400 qm Wasser erwartet den Besucher, die neben Innen- und Außenbecken, eine Saunalandschaft, Solarien, medizinische Anwendungen, einen Fitnessraum und ein Kino bietet. Die Taunus-Therme liegt direkt am Kurpark.
Adresse: Seedammweg 10, 61352 Bad Homburg, ✆ 06172/4064-0, **Öffnungszeiten:** Montag, Dienstag, Donnerstag, Sonntag 9 bis 23 Uhr, Mittwoch, Freitag, Samstag 9–24 Uhr

▸ Kur-Royal Day Spa
Dieses großzügig ausgestattete Bad im traditionellen Kaiser-Wilhelms-Bad liegt im Kurpark Bad Homburgs und besticht durch seine besondere Atmosphäre. Wertvolle Fliesen und Mosaike, prächtig eingerichtete Räumlichkeiten – das alles sorgt für Entspannung pur.
Adresse: Kaiser-Wilhelms-Bad im Kurpark, ✆ 06172/1783178, 🌐 www.kur-royal.de, **Öffnungszeiten:** täglich 10–22 Uhr

▸ Golfen
Ein Golfplatz mit Geschichte ist der Golfplatz im Kurpark, der als Wiege des Golfsports in Deutschland gilt. Hier gingen in den Jahrzehnten um die Wende zum 20. Jahrhundert gekrönte Häupter, Mitglieder des Hochadels aus aller Herren Länder und hohe Militärs ihrem Sport nach. Heute sind auch Gastspieler auf dem geschichtsträchtigen Rasen herzlich willkommen.
Information: ✆ 06172/24561

Veranstaltungen und Feste

Alle zwei Jahre wird im Kurpark die **Skulpturenausstellung „Blickachsen“** veranstaltet, bei der international bekannte Bildhauer ihre Werke der Öffentlichkeit präsentieren. Das **Orgelfestival „Fugato“** findet ebenfalls im Turnus von zwei Jahren statt, und am ersten Wochenende im September wird traditionell das Bad Homburger Laternenfest gefeiert. Jedes Jahr im Sommer wird **„Amazing Thailand“** gefeiert. Das Fest findet rund um die über hundert Jahre alte Thai Sala statt. Besucher von nah und fern können hier die thailändische Küche genießen, sich über thailändische Reiseziele informieren und Kunst und Kultur des südostasiatischen Landes bestaunen.

Bad Nauheim

(Wetteraukreis)

Am Ostrand des Taunus liegt die Gesundheitsstadt, in der etwa 32 000 Einwohner leben. Bad Nauheim besteht aus Nauheim-Kernstadt, Nieder-Mörlen, Steinfurth, Rödgen, Wisselsheim und Schwalheim. Erstmalig wurde Nauheim als Niwiheim um 900 erwähnt. Durch die Stadt fließen Wetter und Usa. Von 1958–1960 war Elvis Presley als Soldat hier stationiert.

Stadt Bad Nauheim
Parkstraße 36–38
61231 Bad Nauheim
✆ 06032/343-1
📠 06032/343-339
🌐 www.bad-nauheim.de
✉ stadtverwaltung@bad-nauheim.de

Sehenswertes

▸ Jugendstil-Anlagen
Die Gebäude rund um den Sprudelhof, der die sprudelnde Heilquelle umgibt, bilden heute das größte Jugendstil-Ensemble, das in Europa zu finden ist.

▸ Sprudelhof
Der 1906–1911 erbaute Sprudelhof ist ein einzigartiges Kulturdenkmal. Das im Zentrum des Sprudelhofs gelegene Brunnenbecken mit dem Großen Sprudel und dem Friedrich-Wilhelm-Sprudel ist das Wahrzeichen der Stadt Bad Nauheim.
Adresse: Ludwigstraße 20, 61231 Bad Nauheim, ✆ 06032/3495588

▸ Trinkkuranlage
Der achteckige Quellenausschank der im Jugendstil gestalteten Trinkkuranlage, ein imposantes Architekturerbe der Gesundheitsstadt, wird von einer goldenen Kuppel gekrönt.

▸ Weitere Sehenswürdigkeiten
Neben den Wasserrädern aus der Zeit der Saline, der Volkssternwarte, die sich im Turm einer spätgotischen Kirchenruine auf dem Johannisberg befindet, ist auch die Wilhelmskirche sehenswert. Sie ist die älteste Kirche der Stadt. Das 1905 gebaute Fernheizwerk ist beispielhaft für technische Bauten im Jugendstil und befindet sich an der Straße Am Goldstein.
Information: www.bad-nauheim.de

Museen

▸ Rosenmuseum
Im Bad Nauheimer Ortsteil Steinfurth befindet sich das einzige Museum der Welt, das sich mit der Kultur- und Kunstgeschichte der Rose auseinandersetzt. Neben der umfangreichen Sammlung zur botanischen Gattung der Rosen, die Exponate von allen Kontinenten umfasst, erfährt der Besucher im Rosenmuseum alles zum Anbau und vieles mehr.
Adresse: Alte Schulstraße 1, 61231 Bad Nauheim ✆ 06032/86001, **Öffnungszeiten:** Mai–Oktober: Dienstag–Sonntag und Feiertage 10–17 Uhr. November–April Dienstag–Samstag 14–17 Uhr, Sonntag und Feiertage 10–17 Uhr

Freizeit und Natur

▸ Wellness in den Gradierbauten
In den Bad Nauheimer Gradierbauten gibt es Gesundheit und Wellness pur zu erleben. Eine Liegewiese, Kneippbecken sowie eine Inhalationskammer im ersten Gradierbau, und 15 interaktive Stationen im Gesundheitsgarten am Gradierbau II mit Partnerschaukel, Barfußpfad und Kneippbecken lassen keine Wünsche offen. Insgesamt gibt es in der Stadt fünf Gradierbauten, die eine angenehme Meeresbrise verströmen.
Information: www.bad-nauheim.de

Alter Baumbestand im historischen Kurpark.

▸ Kurpark
Erholung unter alten Bäumen und auf weitläufigen Wegen bietet der historische Kurpark mit einem kleinen Stausee, den man in Sommer für Bootsfahrten nutzen kann. Alljährlich findet hier auch eine traditionelle Ruderregatta statt. Im Kurpark befindet sich das Kurhaus mit seiner imposanten Freitreppe und dem im Jugendstil errichteten Kurtheater. Golfen kann man auf dem an den Kurpark anschließenden Golfplatz, der als einer der ältesten Deutschlands gilt. Das im

englischen Kolonialstil errichtete Klubhaus zählt zu den Wahrzeichen Bad Nauheims. Zwei weitere Parks laden zum Verweilen ein: der Südpark mit Wasserspielplatz und der Goldsteinpark mit Abenteuerspielplatz.

▸ Wandern
Westlich von Bad Nauheim erwartet den Wanderer ein von zahlreichen Wanderwegen durchzogenes Gebiet. Die Waldhänge des Johannisbergs zeigen Vor- und Frühgeschichtliches. Erreicht man den Gipfelplatz, kann man die tolle Aussicht auf die Stadt und die östliche Wetterau genießen. Der unter dem Plateau liegende Hang wird zum Weinanbau genutzt.

▸ Therme am Park
Hier hat das aus den Heilquellen Bad Nauheims stammende Wasser eine Temperatur von 32 Grad und einen Salzgehalt von drei Prozent. Der Besucher kann zwischen unterschiedlichen Bade- und Anwendungsmöglichkeiten drinnen oder draußen wählen – das Solebad bietet für jeden etwas. Der Wellnessbereich ist mit modernen Solarien und einer Sonnenwiese mit Infrarotlicht ausgestattet. Ganzkörpermassagen versprechen Entspannung. Eine Saunalandschaft mit verschiedenen Saunen, gemütlichen Ruheliegen und einem schönen Saunagarten runden das Wellness-Angebot ab. Kinder unter 4 Jahren haben leider keinen Zutritt.
Adresse: Ludwigstraße 40, 61231 Bad Nauheim, ☏ 06032/92591-0, ✉ therme@bad-nauheim.de, 🌐 www.therme-am-park.de

▸ Usa-Wellenbad
Viel zu bieten hat auch das Anfang der 80er-Jahre errichtete Usa-Wellenbad: Wellenbecken, Kinderbecken, Wasserrutsche, Badebrunnen, Wellnessbereich mit Sauna und Solarium. Draußen gibt es für die Besucher ein Heißwasserbecken. Im Sommer ist zusätzlich ein Freibad mit mehreren Becken und einer großen Liegewiese geöffnet.
Adresse: In der Au 2, 61231 Bad Nauheim, ☏ 06032/9193-0, 📠 06032/9193-25, ✉ info@usa-wellenbad.de

Veranstaltungen und Feste

Jedes Jahr um den 16. August findet seit 2002 das **European Elvis Festival** statt. Menschen aus aller Welt lassen den Rock'n'Roll wieder aufleben. Musik, Ausstellungen, Filme, Cadillacs und Oldtimer zeugen von den legendären 50- und 60er-Jahren und erinnern an Elvis Presley. Noch weiter zurück geht die Zeitreise im September: Beim **Jugendstilfestival** präsentiert sich Bad Nauheim mit Konzerten, Kleidung, Droschkenfahrten aus der Jugenstilzeit. Ruhiger geht es an jedem ersten und dritten Sonntag im Monat zu: Da verkehrt der **Museumszug,** gezogen von einer Dampflok, zwischen Bad Nauheim und Münzenberg.

Blick in die Therme am Park.

Bad Orb

E 2

(Main-Kinzig-Kreis)

Im Spessart liegt die Kurstadt Bad Orb, in der etwa 9800 Menschen zu Hause sind. Berühmt ist das Bad Orber Salz. Das wurde früher auf einer Handels- und Salzstraße, dem Eselsweg, an den Main gebracht und von dort per Schiff zu seinen Bestimmungsorten transportiert. Bereits 1059 wurden der Orbbach und die Gemarkung Orbaha urkundlich erwähnt.

Tourist-Information Bad Orb
Kurparkstraße 2
63619 Bad Orb
06052/83-0
06052/83-39
www.bad-orb.info
kurgesellschaft@bad-orb.info

Sehenswertes

Fuchsstein
Zurzeit des Dreißigjährigen Krieges lebte der Räuber Peter von Orb, der von den Armen verehrt und von den Reichen verabscheut wurde. Er wurde gefasst, im Wartturm auf dem Molkenberg eingesperrt und zum Hungertod verurteilt. Ein von ihm gezähmter Fuchs half ihm bei der Flucht. Angeblich grub er einen unterirdischen Gang, der in den Turm führte. So konnte der Räuber Peter fliehen – man hat ihn nie wieder gesehen. Sein Fuchs aber wurde gefunden und erschlagen. Der von dem Tier gegrabene Weg in die Freiheit wurde zu dessen Grab. Ein großer Stein – der Fuchsstein –, der damals auf die Öffnung des Gangs gelegt wurde, zeugt noch heute von dem historischen Abenteuer am Wartturm.

Wartturm
Vom Wartturm, der sich auf dem Molkenberg befindet, bietet sich dem Besucher ein herrlicher Blick in den Spessart, ins Kinzigtal und auf den Vogelsberg.
Adresse: Am Wartturm, 63619 Bad Orb

Historische Altstadt
In Bad Orbs Altstadt stehen viele für den Freund historischer Bauwerke interessante Gebäude, z. B. Hessens schmalstes Fachwerkhaus, alte Patrizierhäuser und das geschichtsträchtige Henkershaus. Wer nicht unbedingt auf eigene Faust die interessante Altstadt erkunden mag, kann sich einer der 95-minütigen Stadtführungen anschließen.
Information: Tourist-Information,
06052/8314

Museen

Heimatmuseum
Das Heimatmuseum ist in der Burg untergebracht. Hier findet der Besucher Nachweise über die Entstehung und Entwicklung Bad Orbs sowie Kirchengeschichtliches und ein Salinenmodell.
Adresse: Burgring 14, 63619 Bad Orb,
Öffnungszeiten: Donnerstag 10–12 Uhr, jeden 2. Sonntag im Monat (April–Oktober) 14.30–17 Uhr, Führung mittwochs 15.30 Uhr. Sonderführungen sind auf Anfrage bei der Stadtverwaltung möglich, 06052/86120

Freizeit und Natur

Kurpark
Der Park, durch den die Orb fließt, wurde 1900 einem englischen Landschaftsgarten nachempfunden. Am Rand der Anlage liegen ein Naturerlebnis-Freibad, ein Spielplatz, mehrere Tennisplätze und ein Minigolfplatz. Am östlichen Rand des Parks lädt ein Besinnungsweg zum entspannten Spaziergang

ein. Die Kurpromenade geht in einen Naturlehrpfad über, der Teil des Europäischen Kulturwanderwegs ist.

Der Kurpark im Sommer.

▸ Gradierwerk

Im Kurpark Bad Orbs befindet sich das größte noch bestehende Gradierwerk Hessens. Es ist 155 Meter lang, 12 Meter breit und 18 Meter hoch. Das Gradierwerk wurde 1806 gebaut und ist das letzte von ehemals zehn Werken, die der Salzgewinnung dienten. Nach einer Sanierung ist das Gradierwerk seit 2010 wieder vollständig nutzbar.

▸ Toskana Therme

Die Toskana Therme wartet mit einer einzigartigen Bade- und Saunalandschaft auf ihre Besucher. Die futuristisch anmutende Dachkuppel ist ein echter Blickfang. Unter dem Motto Liquid Sound® genießen Badegäste hier ein Wassererlebnis, das seinesgleichen sucht.
Adresse: Horststraße 1, Bad Orb, ☏ 06052/918444, 🌐 www.toskanaworld.net

▸ Wildpark Bad Orb

Der 1934 angelegte Wildpark im Orbtal beherbergt unterschiedliche Rotwildarten und ist durch schöne Spazierwege erreichbar. Für Kinder gibt es einen Streichelzoo mit Kaninchen, Eseln und Ziegen.
Information: Tourist-Information, ☏ 06052/83-83

▸ Die Sage vom Madstein

In einem Waldstück südöstlich von Bad Orb – dem Orber Reisig – steht der Madstein, ein bemooster Basaltstein. Einer Sage zufolge rettete der Stein einst einer Magd das Leben. Ihr Dienstherr, der Kirchenpfleger Hans Riemer, hatte ihr nachgestellt. Magd Vroni aber ließ sich das nicht gefallen und wehrte sich. Das kränkte den Stolz des verschmähten Liebhabers so sehr, dass der sich an der Magd rächte und ihr den Kirchenschatz unterschob. Vroni wurde vor Gericht gestellt und trotz Unschuldsbeteuerungen zum Tode verurteilt. Der Richter gab sich sarkastisch und stellte sie vor die eigentlich unlösbare Aufgabe, den großen Basaltstein zu bewegen – nur dann komme sie frei. Durch inbrünstiges Beten verlieh ihr die Jungfrau Maria übermenschliche Kräfte, und schließlich schaffte es Vroni tatsächlich, den Stein zu verrücken – damit wurde sie freigesprochen. Ihr Dienstherr gab zu, dass er sich aus verletzter Eitelkeit zu der Täuschung hatte hinreißen lassen und wurde deshalb selbst zum Tode verurteilt.

▸ Radfahren/Wandern

Der über 100 km lange Eselsweg und viele ausgeschilderte Wege laden zum Wandern ein, wobei Deutschlands längster Barfußpfad sicherlich ein besonderes Erlebnis ist. Der geübte Radfahrer kann sich rund um den Kurort auf ausgeschilderten Mountainbike-Strecken beweisen. Für Familien geht's auf abwechslungsreichen Strecken an acht Bad Orber Bergen vorbei, für weniger Geübte ist der Vogelsberger Südbahnradweg mit Start im nahegelegenen Wächtersbach genau das Richtige.
Information: Tourist-Information, Kurparkstraße 2, 63619 Bad Orb, ☏ 06052/83-83

▸ Weitere Angebote
Golfsportlern steht ein 18-Loch-Golfplatz zur Verfügung.
Information: Golfclub Bad Orb/Jossengrund e.V., Hindenburgstraße 7, 63637 Jossgrund, ☏ 06059/9055-10.

Veranstaltungen und Feste

Jedes Jahr im September findet die **Spessartchallenge** statt, bei der sich nicht nur die besten deutschen Mountainbiker treffen. Regelmäßig werden Führungen auf dem Barfußpfad angeboten, und für Kunstinteressierte gibt es im Frühjahr die **Ausstellung „Dialog der Elemente“**. Das **Kurparkfest** mit Parkbeleuchtung und großem Feuerwerk lockt jedes Jahr im Juli zahlreiche Gäste an, die sich die 10 000 Windlichter in dem über 100 Jahre alten Kurpark nicht entgehen lassen möchten. Dem Erhalt der Saline widmet sich das jährliche **Gradierwerkfest** am dritten Oktober. Hier sind auch Oldtimer des vergangenen Jahrhunderts zu bewundern. Das internationale **Blasmusikfest** der Jugend Europas wird alle zwei Jahre am zweiten Septemberwochenende veranstaltet und gilt als musikalisches Highlight. Ein **Ostermarkt**, die **Kerb** und das jährliche **Johannesfeuer** runden das Angebot an Veranstaltungen ab.

Der Barfußpfad in Bad Orb lädt zum Spazierengehen ein.

Bad Schwalbach

A2

(Rheingau-Taunus-Kreis)

Die hessische Kur- und Kreisstadt Bad Schwalbach, ehemals Langenschwalbach, liegt in einem besonders waldreichen Gebiet. Hier leben etwa 11 000 Menschen. Der Kurort besteht neben der Kernstadt aus den Stadtteilen Heimbach, Lindschied, Ramschied, Langenseifen, Hettenhain, Adolfseck und Fischbach und fand bereits 1352 als Langinswalbach urkundliche Erwähnung.

Staatsbad Bad Schwalbach
Adolfstraße 38
65307 Bad Schwalbach
☏ 06124/500-0
📠 06124/500-199
🌐 www.bad-schwalbach.de

Sehenswertes

▸ Brunnen
Bad Schwalbach hat viele Brunnen, von denen sieben als Heilquellen staatlich anerkannt sind. In der Stadtmitte liegen der Lindenbrunnen und der Brodelbrunnen, der seinen Namen zu Recht trägt. Aus ihm sprudelt nicht nur Wasser, sondern treten gleichzeitig auch Gase aus, die zu jenem Brodeln führen. Das Wasser des Lindenbrunnens ist eisenhaltig und deshalb von rötlicher Farbe. Dem Stahlbrunnen, westlich des Kurhauses gelegen, entspringt das eisenhaltigste Wasser. Im Menzebachtal findet man den seit Jahrhunderten bekannten Ehebrunnen, der seinen Namen den zwei eng umschlungenen Bäumen verdankt, die sich in der Nähe befinden und an ein Ehepaar erinnern. Wer dem Verkehrsweg der Kurbahn folgt, erreicht die einzige Quelle, die durch Bohrung erschlossen wurde: den Schwalbenbrunnen. Sehr

Bad Schwalbach aus der Vogelperspektive.

interessant ist der Weinbrunnen, dessen Wasser mit seinem leicht säuerlichen Geschmack an Wein erinnert. Dieser Trinkbrunnen ist die älteste zu Kurzwecken genutzte Heilquelle des Kurorts.

▸ Elisabethentempel

Über die Anhöhe Busemach erreicht man den zu Ehren der österreichischen Kaiserin Sissi gebauten Tempel, die während ihres Kuraufenthaltes gern hier verweilte und den besonders schönen Ausblick auf den in die Tauuswälder eingebetteten Kurort genoss.

Museen

▸ Kur-Stadt-Apothekenmuseum

Einen interessanten Einblick in das Kurleben und die Geschichte des Orts bietet dieses Museum in der Pestalozzistraße 16 a. Hier ist die älteste, vollständig eingerichtete Apotheke des Taunus zu bewundern. In den Ausstellungsräumen kann übrigens auch geheiratet werden.

Information: ✆ 06124 72376-0, **Öffnungszeiten:** April bis Oktober: Mi–So 14–18 Uhr, November bis März: Mi, Sa, So 14–18 Uhr

Freizeit und Natur

▸ Wandern, Nordic Walking und Mountainbiking

Bad Schwalbach bietet ein ausgedehntes Wanderwegenetz, einen Nordic-Walking-Park mit zwölf Routen verschiedener Länge und Schwierigkeitsstufen sowie einen Mountainbike-Park.

▸ Minigolf und Tennis

Im hinteren Kurpark befinden sich eine Tennisanlage, die auch von Gästen gerne bespielt werden darf, sowie ein seit 2008 dem

neuesten Standard entsprechender Minigolf-Platz mit turniergerechten Bahnen.
Öffnungszeiten: Mai–Oktober

▸ Freibad
Das im Heimbachtal gelegene beheizte Freibad lädt seine Gäste mit einem Schwimmbecken mit Sprungtürmen, einem Strömungskanal im Nichtschwimmerbereich, einer Riesenrutsche und einem Kinderbecken zum Badespaß ein. Auf großen Liegewiesen lässt sich wunderbar entspannen.
Öffnungszeiten: Mai–September

Veranstaltungen und Feste

Bad Schwalbach wartet das ganze Jahr über mit vielen wiederkehrenden Festen und Veranstaltungen auf, die zahlreiche Besucher locken. Sei es der autofreie Sonntag **„Fahr zur Aar“**, das **Moorspektakel,** das **Sommernachtsfest** (am letzten Samstag im Juni), das **Weinfest** auf dem Schmidtbergplatz, das allsommerliche **Neptunfest,** der **Martinimarkt** im Herbst, das **Brunnenfest,** das **Weihnachtsstück der Taunusbühne** oder die **Eisbahn „Ice 4 Moor“** – da ist für Jung und Alt etwas dabei!

Bad Soden am Taunus

(Main-Taunus-Kreis)

Zu dem Heilbad, das 1190 erstmals urkundlich erwähnt wurde, gehören neben der Kernstadt die beiden Stadtteile Neuenhain und Altenhain. In der am Südhang des Taunus gelegenen Stadt leben etwa 21 500 Menschen.

Bürgerbüro
Kronberger Straße 1
65812 Bad Soden am Taunus
☎ 06196/208-800
🖷 06196/208-888
🌐 www.bad-soden.de
✉ buergerbuero@stadt-bad-soden.de

Sehenswertes

Am Rand des Alten Kurparks steht der Burgberg-Aussichtsturm. Dieser zehn Meter hohe Turm mit Aussichtsplattform wurde im Jahr 1900 errichtet. Teilstücke des Burgbergs dienten als Anbaufläche für Wein. Später wurde dort ein Wald angelegt. Ebenfalls am Rande des Alten Kurparks steht das denkmalgeschützte Paulinenschlösschen.

▸ Wasserturm
Der oberhalb der Stadt stehende Wasserturm ist das weithin sichtbare Wahrzeichen der Stadt. Er wurde im Jahr 2000 saniert und mit dem hessischen Denkmalschutzpreis ausgezeichnet. Im Turm dieses historischen Gebäudes finden Eulen viele Nistmöglichkeiten und auch die Mauern bieten zahlreichen Wildvögeln ein Zuhause. Während der Brutzeit von April–Juni ist der Turm deshalb für Besucher geschlossen.
Information: Naturschutzbund, ☎ 06196/28968, **Öffnungszeiten:** jeweils an einem Sonntag im Monat von 11–16 Uhr

▸ Hundertwasserhaus
Dieses Märchenschloss aus 1001 Nacht von Friedensreich Hundertwasser ist vom Quellenpark aus zu bewundern und besteht aus 17 völlig unterschiedlich gestalteten Wohnungen.
Adresse: Dachbergstraße 2, 65812 Bad Soden am Taunus, ☎ 06196/24298

Museen

▸ Stadtmuseum
Im ehemaligen Badehaus ist das Stadtmuseum eingerichtet. Sehenswert ist auch die Dauerausstellung zur Sodener Saline und zur Heilbad-Historie.
Adresse: Königsteiner Straße 86 (Badehaus im Alten Kurpark), 65812 Bad Soden am Taunus, ✆ 06196/208-258, **Öffnungszeiten:** Mittwoch, Samstag, Sonntag 15–18 Uhr

Freizeit und Natur

▸ Parks
In der Nähe der Königsteiner Straße liegt der Alte Kurpark. Er wurde 1823 im englischen Landschaftsstil angelegt. In der Nähe der Innenstadt befindet sich der große Neue Kurpark.
Mittelpunkt des Quellenparks ist der Solebrunnen, der mit seinem Salzwasser als Trinkbrunnen genutzt wird. Mitte des 19. Jahrhunderts wurde über der Quelle ein weiteres Wahrzeichen der Stadt errichtet – der Sodenia-Tempel.

▸ Freibad
Das moderne FreiBadSoden bietet allen Gästen Badespaß pur. Neben einem beheizten Schwimmbecken gibt es unter anderem ein Planschbecken mit Rutsche und Wasserspielen sowie eine 60-Meter-Rutsche.
Adresse: Kelkheimer Straße 74, 65812 Bad Soden, ✆ 06196/22750, **Öffnungszeiten:** täglich 7.30–20 Uhr

Veranstaltungen und Feste

Jedes Jahr im Frühjahr werden Freunde des gepflegten Schoppens von den **Bad Sodener Weintagen** angelockt. Zehn Tage lang dreht sich im Alten Kurpark alles um den Rebensaft. Mit dabei sind u. a. Winzer aus dem Rheingau, von der Mosel und aus Rheinhessen.

Quellenpark mit Sodenia-Tempel und Hundertwasserhaus.

Bad Soden-Salmünster

(Main-Kinzig-Kreis)

Zwölf Stadtteile, 14 500 Einwohner – das ist Bad Soden-Salmünster. Bad Soden-Salmünster besteht aus den Kernstadtteilen Salmünster und Bad Soden sowie aus den Stadtteilen Ahl, Alsberg, Eckardroth, Hausen, Katholisch Willenroth, Kerbersdorf, Mernes, Romsthal und Wahlert. Das Heilbad liegt am nördlichen Rand des Spessarts und südlich vom Vogelsberg. Salmünster wurde erstmals im Jahr 1000 als Salchenmunster und Soden um 1190 als Sodin urkundlich erwähnt.

Tourist Information
Frowin-von-Hutten-Straße 5
63628 Bad Soden-Salmünster
06056/744-144
www.badsodensalmuenster.de
info@badsodensalmuenster.de

Sehenswertes

Ausflugsziele
Hoch über Bad Soden thront die Burgruine Stolzenberg, deren Aussichtsturm für Besucher geöffnet ist. Von hier aus erschließt sich ein schöner Blick über das Kinzigtal, den Spessart und den Hohen Vogelsberg. Der Bad Sodener Kurpark mit Generationenpark, Wasser-Barfuß-Parcours und Fontänengarten lädt zum Verweilen ein. Auch die historische Altstadt von Salmünster mit ihren verwinkelten Gassen, Adelssitzen und Fachwerkbauten aus dem 16. und 17. Jahrhundert ist einen Besuch wert.

Kirchen
Weithin sichtbar ist die barocke Pfarr- und Klosterkirche St. Peter und Paul und die ehemalige Anlage des Franziskanerklosters in der historischen Altstadt von Salmünster. Einen echten Riemenschneider-Altar beherbergt die St. Peter Kirche im Erholungsort Mernes.

Museen

Heimatmuseum
Lebendige Einblicke in die Geschichte der Region um 1850 erwarten die Besucher des Heimatmuseums. So wurde hier z. B. eine Küche mit historischen Exponaten nachempfunden. Ein Teil der Ausstellung widmet sich dem Leben der Franziskaner-Mönche im Kloster Salmünster.
Adresse: Hirtengasse 5, 63628 Salmünster, 05056-744-144, **Öffnungszeiten:** jeden ersten und dritten Sonntag im Monat

Heimatmuseum in der Altstadt Salmünsters.

Freizeit und Natur

▸ Spessart-Therme
„Wellness trifft Gesundheit" heißt es in der Spessart-Therme: Hier verweilen die Gäste in einer großzügigen Bade- und Saunalandschaft, genießen den Tag im neuen Wellnessbereich oder entspannen in der Totes-Meer-Salzgrotte.
Adresse: Frowin-von-Hutten-Straße 5, 63628 Bad Soden-Salmünster, ✆ 06056/744-0, **Öffnungszeiten:** Montag-Samstag 8.30–23 Uhr, Sonn- und Feiertage 8.30–21 Uhr

Veranstaltungen und Feste

Alle drei Jahre finden in der Klosterkirche St. Peter und Paul die Salmünsterer **Passionsspiele** statt. Im Juli wird in der Innenstadt Bad Sodens das alljährliche **Stadtfest** gefeiert. Im August steht Salmünster ganz im Zeichen des **Altstadtfests,** und im Kurpark von Bad Soden begeistert das **Brunnenfest** mit Varieté- und Unterhaltungsprogramm seine Besucher.

Badelandschaft der Spessart Therme.

Bad Vilbel

(Wetteraukreis)

Bad Vilbel liegt im Süden der Wetterau und hat 32 500 Einwohner. Die größte Stadt im Wetteraukreis ist vor allem wegen ihrer Mineralquellen bekannt. Als Vilbel wurde der Ort 774 erstmalig urkundlich erwähnt.

Stadt Bad Vilbel
Parkstraße 15
61118 Bad Vilbel
✆ 06101/602-0
www.bad-vilbel.de
tourist-info@bad-vilbel.de

Sehenswertes

▸ Fachwerk und Brunnen
Das Stadtbild von Bad Vilbel ist geprägt von vielen alten Fachwerkhäusern. Sehenswert ist z. B. das 2005 restaurierte Rathaus. Viele Brunnen, die über die gesamte Stadt verteilt sind, erzählen die Geschichte der Quellenstadt.

▸ Mittelalterliche Wasserburg
Kernstück des Kurparks von Bad Vilbel ist die mittelalterliche Wasserburg. In ihren Ursprüngen ist sie auf einen karolingischen Bau zurückzuführen. Seit der letzten Zerstörung 1796 steht nur noch eine Ruine. Seit 1987 dient die Wasserburg den Burgfest-

Friedrich-Karl-Sprudel-Brunnen.

spielen Bad Vilbel als Spielstätte und wurde nachhaltig saniert.

Museen

▸ Brunnen- und Bädermuseum

Seit 2010 befindet sich das Brunnen- und Bädermuseum im Weihl'schen Haus am Marktplatz. Hier erwartet den Besucher Geschichtliches rund um die Nutzung der Mineralquellen.
Adresse: Markplatz 3, 61118 Bad Vilbel
Öffnungszeiten: März–Oktober Di 17 bis 20 Uhr, Fr und Sa 14–17 Uhr, So 11–18 Uhr; November–Februar So 11–18 Uhr

▸ Lebendiges Römer-Mosaik

Seit Ende Mai 2007 ist in einem Glaspavillon im Kurpark die Rekonstruktion eines römischen Mosaiks zu bewundern. Das Prunkstück antiker Mosaikkunst ist das einzige, das auf hessischem Boden gefunden wurde. Es gehört zu den schönsten in ganz Deutschland. Dargestellt sind die Meeresbewohner, groteske Mischwesen und wirkliche Tiere, die sich um den Meeresgott Oceanus scharen.
Adresse: Kurpark/Parkstraße, 61118 Bad Vilbel, **Öffnungszeiten:** März–Oktober Di 17–20 Uhr, Fr und Sa 14–17 Uhr, So 11–8 Uhr, November–Februar So 11–18 Uhr

▸ Hassia Quellenmuseum

Das Hassia-Quellenmuseum gibt dem Besucher einen spannenden Rückblick auf mehr als 140 Jahre Unternehmensgeschichte.
Adresse: Gießener Straße 18–30, 61118 Bad Vilbel, **Kontakt:** ☏ 06101/4030

▸ Heimat-Museum Massenheim

Es liegt im Zentrum des Stadtteils Massenheim und ist im schönsten Fachwerkbau, dem Alten Rathaus, untergebracht. Das Ensemble besteht aus dem Rathaus, der ausgebauten Scheune, dem Hirtenhaus, dem Museumsgarten sowie dem dazugehörigen Platz, der im Sommer vom Museumscafé genutzt wird. Das Museum zeigt die vielseitigen Facetten des dörflich-bäuerlichen Lebens, der Museumsgarten lädt zum Verweilen ein.
Adresse: An der Kirche 8, Bad Vilbel-Massenheim, **Öffnungszeiten:** Sa und So 14–17 Uhr

Heimatmuseum im Alten Rathaus von Bad Vilbel-Massenheim.

Freizeit und Natur

Kurpark

Der Kurpark erstreckt sich entlang der Nidda durch das gesamte Stadtgebiet. Seine großen Rasenflächen sind von Bäumen umsäumt und laden Besucher zum Spaziergang ein. Im Kurpark am Kurhaus befindet sich der sehenswert gestaltete Brunnentempel. Hier kann man das Heilwasser des Hassia-Sprudels trinken. Auch andere kunstvoll geformte Brunnen erinnern an Vilbels wertvollsten Schatz, das erfrischende Quell- und Heilwasser. Die Stadtbibliothek und das Kurhaus sind dort ebenso zu finden wie ein Glaspavillon und das Römer-Mosaik mit einem zum Teil original erhaltenen römischen Wasserbecken.

Stadtwald

Ein Waldlehr-, ein Trimm-dich-Pfad und zahlreiche ausgeschilderte Wanderwege finden sich im Südosten Bad Vilbels gelegenen Stadtwald. Auf einem groß angelegten Abenteuerspielplatz haben vor allem die Kinder viel Spaß.

Bad Vilbel entdecken und erleben

Erfahren Sie mehr über die Geschichte der Stadt von Personen in originalgetreuen historischen Kostümen. Bei Tage haben Schultheiß Bergmann, Friedrich Großholz, Postillion Wilhelm und die Marktfrau Marie viel zu erzählen. Auch die sogenannte „großkopferte" Gesellschaft, die Ritter von Vilbel und die noblen Bürger, vermitteln ihre Sicht der Dinge. Bei Dunkelheit lässt der Nachtwächter niemanden alleine. Und für Kinder gibt es eine spannende Stadt-Rallye.
Information: www.bad-vilbel.de

Veranstaltungen und Feste

Die weit über die Stadtgrenzen hinaus bekannten **Burgfestspiele** finden jedes Jahr von Anfang Juni bis Anfang September in der Wasserburg statt (Karten: tickets@bad-vilbel.de). Jedes Jahr im Sommer wird im **Open-Air-Kino im Freibad** ein vielfältiges Programm angeboten. In der Woche nach Pfingsten findet das **Quellenfest,** ein großes Straßenfest, statt. Das größte Volksfest der Wetterau, der **Bad Vilbeler Markt,** ist überregional bekannt. Er beginnt am dritten Augustwochenende. Die Adventszeit wird geprägt von verschiedenen stimmungsvollen Weihnachtsmärkten.

Bensheim

(Kreis Bergstraße)

In Bensheim an der Bergstraße leben etwa 40 000 Menschen. Die am Ostrand der Oberrheinebene gelegene Stadt ist die größte im Kreisgebiet. Sie wurde erstmals im 8. Jahrhundert urkundlich erwähnt. Neben der Kern- und der Weststadt gehören die Ortsteile Auerbach, Fehlheim, Hochstädten, Langwaden, Schönberg, Schwanheim, Wilmshausen, Gronau und Zell zu Bensheim.

Magistrat der Stadt Bensheim
Kirchbergstraße 18
64625 Bensheim
06251/14-0
06251/14-127
www.bensheim.de
info@bensheim.de

Sehenswertes

Fachwerkarchitektur

Der Marktplatz mit seinen historischen Fachwerkhäusern ist beliebte Anlaufstelle für Touristen und Einheimische. Die katholische Pfarrkirche St. Georg aus dem Jahr 1830 ist

Der Marktplatz in Bensheim.

in der Tradition einer frühmittelalterlichen Erwähnung die älteste Kirche Bensheims.

▸ Alte Faktorei

Dieses 1732 errichtete denkmalgeschützte Bauwerk war der Sitz der Verwaltung des ehemaligen Mainzer Domkapitels und ist als Kulturdenkmal ausgewiesen.
Adresse: Hauptstraße 39 (Fußgängerzone), 64625 Bensheim

▸ Rinnentorturm

Der Rinnentorturm ist ein Überbleibsel der im Mittelalter errichteten Stadtbefestigungsanlage. Weitere wichtige Baudenkmale sind z. B. die Alte Gerberei, der Rodensteiner Hof, der Rote Turm und das älteste Fachwerkhaus in Südhessen, der Walderdorffer Hof.
Adresse: Am Rinnentorturm, 64625 Bensheim

Museen

▸ Stadtmuseum

Hier wird Geschichte lebendig: Das Museum Bensheim stellt anschaulich die Historie der Stadt dar mit der Arnauer Riesengebirgsstube und der musealen Abteilung „Von Arnau nach Bensheim – Erinnerungen an die Heimat, die Vertreibung und den Neuanfang".
Adresse: Marktplatz 13, 64625 Bensheim, ✉ museum@bensheim.de, **Öffnungszeiten:** Do und Fr 15–18 Uhr, Sa und So 12–18 Uhr

Freizeit und Natur

▸ Landschaft

Durch das milde Klima gedeihen in und um Bensheim Feigen, Pfirsiche, Mandeln und Kiwis. Auch der Frühling beginnt hier besonders früh. Deshalb wird die gesamte Bergstraßenregion häufig als die deutsche Riviera bezeichnet.

▸ Hallen- und Freibad, Badesee

Spaß für die ganze Familie versprechen der Badesee und das Hallen- und Freibad mit ihren attraktiven Badelandschaften.
Adresse: Basinus-Bad, Spessartstraße 2, 64625 Bensheim, ✆ 06251/1301-301, 🌐 www.basinus-bad.de, **Öffnungszeiten:** Mo, Mi, Fr 10–22 Uhr, Di, Do 6.30–22.00 Uhr, Sa und So 8–22 Uhr, Freibad: Mo, Mi, Fr, Sa 8–22 Uhr, Di, Do 6.30–22 Uhr
Adresse: Badesee, Berliner Ring 110, 64625 Bensheim, **Öffnungszeiten:** Mai–September täglich geöffnet 8–20 Uhr, Juni, Juli, August 8–21 Uhr

Veranstaltungen und Feste

In der ersten Septemberwoche steht die Innenstadt ganz im Zeichen des **Bergsträßer Winzerfests,** das neun Tage dauert. Höhepunkte sind unter anderem ein großer Festumzug und ein Feuerwerk. Seit 1988 findet am ersten Mai die **Weinlagenwanderung** statt. Jedes Jahr wird hier einer der wichtigsten deutschen Theaterpreis verliehen: der **Gertrud-Eysoldt-Ring.** Ein musikalisches Highlight ist das **Maiway-Festival.** In der Christi-Himmelfahrt-Nacht spielen dann über 30 Live-Bands in der Innenstadt. Der Bensheimer Stadtpark ist der jährliche Veranstaltungsort für das sechstägige **Musikfestival „Vogel der Nacht“,** das immer in der letzten Woche der hessischen Sommerferien veranstaltet wird. Auch das beliebte **Bergsträßer Jazzfestival,** dessen Konzerte über das Jahr verteilt stattfinden, macht unter anderem jedes Jahr in Bensheim Station.

Die ehemalige Burg Stein in Biblis.

Biblis

B4

(Bergstraße)

Die Gemeinde Biblis liegt im Regierungsbezirk Darmstadt und bietet etwa 8800 Einwohnern eine Heimat. Zur Gemeinde gehören die Ortsteile Nordheim und Wattenheim. Bekannt ist der Ort vor allem durch das ortsansässige Kernkraftwerk. Biblis wurde 836 als Bibifloz (= Siedlung am Wasser) erstmals urkundlich erwähnt.

Gemeinde Biblis
Darmstädter Straße 25
68647 Biblis
06245/28-0
www.gemeinde-biblis.de

Sehenswertes

▸ Burg Stein

Wo heute die Überreste der Burg Stein zu finden sind, befand sich schon zu römischer Zeit eine Festung. Ende des 17. Jahrhunderts war die mittelalterliche Anlage zerstört worden. Heute sind an der Stelle nur noch die Grundmauern der ehemaligen Burg Stein zu sehen, die 1970–1972 ausgegraben wurden. **Adresse:** Biblis-Nordheim, im Naturschutzgebiet Steiner Wald

Museen

▸ Burg Stein Museum

Im Alten Rathaus des Ortsteils Nordheim befindet sich das Burg Stein Museum, das vom Verein für Heimatgeschichte betrieben wird. In einer Dauerausstellung mit Ritterrüstungen und zahlreichen anderen historischen Exponaten wird hier die Regionalgeschichte auf lebendige Art dargestellt und damit das Leben von der Altsteinzeit bis ins 19. Jahrhundert.

Adresse: Rathausstraße 1, 68647 Biblis-Nordheim, 06245/5563, www.burgsteinmuseum.npage.de, **Öffnungszeiten:** So 10–12 Uhr, außer an Feiertagen

Freizeit und Natur

▸ Sportgebiet Pfaffenau

Im Sportgebiet Pfaffenau gibt es eine Reitanlage, die leicht über die Autobahn zu

erreichen ist. Die Umgebung der Anlage lädt Spaziergänger, Wanderer und Radfahrer ein, die Natur rund um Biblis zu genießen.
Information: www.ruf-biblis.de

Veranstaltungen und Feste

Neben zahlreichen Veranstaltungen und Festen findet Ende Juni/Anfang Juli das weit über die Gemeindegrenzen hinaus bekannte **Gurkenfest** statt. Ende August steigt die **Wattenheimer Kerb,** ein Volksfest mit Fahrgeschäften und jeder Menge guter Laune. Mitte September wird dann die **Bibliser Kirchweih** gefeiert. Ende September/Anfang Oktober ist schließlich **Kerb in Nordheim.** Anfang Dezember beschließen die **Weihnachtsmärkte in Biblis, Nordheim** und **Wattenheim** das Festjahr.
Information: www.gemeinde-biblis.de

Birkenau

C4

(Kreis Bergstraße)

Das Dorf der Sonnenuhren – wie die Gemeinde Birkenau auch genannt wird – beheimatet etwa 10 000 Einwohner. Birkenau liegt im Weschnitztal im Odenwald, nördlich von Heidelberg. Erstmalige urkundliche Erwähnung fand der Ort im Jahr 795.

Gemeinde Birkenau
Hauptstraße 119
69488 Birkenau
06201/397-0
06201/397-55
www.birkenau.de
info@gemeinde-birkenau.de

Birkenau, aus der Luft gesehen.

Sehenswertes

▸ Rathaus
Birkenau verfügt über das älteste Rathaus im Kreis Bergstraße, das 1552 errichtet wurde. Bis heute sind dort der Pranger und die Elle als Eisenmaß zu sehen.

Das alte Rathaus von Birkenau.

▸ Sonnenuhren
Die vielen Sonnenuhren, die der Gemeinde ihren Beinamen „Dorf der Sonnenuhren" gaben, sind für Besucher immer wieder eines der beliebtesten Ziele. Über 100 Uhren sind in Gärten und an Hauswänden in der Kerngemeinde zu bewundern.

▸ Barockschloss Birkenau
Das Schloss wurde 1771 im klassizistischen Barockstil erbaut und kann heutzutage jedoch nur von außen betrachtet werden. Der Park wurde im englischen Landschaftsstil angelegt.
Adresse: Hauptstraße 72, 69488 Birkenau, ☎ 06201/39570, 🌐 www.schloss-birkenau.de

Freizeit und Natur

▸ Wandern
Die reizvolle Odenwaldlandschaft rund um Birkenau und die Ortsteile lädt zum Wandern ein. Besonders schön ist der Höhenweg, der Wanderern und Spaziergängern eine tolle Aussicht über Birkenau und Nieder-Liebersbach bietet. Weitere Wanderwege nach Löhrbach, Hornbach und Reisen, insgesamt mindestens 100 km markierte Wanderwege, Einkehrmöglichkeiten, Schutzhütten und Ruhebänke.

▸ Mountainbike
Die Mountainbike-Rundtour beginnt am Bahnhof in Birkenau und verläuft auf dem nördlichen und dem südlichen Höhenrücken über dem Kallstädter Tal bis nach Löhrbach und auf den Götzenstein. In einem stetigen Bergauf-bergab, durch Wald und Wiesen zeigen sich immer wieder beeindruckende Ausblicke in den Odenwald, das Weschnitztal und die Rheinebene. Die Route ist gut markiert, der Blick in eine Wanderkarte nicht erforderlich. Die Strecke besteht hauptsächlich aus Waldwegen, dazwischen befinden sich kurze Asphaltabschnitte und mehrere in Auf- und Abfahrt anspruchsvolle Single-Trails. Insgesamt sind 22 km und 680 Höhenmeter zu bewältigen. **Weitere Informationen** zu Routen im Odenwald gibt es unter 🌐 www.mtb-geo-naturpark.de

▸ Freibad
Das Freibad bietet weitläufige Liegewiesen mit vielen Sonnen- und Schattenplätzen sowie ein Nichtschwimmerbecken mit Rutsche, ein Planschbecken mit Sonnenschutz und 50-Meter-Bahnen. Ein Beachvolleyball-Feld, Tischfußball und Tischtennis runden das Angebot ab.
Adresse: Freibad Birkenau, Hauptstraße 161, 69488 Birkenau, ☎ 06201/31405, **Öffnungszeiten:** auf 🌐 www.birkenau.de

Veranstaltungen und Feste

Im Veranstaltungskalender der Gemeinde Birkenau findet man zahlreiche Feste der örtlichen Vereine. **Informationen** auf 🌐 www.birkenau.de

Bischofsheim (Mainspitze)

B 3

(Groß-Gerau)

Die Gemeinde Bischofsheim liegt südlich der Mainmündung zwischen Rhein und Main, dem Mainspitzdreieck. 12 500 Menschen leben hier. Im 11. Jahrhundert wurde der Ort erstmals urkundlich erwähnt. Bischofsheim entwickelte sich im Laufe der Zeit vom Bauerndorf zu einer Eisenbahnergemeinde.

Gemeinde Bischofsheim
Schulstraße 13–15
65474 Bischofsheim
06144/404-0
www.bischofsheim.de
gemeindeverwaltung@bischofsheim.de

Sehenswertes

Wasserturm

1912 wurde der Wasserturm zur Wasserversorgung der Dampflokomotiven des Güterbahnhofs errichtet. Seine einzigartige Form verfügt über Jugendstilelemente, die ihn optisch aufwerten.

Eisenbahnlandschaft Bischofsheim

Der Bischofsheimer Bahnhof verfügt in der Rhein-Main-Region über eine bisher kaum wahrgenommene Eisenbahnlandschaft. Das Eisenbahn-Ensemble aus der Ausbauphase zu Beginn des 20. Jahrhunderts ist weitgehend vorhanden. Neben dem Wasserturm sind die expressionistische Eisenbahner-Wohnanlage „Jerusalem“ aus massivem Ziegelstein-Sichtmauerwerk im Bauhaus-Stil, das renovierte Alte Trafohaus, die Alte Station mit Eisernem Steg sowie die Rechteck- und Rundlokschuppen und der Neue Bahnhof mit modernem Steg hervorzuheben.
Information: Gemeinde Bischofsheim, Kulturverwaltung, Schulstraße 15,
06144/404-72

Kirchen

Zu den sehenswerten Sakralbauten gehören die evangelische Barockkirche und die katholische Christ-Königs-Kirche, ein architektonisches Juwel, und die 1926 erbaute erste Vollbetonkirche Deutschlands mit einer markanten Klinkerfassade und „gotischem“ Klinkerportal.

Museen

Heimatmuseum

Das Museum Bischofsheim ist in einem historischen Fachwerkhaus – dem Alten Rathaus – untergebracht. Hier erfahren Besucher Frühgeschichtliches aus dem Alltagsleben der Landbevölkerung und über die Entwicklung und Verbreitung von Landwirt-

Der Wasserturm im Jahr 2007.

schaft, Handwerk und Industrie sowie Interessantes über die Geschichte der Eisenbahn in Bischofsheim.
Adresse: Darmstädter Straße 2, 65474 Bischofsheim, ☏ 06144/94282

Freizeit und Natur

▸ Radfahren/Wandern
Wer die Stadt und Umgebung zu Fuß erkunden möchte, der sollte sich auf der Strecke des Ortsdamm-Rundwegs wohlfühlen. Überhaupt bietet Bischofsheim jede Menge herrlicher Wege, die zum Wandern, Spazierengehen und Radfahren einladen, aber auch Inline-Skatern und Nordic-Walkern das passende Terrain bieten.
Information: Gemeinde Bischofsheim, Schulstraße 13, ☏ 06144/404-0

▸ ☺ Eisenbahn
Eine neue Attraktion ist die Eisenbahn-Großbahnanlage der Spurweite 5 Zoll (Maßstab 1:10) des Eisenbahner Sportvereins Blau-Gold Bischofsheim e. V., die sich seit 2010 im Aufbau befindet. Die Anlage wird in Eigenleistung aufgebaut und soll nach Fertigstellung inklusive aller bahntypischen Gerätschaften eine Gesamtgleislänge von fast 5 km aufweisen. Jeden ersten Sonntag von April bis Oktober finden Fahrtage, am 1. Samstag und Sonntag im August ein Dampffest mit Nachtfahrten statt.
Information: ESV Bischofsheim, Am Schindberg 23, 🌐 www.esv-grossbahn.de, ✉ info@esv-grossbahn.de

Veranstaltungen und Feste

Am ersten Wochenende im September wird mitten im Ortskern unter der Beteiligung von Bischofsheimer Vereinen und den Schaustellern die **„Bischemer Kerb – Die Musikkerb in der Mainspitze“** gefeiert, einer der größten Straßenjahrmärkte in Südhessen. Die Kerb lockt alljährlich viele Gäste an. Im Bürgerhaus Bischofsheim finden regelmäßig Veranstaltungen und Konzerte statt.

Bruchköbel

(Main-Kinzig-Kreis)

Bruchköbel hat etwa 20 570 Einwohner und besteht aus den Stadtteilen Bruchköbel, Niederissigheim, Oberissigheim, Rossdorf und Butterstadt. Die Frühzeit Bruchköbels ist nicht mit letzter Sicherheit zu klären, da ungewiss bleibt, ob mit den frühesten Nennungen (839: cavilla, 1057: villa keballa, 1062: kebilo, 1076: kevile) Bruchköbel oder aber das unweit gelegene Marköbel angesprochen wird. Erst mit der Nennung eines minor chevela, eines kleinen Chevelas, wird allgemein Bruchköbel verbunden. Eindeutig zuzuweisen und mit dem heutigen Bruchköbel synonym zu setzen ist jedoch die erste Schreibweise „Bruchkebele“ im Jahr 1272.

Stadtverwaltung
Hauptstraße 32
63486 Bruchköbel
☏ 06181/9750
📠 06181/975204
🌐 www.bruchkoebel.de
✉ info@bruchkoebel.de

Sehenswertes

▸ Altstadt
Die Bruchköbeler Altstadt ist besonders für Freunde geschichtsträchtiger Bauwerke eine Reise wert. Alte, herrlich restaurierte Fachwerkhäuser treffen auf heimelig verwinkelte Gassen – ein Augenschmaus, nicht nur für Anhänger historischer Gebäude.
Information: 🌐 www.bruchkoebel.de

Museum

▸ Heimatmuseen
In Bruchköbel gibt es zwei Heimatmuseen, eins im Alten Rathaus und eines im Neuen Spielhaus, die einladen, die lebendige Heimatgeschichte zu erleben und in Ruhe zu studieren. Exponate aus der Jungsteinzeit bis ins 20. Jahrhundert erläutern die Historie des Orts und der Umgebung auf anschauliche Art und Weise.
Adresse: Museum im Alten Rathaus, Hauptstraße 54, 63486 Bruchköbel, ✆ 06181/76424 oder 72652, 🌐 www.geschichtsverein-bruchkoebel.de, **Adresse:** Museum im Neuen Spielhaus, Spielhausgasse 1, 63486 Bruchköbel, **Öffnungszeiten:** nach Vereinbarung

Freizeit und Natur

▸ Radfahren/Wandern
Ein gut ausgebautes Netz von Wander- und Radwegen erwartet den Besucher Bruchköbels, der die Stadt und Umgebung in aller Ruhe und Beschaulichkeit erleben möchte.
Information: 🌐 www.bruchkoebel.de

▸ Wellness und Sport
Wer sich gern sportlich verausgabt, der ist in Bruchköbel gut aufgehoben. Es gibt ein Sport- und Fitnesscenter, Yoga-Angebote, Solarien und zahlreiche Möglichkeiten, Wellness mit allen Sinnen zu genießen.
Information: 🌐 www.bruchkoebel.de

▸ Camping
Die Campinganlage Bärensee lädt all jene zum Verweilen ein, die die Schönheit des Spessart und des Taunus in voller Pracht erkunden mögen. Von der Campinganlage aus bestehen zahlreiche Möglichkeiten, die Umgebung zu Fuß, mit dem Auto oder per Fahrrad zu erkunden.
Adresse: Campingplatz Bärensee, Zum Bärensee 1, 63425 Hanau

▸ Freizeitanlage Dicke Eiche
Mitten im Wald, ganz in der Nähe von Bruchköbel, befindet sich die Freizeitanlage Dicke Eiche. Hier gibt es einen Grillplatz, einen Teich und ein idyllisches Fleckchen Erde, das wie gemacht ist für Familien, die einige Stunden der Erholung genießen mögen.
Information: 🌐 www.bruchkoebel.de

Veranstaltungen und Feste

In Bruchköbel werden das Jahr über fünf große Feste gefeiert. Los geht es mit dem **Ostermarkt** mit Modenschau und verkaufsoffenem Sonntag. Mit dem **Hof- und Gassenfest** wird die sommerliche Festsaison eröffnet, und im August lockt das **Altstadtfest** Besucher aus der gesamten Region nach Bruchköbel. Das **Mais- und Kürbisfest** wird jährlich zur Erntezeit veranstaltet, und zum Ende des Jahres, nämlich von Ende November bis Anfang Dezember, gibt's in Bruchköbel den beliebten **Weihnachtsmarkt,** der die Stadt festlich illuminiert. Daneben gibt es eine Reihe von wiederkehrenden Attraktionen, zum Beispiel die ☺ **Kinder-Kulturtage,** die in den Herbstferien veranstaltet werden.

Büdingen

(Wetteraukreis)

Umgeben von Wald liegt die Familienstadt Büdigen in der östlichen Wetterau. In der am Seemenbach und an der Deutschen Fachwerkstraße gelegenen Stadt leben etwa 21 200 Einwohner. Weil Büdingen auf einem Terrain von Sumpfland liegt, sind die Altstadt und das Schloss auf Eichenbohlen errichtet worden. Büdingen war somit zum einen durch die Festungsmauer gesichert, zum anderen durch einen kaum überwindbaren Sumpf.

Büdinger Tourismus und Marketing GmbH
Marktplatz 9
63654 Büdingen
06042/96370
06042/963710
www.buedingen-touristik.de
info@buedingen-touristik.de

Sehenswertes

▸ Altstadt
Die weitgehend erhaltene Stadtmauer, das Jerusalemer Tor und die Wehrtürme sind teilweise und während Stadtführungen begehbar. Auch lohnt es sich, die Altstadt mit ihren Fachwerkhäusern zu erkunden.

Die Büdinger Altstadt ist besonders schön.

▸ Büdinger Schloss
Das in der Altstadt gelegene Schloss, eine ehemalige Wasserburg, stammt aus der Zeit

Das Schloss, aus der Luft gesehen.

des Stauferkaisers Friedrich Barbarossa, der Bau begann um 1180. Es wurde nach und nach umgebaut und erhielt sein heutiges Aussehen im 16. Jahrhundert. Angrenzend an das Schloss findet sich der große Schlosspark. **Adresse:** Schlossplatz 1, Büdingen, 06042/9647-0, www.schloss-buedingen.de

Jerusalemer Tor
Das Unter- oder Jerusalemer Tor mit Brücke, ein Doppelturmtor mit spitzbogigem Durchgang, wurde im Jahr 1503 fertiggestellt. Es ist das Wahrzeichen Büdingens und bildet den Eingang zur historischen Altstadt. Zahlreiche Stadt- und Erlebnisführungen werden, individuell nach Absprache für Gruppen und zu öffentlichen Terminen für Einzelpersonen, ganzjährig angeboten.

Museen

Schlossmuseum
Im Büdinger Schloss ist unter anderem ein Museum untergebracht. Hier sind Malereien der Renaissance, die spätgotische Schlosskapelle, die Alchemistenküche und Säle mit adeliger Wohnkultur zu sehen.
Adresse: Schlossplatz 1, 63654 Büdingen

Heuson-Museum
Das Museum im Rathaus stellt anschaulich die Geschichte Büdingens dar, z. B. mit mittelalterlichen sowie aus der Römerzeit stammenden Fundstücken und Exponaten des historischen Handwerks. Es ist dem Heimat- und Denkmalforscher Hans-Velten Heuson gewidmet.
Öffnungszeiten: Dienstag und Donnerstag 10–12 Uhr, Dienstag–Freitag 14–17 Uhr, Samstag, Sonntag und an Feiertagen 14–18 Uhr

Modellbaumuseum im Oberhof
Hier gibt es mehr als 150 Modelle zu sehen. Naturgetreu nachgebaute Kriegsschiffe aus dem 17. Jahrhundert, Fahrzeuge aller Art und Modelllandschaften in Form von Dioramen. Die Schiffsmodelle wurden sogar für Trickaufnahmen für den Film „Das Boot“ genutzt. Für Kinder dürfte die große Eisenbahnanlage mit Hafen, Rummelplatz und einem Gefängnis besonders interessant sein.
Öffnungszeiten: jeden ersten und dritten Sonntag im Monat 14–17 Uhr oder nach Vereinbarung unter 06042/1632

50er-Jahre-Museum
Neben Möbeln und Fahrzeugen gibt es hier Kleidungsstücke, Schuhe und Frisuren der 50er- und frühen 60er-Jahre zu bewundern.
Adresse: Auf dem Damm 3, 63654 Büdingen, 06042/950049, www.50er-jahre-museum.de, **Öffnungszeiten:** Mai–Oktober: Dienstag–Samstag 14–17 Uhr, Sonn- und Feiertage 10–17 Uhr, November–April: Dienstag–Samstag 15–17 Uhr, Sonn- und Feiertage 12–17 Uhr

Das 50er-Jahre-Museum.

Sandrosen-Museum
Sandrosen sind kristallisierte Mineralien, die sich im Laufe der Erdgeschichte aus Sand und anderen Materialien gebildet haben – so auch in der Wetterau. Im privaten Sandrosen-Museum werden sie zusammen mit anderen geologischen Schätzen aus der Wetterau gezeigt.

Adresse: Jerusalemer Tor/Untertor, 63654 Büdingen, **Öffnungszeiten:** Freitag, Samstag und Sonntag 14–17 Uhr und nach Vereinbarung, ✆ 0160/91355473

▸ Metzgermuseum im Schlaghaus
Seit 2006 ist dieses Museum im Turm am Seemenbach untergebracht. Besucher können hier eine Rekonstruktion des alten Schlachtbalkens sehen, der bis 1895 genutzt wurde. In der Ausstellung gibt es historische Metzger-Gerätschaften zu sehen.
Adresse: Altstadt 30, 63654 Büdingen, Besichtigungen auf Anfrage: Tourist-Information Büdingen, Marktplatz 9, 63654 Büdingen, ✆ 06042/96370, **Öffnungszeiten:** jeden ersten und dritten Sonntag 14–17 Uhr und zu Büdinger Festen

Freizeit und Natur

▸ Historischer Rundgang
Der Historische Rundgang führt den Besucher an 20 Stationen entlang – vom Jerusalemer Tor über das Schloss und das historische Rathaus bis in die Vorstadt mit ihren wunderschönen zweigeschossigen Fachwerkhäusern. Die Büdinger Tourismus- und Marketing GmbH gibt begleitend ein Faltblatt dazu heraus, das die einzelnen Stationen genauestens dokumentiert.
Information: 🌐 www.buedingen-touristik.de

▸ Wandern
Spaziergängern und Wanderern sei die 77 km lange Mehrtageswanderung Vulkansteig empfohlen. Sie beginnt in Büdingen, führt dann weiter über Ober-Seemen, Bermuthshain, Hoherodskopf, Ulrichstein, Groß-Felda bis nach Alsfeld. Hier genießen Wanderfreunde kulturelle Sehenswürdigkeiten und unberührte Natur.
Information: Tourist-Information, Marktplatz 9, 63654 Büdingen, ✆ 06042/96370

▸ Freibad
Das schön gelegene Freibad lädt Jung und Alt zum Baden und Verweilen ein. Wer entspannen möchte, nutzt die große Liegewiese. Aktive freuen sich über die große Wasserrutsche, den 10-Meter-Sprungturm und ein Beachvolleyball-Feld. Die Jüngsten haben Spaß im Wasserspielgarten.
Adresse: Hinter der Meisterei 20, 63654 Büdingen, ✆ 06042/1031, **Öffnungszeiten:** Montag-Freitag 10–17 Uhr, Samstag, Sonntag, Feiertag 10–16 Uhr

▸ Wildpark
In diesem Wildpark leben einheimische Wildtiere in einer Umgebung, die ihrem Lebensraum nachempfunden ist. Der vorhandene Walderlebnispfad beginnt an der Hubertusklause. Hier erfahren die Besucher viel über das Leben der Waldbewohner und der Tiere im Park. Besonders interessant sind der Barfußpfad und der Schweigepfad.
Adresse: Eberhard-Bauner-Allee 16, 63654 Büdingen, ✆ 06042/8840 (Stadtverwaltung)

▸ Geotop Wilder Stein
Diese bewundernswerte Gesteinsformation aus Basalt – ein Vulkanschlot aus dem Tertiär – liegt oberhalb der Büdinger Altstadt. Der Wilde Stein ist vom Büdinger Altstadtparkplatz aus gut zu erreichen. Die Akten zu den Büdinger Hexenprozessen aus dem 16. und 17. Jahrhundert weisen den Wilden Stein angeblich als Tanzplatz der Hexen aus.
Information: 🌐 www.buedingen-touristik.de

Veranstaltungen und Feste

Jedes Jahr um den Sonntag nach Pfingsten wird das **Altstadtfest** gefeiert. In der Altstadt findet auch am Wochenende um den vierten Sonntag im September der **Gallusmarkt,** das größte Volksfest Büdingens, statt. Am zweiten Wochenende im Juli wechseln sich die **Kulturnacht** und das **Mittelalterfest** ab. Weihnachtlich wird's immer am zweiten Adventswochenende, denn dann erwartet den Besucher der **Büdinger Weihnachtszauber.**

Bürstadt

B4

(Kreis Bergstraße)

Bürstadt liegt im Hessischen Ried zwischen Odenwald und Rhein. Die Stadt hat etwa 16 000 Einwohner und gliedert sich in die Stadtteile Bobstadt, Bürstadt und Riedrode. Im Jahr 767 wurde Bürstadt erstmals urkundlich erwähnt. Der Name der Stadt leitet sich von „Bisos Stätte" her. Biso war ein fränkischer Fürst, der einst in der Region gewirkt hatte.

Stadtverwaltung
Rathausstraße 2
68642 Bürstadt
06206/701-0
06206/701-280
www.rathaus-buerstadt.de
online-service@buerstadt.de

Sehenswertes

▸ Historisches Rathaus

Im stuckverzierten Ratssaal des Historischen Rathauses können sich Paare das Jawort geben. Das von 1725–1727 erbaute Rathaus zählt zu den Hessischen Kunstdenkmälern.
Adresse: Nibelungenstraße 42, 68642 Bürstadt, 06206/79511

Museen

▸ Heimatmuseum

Das Heimatmuseum in Bürstadt wird seit 2004 betrieben und präsentiert Ausstellungsstücke aus der Vergangenheit Bürstadts und der Umgebung. So sind unter anderem historische Werkzeuge, Maschinen und Geräte zu sehen, aber auch ein Musikzimmer, in dem unter dem Motto „Bürstädter Musiker Geschichte" etwa 50 Instrumente ausgestellt sind.
Adresse: Peterstraße 11, 68642 Bürstadt, 06206/8831

Freizeit und Natur

▸ Sport

Wer sich gern sportlich betätigt, findet in Bürstadt eine Leichtathletikanlage, eine große Freizeitkickeranlage, eine Inliner- und Skateboardbahn, Reit- und Tennisplätze und einiges mehr.
Information: www.rathaus-buerstadt.de

▸ Beheiztes Waldschwimmbad

Im beheizten Bürstädter Waldschwimmbad gibt es ein Schwimmer-, ein Nichtschwimmer- und ein Planschbecken sowie eine Rutsche, Tischtennisplatten und ein Beachvolleyball-Feld.

Das Historische Rathaus in Bürstadts Innenstadt.

Adresse: Wasserwerkstraße 2, 68642 Bürstadt, 06206/75802, **Öffnungszeiten:** Montag–Freitag 6–7 Uhr und 9–20 Uhr, Samstag, Sonntag und an Feiertagen 8–20 Uhr

▸ Bürgerhaus
Der Saal des Bürgerhauses Bürstadts bietet Platz für 700 Besucher – perfekt für jede Art von Veranstaltung.
Information: www.rathaus-buerstadt.de

Veranstaltungen und Feste

In der sogenannten Kulturhochburg im Ried kann man über das Jahr viele Veranstaltungen besuchen. So ist Bürstadt unter anderem dafür bekannt, regelmäßig hochrangige Vertreter der deutschen Kabarett- und Comedyszene zu Gast zu haben.

Büttelborn

(Groß-Gerau)

Büttelborn ist eine Gemeinde im südlichen Rhein-Main-Gebiet mit etwa 13 500 Einwohnern. Sie wurde im Jahr 1211 als Butelbrunne erstmals urkundlich erwähnt. Es existieren Belege, dass im Gebiet des heutigen Büttelborn bereits vor etwa 4000 Jahren, zur Zeit der Jungsteinzeit, Menschen gesiedelt haben. Die Gemeinde besteht aus den Ortsteilen Büttelborn, Klein-Gerau und Worfelden.

Gemeindeverwaltung
Mainzer Straße 13
64572 Büttelborn
06152/1788-0
06152/1788-90
www.buettelborn.de
info@buettelborn.de

Büttelborn

Sehenswertes

▸ Historische Altstadt
Im Ortskern Büttelborns gibt es zahlreiche historische Fachwerkbauten, die ganz besonders für Freunde regionalgeschichtlicher Baukunst von Interesse sind.
Information: www.buettelborn.de

▸ Sakralbauwerke
In Büttelborn befinden sich zwei historisch bedeutsame Kirchen: die evangelische Kirche von 1728 und die Worfeldener Fachwerkkirche von 1696, in der eine der ältesten Hessischen Orgeln zu bewundern ist, ein Instrument des Bamberger Orgelbaumeisters Adam Knauth, das 1623/24 gebaut wurde.
Information: www.buettelborn.de

Museen

▸ Heimatstube
Die Heimatstube des Bundes der Vertriebenen im Klein-Gerauer Historischen Fachwerkrathaus legt den Schwerpunkt auf Exponate aus Böhmen und Mähren, so gibt es unter anderem Trachten, Porzellan, Werkstatteinrichtungen, Videos über Flucht und Vertreibung und Bücher aus vergangenen Zeiten zu betrachten.
Adresse: Erich-Kästner-Straße 1, 64572 Klein-Gerau, ✆ 06152/39557

Freizeit und Natur

▸ Kleinkunstbühne
Mit dem Café Extra befindet sich in Büttelborn Hessens kleinste kommunale Kleinkunstbühne, die ein niveauvolles und facettenreiches Kleinkunstprogramm bietet.
Adresse: Schulstraße 17, 64572 Büttelborn, ✆ 06152/1788-45, 🌐 www.cafeextra.de

▸ Golfplatz Bachgrund
Der Platz hat diverse Kurzbahnen, einen 18- sowie einen 9-Loch-Platz, eine Driving-Range mit Flutlichtanlage und mehr zu bieten.
Adresse: Im Bachgrund 1, Büttelborn-Worfelden, ✆ 06152/80790-0

Veranstaltungen und Feste

Jährlich Anfang August findet das **Weinfest** der örtlichen Sport- und Kulturvereinigung auf dem Sportgelände am Berkacher Weg statt. Mitte des Monats ist dann das **Sommerfest** der Dancing Maniacs Worfelden angesagt. Die größte Veranstaltung ist der traditionelle **Rosensonntagsumzug,** der jährlich mehrere Tausende Fastnachter als Besucher anlockt.

Butzbach

C1

(Wetteraukreis)

Butzbach hat etwa 25 500 Einwohner, die in der Kernstadt und den 13 Stadtteilen leben. Die Stadt liegt an der Deutschen Fachwerkstraße und der Limes-Straße, die im Nordwesten die Stadt streift und heute noch zu sehen ist. 773 wurde der Ort erstmals urkundlich erwähnt – die Stadtrechte besitzt Butzbach seit 1321.

Magistrat der Stadt Butzbach
Schlossplatz 1
35510 Butzbach
✆ 06033/995-0
🌐 www.stadt-butzbach.de
✉ magistrat@stadt-butzbach.de

Sehenswertes

▸ Historische Altstadt
Neben den Fachwerkhäusern und dem Marktplatz sind die in Bruchstücken erhaltene Stadtmauer und die älteste Fachwerk-

Butzbachs Rathaus.

kirche Hessens, die Butzbacher Wendelinskapelle, ein erstrebenswertes Ziel für jeden Besucher.

Markuskirche

Anfang des 14. Jahrhunderts wurde die später zu einer gotischen Kirche umgestaltete Basilika errichtet. Die heute dreischiffige Hallenkirche wird von der evangelischen Markus-Kirchengemeinde genutzt.
Adresse: Kirchplatz 14–15, 35510 Butzbach

Landgrafenschloss

Als Burg um 1200 erbaut, wurde das Landgrafenschloss nach und nach zum Schloss umgestaltet. Nachdem es zwischenzeitlich als Kaserne genutzt worden war, dient das renovierte Gebäude heute unter anderem als Kulisse für Trauungen.
Adresse: Schlossplatz, 35510 Butzbach

Museen

Museum der Stadt Butzbach

Wie sah das Leben der Menschen um 1750 in Butzbach aus? Wie entwickelte sich das Handwerk der Schuhmacher und der Gerber? Diese und weitere Fragen werden im Museum der Stadt Butzbach beantwortet.
Adresse: Färbgasse 16, 35510 Butzbach, ☏ 06033/995-250, **Öffnungszeiten:** Dienstag–Sonntag 10–12 und 14–17 Uhr

Freizeit und Natur

Wandern

Verschiedene Wander- und Rundwanderwege laden zum Naturerlebnis ein, z. B. der Hessentagswanderweg und ein Keltenrundwanderweg auf dem Hausberg. Er stellt die Verbindung zwischen den Bergkuppen Hausberg und Brülerberg her. Im Verlauf des Wanderwegs gibt es viele Stationen, die unter anderem die Geschichte der Kelten erklären. Seltene Vegetation und Streuobstwiesen erwarten den Wanderer im Naturschutzgebiet am Brülerberg. Erwähnenswert ist ein über drei Kilometer langer Naturerlebnis- und Waldlehrpfad mit einer Holzorgel, einem Insektenhotel, einem Sinnespfad und vielen Illustrationen zum Thema Wild, Wald und Naturschutz.

Schrenzer Bad

Der Schrenzer ist eine Anhöhe bei Butzbach. Er ist wegen seiner schönen Aussicht ein beliebtes Ausflugsziel und auch das Freibad – das Schrenzerbad – befindet sich dort. Es ist im Sommer für Kinder und Erwachsene ein schöner Ort zum Planschen, Baden und Entspannen. Als besonderes Schmankerl gibt es eine Saunalandschaft, die das ganze Jahr über geöffnet ist.
Adresse: Kleeberger Straße, 35510 Butzbach, **Öffnungszeiten:** Mai–Mitte September: Montag–Sonntag 7–20 Uhr

Freibad Maibach

Familiär geht es in dem kleinen Freibad im Butzbacher Ortsteil Maibach zu. Ein 50-Meter-Becken mit kleiner Wasserrutsche, Kinderplanschbecken und Spielplatz bringen Badespaß für alle.
Adresse: Schulstraße, Butzbach-Maibach, ☏ 06081/103933, **Öffnungszeiten:** Juni–Mitte September: täglich 10–20 Uhr

Hallenbad Butzbach

Das Hallenbad liegt im Zentrum Butzbachs. Es bietet Abwechslung durch ein Schwimmerbecken mit unterschiedlichen Sprungtürmen, ein Nichtschwimmerbecken und ein Planschbecken für Kinder. Zahlreiche Aqua-Kurse werden angeboten, sodass auch der gesundheitliche Aspekt nicht zu kurz kommt.
Adresse: August-Storch-Straße 12, 35510 Butzbach

Veranstaltungen und Feste

Die Butzbacher Altstadt ist Veranstaltungsort für mehrere Feste. Im März z. B. findet dort der **Faselmarkt** statt, am ersten Septemberwochenende wird das **Altstadtfest** gefeiert und im Oktober der **Katharinenmarkt.** Highlight im Sommer ist das größte hessische **Open-Air-Kino im Schloss** (**Information:** 🌐 www.kino-butzbach.de).

Darmstadt

(Darmstadt)

Das kreisfreie Darmstadt gehört mit seinen vier Stadtteilen zum Rhein-Main-Gebiet und hat etwa 148 000 Einwohner. Darmstadt ist Verwaltungssitz des Landkreises Darmstadt-Dieburg und des Regierungsbezirks Darmstadt. Erstmals urkundlich erwähnt wurde die heutige Wissenschaftsstadt Darmstadt im 11. Jahrhundert. Durch Darmstadt fließen der Darmbach und die Modau.

Wissenschaftsstadt Darmstadt Marketing GmbH
Darmstadt Shop – Touristinformation
Luisenplatz 5
64283 Darmstadt
☎ 06151/134513
🌐 www.darmstadt-marketing.de
✉ information@darmstadt.de

Sehenswertes

▸ Historische Bauwerke

Viele Bauwerke aus Darmstadts Innenstadt wurde während des Zweiten Weltkriegs annähernd komplett dem Erdboden gleichgemacht. Dabei wurde eine Vielzahl historisch bedeutsamer Gebäude unwiederbringlich zerstört, so z. B. das Ständehaus, das Kleine Theater, alle Adels- und Bürgerhäuser, der Neue Fürstenhof, das Alte und das Neue Palais sowie das Kasino. Die nach Kriegsende wiederhergestellten Bauwerke wurden vereinfacht oder in modernisierter Form rekonstruiert.

▸ Bauwerke in der Innenstadt

Dennoch gibt es in der Innenstadt sehenswerte Bauten, die architektonisch Interessierten einen Ausflug wert sein sollten, z. B. das Residenzschloss am Marktplatz, das Alte Rathaus, das Ludwigsmonument „Langer Ludwig" am Luisenplatz, der Mollerbau, die Pauluskirche, die Darmstädter katholische Hauptkirche St. Ludwig, die Stadtkirche als evangelische Hauptkirche, der Weiße Turm, die einstige Lateinschule, das alte Pädagog sowie das Kongresszentrum, das unter dem Namen „darmstadtium" bekannt ist. Das denkmalgeschützte Achteckhaus in der Mauerstraße 17 ist ein achteckiges ehemaliges Gartenhaus aus dem frühen 17. Jahrhundert und dient heute als „Haus der Kultur".

▸ Mathildenhöhe

Das Wahrzeichen Darmstadts ist die Mathildenhöhe mit ihrem Hochzeitsturm, dem Ausstellungsgebäude, dem Wasserreservoir, das einst die Wasserversorgung der Stadt sicherte, der Künstlerkolonie und der Russischen Kapelle. Die Mathildenhöhe ist die höchste Erhebung von Darmstadts Innenstadt und war bereits zu Anfang des 19. Jahrhunderts als großfürstliche Gartenanlage in Betrieb. Mitte des Jahrhunderts wurde sie im Stil eines englischen Landschaftsgartens umgestaltet. Der Hochzeitsturm und das Ausstellungsgebäude wurden Anfang des 20. Jahrhunderts vom Jugendstil-Architekten Joseph Maria Olbrich entworfen.
Adresse: Olbrichweg 13, 64287 Darmstadt, ☎ 06151/132778, 🌐 www.mathildenhoehe.info

Die Mathildenhöhe ist das Wahrzeichen der Stadt.

Residenzschloss

Mitten in Darmstadt befindet sich das Residenzschloss, ein imposantes Bauwerk, das über sechs Jahrhunderte entstanden ist. In der Brandnacht 1944 war das Schloss bis auf sein Außengemäuer niedergebrannt, konnte jedoch nach dem Krieg so gut wie vollständig wieder aufgebaut werden. Heutzutage dienen Teile des Gebäudes der Technischen Universität Darmstadt als Lehrort, im Glockenbau des Residenzschlosses ist das Schlossmuseum untergebracht, dessen Sammlung anhand von Gemälden, Möbeln, Schmuck- und Gebrauchsgegenständen einen Einblick in die herrschaftliche Wohn- und Lebenskultur von vier Jahrhunderten gewährt.

Adresse: Marktplatz 15, 64283 Darmstadt, 06151/24035, www.schlossmuseum-darmstadt.de, **Öffnungszeiten:** Freitag–Sonntag 10–17 Uhr

Burgruine Frankenstein

Hier findet seit den 1970er-Jahren an drei Wochenenden im Oktober und November das legendäre Halloween-Burg-Festival statt. Die weltberühmte literarische Figur Viktor Frankensteins ist möglicherweise von der Autorin Mary Shelley nach dem Darmstädter Bauwerk benannt, das 1252 erstmals urkundlich erwähnt wurde. Die Ruine der historischen Wehrburg umfasst einen Tor- und einen Wohnturm, einen Pulverturm und teils beschädigtes Gemäuer. Die Burgruine Frankenstein liegt auf dem Schlossberg nahe dem Stadtteil Eberstadt.

Adresse: Burg Frankenstein, 64367 Mühltal, www.burg-frankenstein.de, **Öffnungszeiten:** Die Burgruine ist das ganze Jahr über von 9 Uhr bis Sonnenuntergang geöffnet, der Eintritt ist frei. Der Zugang ist für Rollstuhlfahrer geeignet.

Jagdschloss Kranichstein

Im Norden der Stadt findet sich das Jagdschloss Kranichstein, das 1578 im Auftrag des Landgrafen Georg I. errichtet wurde. Das Museum umfasst eine Vielzahl von Jagdgemälden Darmstädter Maler, wertvolle Tapisserien, Jagdtrophäen und -geräte sowie Möbel im Stil des Barock und Rokoko. Im Zeughaus des Jagdschlosses ist das bioversum, ein Museum biologischer Vielfalt, untergebracht.

Adresse: Kranichsteiner Straße 261, 64289 Darmstadt, 06151/9779-0, www.jagdschloss-kranichstein.de, **Öffnungszeiten:** Anfang April–Ende September: Mittwoch–Samstag 13–18 Uhr sowie an Sonn- und Feiertagen 10–18 Uhr. Von Anfang Oktober–Ende März: Mittwoch–Samstag 14–17 Uhr sowie an Sonn- und Feiertagen 10–17 Uhr. Das bioversum ist Dienstag–Samstag 11–17 Uhr und an Sonn- und Feiertagen 10–18 Uhr geöffnet.

Mozartturm
In der Nähe des Hauptbahnhofs befindet sich der Mozartturm, der ursprünglich „Richthofenbunker" hieß und 1939 als Luftschutzturm erbaut wurde. Heute beherbergt er eine Galerie. Zudem werden hier häufig Konzerte veranstaltet.
Adresse: Rheinstraße 111, 64295 Darmstadt, 02666/919950

Waldspirale
Die Waldspirale ist ein Wohnkomplex, der zwischen 1998 und 2000 nach den Vorgaben des Künstlers Friedensreich Hundertwasser gestaltet und errichtet wurde. Die über 1000 Fenster sind Unikate.
Adresse: Waldspirale, 64289 Darmstadt

Museen

Hessisches Landesmuseum
Im Hessischen Landesmuseum sind diverse Sammlungen zur Kunst- und Kulturgeschichte untergebracht, so zur Archäologie, zur Kunst des Mittelalters, zum Kunsthandwerk ab dem 15. Jahrhundert, zur Malerei und Bildhauerei und zum Werke Joseph Beuys. Darüber hinaus bietet dieses Universalmuseum einen Bereich zur Naturkunde mit Sammlungen zur Zoologie, Geologie, Paläontologie und Mineralogie.

Die Waldspirale von Friedensreich Hundertwasser.

Adresse: Friedensplatz 1, 64283 Darmstadt, 06151/165703, www.hlmd.de

▸ Museum Künstlerkolonie
Das Museum Künstlerkolonie ist Teil der Darmstädter Mathildenhöhe und befindet sich im dortigen Ernst-Ludwig-Haus. Das Museum dokumentiert die Historie des städtischen Künstlerkollektivs von 1899–1914 und präsentiert unter anderem eine Auswahl aus dem Werk der Kunstschaffenden des Jugendstils. Das Ausstellungshaus, das gleichfalls Teil der Mathildenhöhe ist, bietet zusätzlich das Jahr über verschiedene wechselnde Ausstellungen an.
Adresse: Olbrichweg 13 a, 64287 Darmstadt, 06151/133385

▸ Schlossmuseum
Das Schlossmuseum befindet sich im Glockenbau des Residenzschlosses und beherbergt eine Sammlung von Ausstellungsstücken zum 250 Jahre währenden Leben des Schlosshofs. In den nach Epochen eingerichteten 18 Schauräumen präsentiert das Museum neben Gemälden und Skulpturen angewandte Kunst vom 16. bis frühen 20. Jahrhundert, darunter Möbel, Tapisserien, Uhren, Glas, Keramik, Gold und Silberarbeiten.
Adresse: Marktplatz 15, 54283 Darmstadt, 06151/24035, www.schlossmuseum-darmstadt.de, **Öffnungszeiten:** Freitag–Sonntag 10–17 Uhr

▸ bioversum Kranichstein/Jagdmuseum Kranichstein
Im Jagdschloss Kranichstein sind gleich zwei Museen untergebracht. Im bioversum dreht sich alles um das Verhältnis zwischen Mensch und Natur. So widmen sich Ausstellungsteile unterschiedlichen Themengebieten rund um die Natur- und Kulturgeschichte, z. B. zur „Biologischen Vielfalt im Wald“. Das Jagdmuseum präsentiert eine Kollektion von Jagdwaffen und -werkzeugen sowie eine Sammlung von Bildern, die diverse Jagdszenen zum Inhalt haben.
Adresse: Kranichsteiner Straße 261, 64289 Darmstadt, 06151/9779-0, www.jagdschloss-kranichstein.de, **Öffnungszeiten:** Anfang April–Ende September: Mittwoch–Samstag 13–18 Uhr sowie an Sonn- und Feiertagen 10–18 Uhr. Anfang Oktober–Ende März: Mittwoch–Samstag 14–17 Uhr sowie an Sonn- und Feiertagen 10–17 Uhr. Das bioversum ist Dienstag–Samstag 11–17 Uhr und an Sonn- und Feiertagen 10–18 Uhr geöffnet

▸ Kunsthalle Darmstadt
Vier- bis fünfmal im Jahr lädt die Darmstädter Kunsthalle zu hochkarätigen Ausstellungen zeitgenössischen Kunstschaffens ein. Außerdem findet in der Kunsthalle das ganze Jahr über eine exquisite Auswahl an Veranstaltungen zu Kunst, Kultur und Stadtgeschichte statt.
Adresse: Steubenplatz 1, 64293 Darmstadt, 06151/891184, **Öffnungszeiten:** Dienstag–Freitag 11–18 Uhr, Samstag, Sonntag und an Feiertagen 11–17 Uhr

▸ Eisenbahnmuseum Darmstadt-Kranichstein
Hier kommen Eisenbahnfans voll auf ihre Kosten. In diesem Freilichtmuseum werden historische und imposante Loks und Triebwagen, Fahrkartendruckereien, Nebenfahrzeuge, eine Signalmeisterei, Straßenbahnen und mehr präsentiert. Selbstverständlich gibt es auch eine Modelleisenbahn-Großanlage, die allerdings nicht unter freiem Himmel aufgebaut ist.
Adresse: Steinstraße 7, Darmstadt, 06151/376401, www.bahnwelt.de
Öffnungszeiten: Sonntag und an Feiertagen 10–16 Uhr sowie April-September: jeden Mittwoch 10–16 Uhr

Altstadtmuseum im Hinkelsturm
Dieses Museum hält die Geschichte der Stadt zu Zeiten vor dem Zweiten Weltkrieg am Leben. Während des Kriegs war ein Großteil der Darmstädter Altstadt komplett zerstört worden. Im Altstadtmuseum wird auf anschauliche Weise dieser wichtige Stadtteil so gut es geht rekonstruiert, z. B. mit einem Modell der einstigen Altstadt und mit einem virtuellen Rundgang.
Adresse: Lindenhofstraße, 64287 Darmstadt, 06151/48135, www.frk-stadtmuseum-darmstadt.de, **Öffnungszeiten:** April–Ende Oktober: Samstag und Sonntag 14–16 Uhr

Kunst Archiv Darmstadt
Das Kunst Archiv Darmstadt versteht und bezeichnet sich selber als „Dokumentationsstelle zur bildenden Kunst im Raum Darmstadt". Im Archiv werden dabei nicht nur Arbeiten der älteren Generationen gesammelt, sondern gleichfalls die Werke nachfolgender Künstlergenerationen.
Adresse: Kasinostraße 3, 64293 Darmstadt, 06151/291619, www.kunstarchiv-darmstadt.de, **Öffnungszeiten:** Dienstag, Mittwoch und Freitag 10–13 Uhr sowie Donnerstag 10–18 Uhr

Sonstiges

In Darmstadt sitzen die Akademie für Tonkunst, das Jazzinstitut Darmstadt und das Internationale Musikinstitut Darmstadt. Mit diesen Institutionen und deren Programmen hat sich Darmstadt einen vorderen Platz in der Riege der internationalen Musikkultur und -wissenschaft gesichert.
Information: www.darmstadt.de

Literaturstadt Darmstadt
Darmstadt ist eine Stadt der Literatur. So hat die Deutsche Akademie für Sprache und Dichtung ihren Sitz in Darmstadt gefunden, nämlich auf der Mathildenhöhe, ebenso wie der deutsche Ableger der internationalen Schriftstellervereinigung PEN, und die Martin-Behaim-Gesellschaft, die ebenfalls in Darmstadt ansässig sind. Im Darmstädter Literaturhaus vereinen sich sämtliche Literaturgesellschaften der Umgegend – hier werden regelmäßig Lesungen veranstaltet. Außerdem veranstaltet die Stadt zwei Literaturwettbewerbe, nämlich den Literarischen März, bei dem die Leonce-und-Lena-Preise und der Ricarda-Huch-Preis verliehen werden. Der Kranichsteiner Literaturpreis für deutschsprachige Gegenwartsliteratur wird hingegen vom Deutschen Literaturfonds vergeben.

Freizeit und Natur

Jugendstilbad
Das Darmstädter Jugendstilbad ist ein öffentliches Schwimmbad und wurde 1909 als sogenanntes Volksbad etabliert. Von 2005–2008 wurde die Badeanstalt komplett renoviert und im Sinne der Denkmalpflege restauriert.
Adresse: Mercksplatz 1, 64287 Darmstadt, 06151/95156-0, www.jugendstilbad.de, **Öffnungszeiten:** täglich 10–22 Uhr

Herrngarten
Der Herrngarten inmitten der Stadt war im 16. Jahrhundert aus drei kleineren Gartenanlagen entstanden. Heute ist er die größte und gleichzeitig älteste Parkanlage in Darmstadt. Interessant ist hier unter anderem das Goethe-Denkmal von 1903.
Information: 06151/132900

Park Rosenhöhe
Der Park Rosenhöhe liegt im Osten Darmstadts, ganz in der Nähe der Mathildenhöhe. Der Park wurde zu Beginn des 19. Jahrhunderts im Auftrag der Großherzogin Wilhelmine von Hessen-Darmstadt im Stil eines englischen Gartens errichtet. Hundert Jahre

später legte Großherzog Ernst Ludwig das Rosarium an, das bis heute Besucher anlockt. Wahrzeichen des Parks ist der Rosendom inmitten der Anlage.
Information: 🌐 www.park-rosenhoehe.info

▸ Prinz-Emil-Garten

Im Prinz-Emil-Garten im Stadtteil Bessungen, einer Anlage die gegen Mitte des 18. Jahrhunderts zur Zeit des Epochenübergangs vom Rokoko zum Klassizismus entstanden war, findet jeder ein gemütliches Plätzchen. So befindet sich hier das Prinz-Emil-Schlösschen, eine Gartengolfanlage und ein weitläufiges grünes Areal.
Adresse: Heidelberger Straße 56, 64285 Darmstadt, ☏ 06151/63278, 🌐 www.nbh-darmstadt.de

▸ Bürgerpark Nord

Im Bürgerpark Nord kommen Anhänger des American Football zum Zug. Im hier ansässigen Stadion residieren nämlich die Darmstadt Diamonds. Rund ums Leichtathletikstadion kann auf den angrenzenden Sportflächen für Jedermann und dem Seniorenspielplatz, inmitten der Großstadt jede Menge Grün sowie die ruhige Atmosphäre des idyllischen Müllerteichs genossen werden.
Adresse: Alsfelder Straße, 64289 Darmstadt, 🌐 www.darmstadt-diamonds.de

▸ Orangerie

Man sagt, die Darmstädter würden die Orangerie als Gartenanlage favorisieren. Ausgedehnte Alleen, Palmen und jede Menge frischen Grüns – das alles macht den Orangerie-Garten zu einem besonderen Ort. Die Orangerie war 1720 angelegt worden, zurzeit also, da Landgraf Ernst Ludwig regierte. Bis heute ist die gepflegte Parkanlage eine der schönsten Stellen Darmstadts.
Adresse: Prälat-Diehl-Straße 1, 64285 Darmstadt

Der Weihnachtsmarkt in Darmstadt ist eine Attraktion für die ganze Familie.

▸ **Wolfskehl'scher Park**

Im Stadtteil Bessungen liegt auch der Wolfskehl'sche Park, der nach dem Darmstädter Stadtverordneten und Bankier Otto Wolfskehl und dessen Sohn, dem Darmstädter Schriftsteller Karl Wolfskehl, benannt wurde. Der Park liegt zwischen Karl- und Martinstraße und eignet sich wegen seiner zwei Spielplätze gerade für Familien.
Adresse: Karlstraße/Ohlystraße, 64283 Darmstadt

Veranstaltungen und Feste

Los geht's im Frühling, wo unter anderem im April die **Frühjahrsmesse** auf dem Messeplatz stattfindet. Im Mai laden die **Darmstädter Jugendstiltage** mit einem Illuminationsfest auf Darmstadts Stadtkrone ein. Das **Schlossgrabenfest** wird rund um das Residenzschloss gefeiert, ist das größte Innenstadt-Open-Air in Hessen und lockt stets etwa 400 000 Gäste an.
Im Juli findet mit dem **Heinerfest** das größte südhessische Volksfest statt. Etwa 700 000 Besucher kommen regelmäßig, um das Spektakel aus Fahrvergnügen, Krammarkt, Aktionen und Partylaune zu erleben. Alle zwei Jahre von Juni bis in den August finden die **Internationalen Ferienkurse für Neue Musik** statt, die stets gut frequentiert sind. Im September gibt's zwei Volksfeste mit Fahr- und Krammarkt und buntem Budenbetrieb sowie vielerlei Bühnenshows und Aktionen. Dann finden nämlich die **Martinskerb am Riegerplatz** und die **Lappingskerb in Bessungen** statt. Alle zwei Jahre rückt Ende August die **„Darmstädter Lange Nacht"** mit zahlreichen Darmstädter Kultureinrichtungen in den Mittelpunkt. Von Ende November bis zum 23. Dezember lockt dann der **Weihnachtsmarkt** rund ums Schloss mit Glühwein- und Lebkuchenduft, musikalischem Programm und Kunsthandwerklichem – auch aus Darmstadts 15 Partnerstädten – Gäste in die Innenstadt. Fernab von den jährlichen Veranstaltungen und Festen existiert in Darmstadt eine erkleckliche Anzahl an Theatern, z. B. das Staatstheater Darmstadt, das Darmstädter Boulevard- und Kindertheater TAP, die Darmstädter Neue Bühne, das Puppentheater Comedy Hall für Erwachsene, das ☺ Kindertheater Kikeriki, das Kabarett Kabbaratz, das Theater Moller Haus, das HalbNeun Theater und viele mehr. Hier gibt es das ganze Jahr über immer wieder Aufführungen aus den verschiedensten Genres.
Information: 🌐 www.darmstadt.de

Dieburg

(Darmstadt-Dieburg)

Dieburg ist eine hübsche Fachwerkstadt im Gersprenztal in der Nähe von Darmstadt. Früher war Dieburg Kreisstadt des Altkreises Dieburg. Heute sind hier etwa 15 500 Einwohner zu Hause. Dieburg wurde urkundlich erstmals im Jahr 1207 erwähnt. Die Urkunde nennt „Domina Judda de Dieburch" (Jutta von Dieburg) als Zeugin eines Rechtsaktes.

Stadtverwaltung
Markt 4
64807 Dieburg
☏ 06071/2002-0
Fax 06071/2002-100
🌐 www.dieburg.de
✉ info@dieburg.de

Sehenswertes

▸ **Altstadt**

Neben den archäologischen Hinterlassenschaften aus römischer und mittelalterlicher Zeit bietet Dieburg viele historische

Das Historische Badhaus in Dieburg.

Sehenswürdigkeiten, die eine angenehme Atmosphäre verbreiten. Alte Türme und Mauerreste, der mittelalterliche Marktplatz, Kirchen, Schlösser und Fachwerkhäuser sind für die Stadt charakteristisch.
Information: www.dieburg.de

▸ Wallfahrtskirche

Der Gründungsbau der Wallfahrtskirche entstand auf römischen Fundamenten. Die ursprüngliche Saalkirche wurde zwischen 1150 und 1200 zu einer dreischiffigen romanischen Basilika ausgebaut, die 1350 spätgotisch umgestaltet wurde. Heute präsentiert sich die Wallfahrtskirche in ihrer barocken Ausstattung. Die gotische Pietá von 1420, aus Gips und Leder gefertigt, ist im September Ziel Tausender Wallfahrer.
Adresse: Altstadt 18, 64807 Dieburg

Museen

▸ Museum Schloss Fechenbach

Schloss Fechenbach war einst Wohnsitz zweier für die Stadtgeschichte bedeutender Adelsgeschlechter, der Ulner von Dieburg und der Freiherren von Fechenbach. Das ursprünglich 1717 auf Renaissance-Fundamenten errichtete barocke Ulner-Schloss

Dieburgs Marktplatz.

ging im Jahre 1841 in den Besitz der Freiherren von Fechenbach über. Die Familie von Fechenbach gestaltete das Haus um 1860 im spätklassizistischen Stil um, wobei es sein heutiges Erscheinungsbild erhielt. Schloss Fechenbach ist seit 1951 Sitz des Kreis- und Stadtmuseums. Schwerpunktthema des sanierten und neu konzipierten Museums Schloss Fechenbach ist die Römerzeit. Mit der Vergrößerung der Ausstellungsfläche konnten neue Abteilungen eröffnet werden und somit das Spektrum von der Steinzeit bis in die Neuzeit erweitert werden. Die multimediale Ausstattung nach modernstem technischem Standard wird ergänzt durch anschauliche Modelle und aussagekräftige Illustrationen. Inszenierungen wie das Mithräum oder das Triclinium machen Geschichte erlebbar. Ein umfangreiches museumspädagogisches Programm mit zahlreichen Aktionstagen runden das Angebot ab.
Adresse: Eulengasse 8, 64807 Dieburg, ☏ 06071/2002-460, 🌐 www.museum-schloss-fechenbach.de

▸ Barocker Schlossgarten
Der barocke Schlossgarten der Herrn von Groschlag wartet mit zahlreichen Pflanzenexoten auf. Barocke Alleen, geschwungene Pfade, ein Weiher und viele lauschige Parkbänke laden zu einem Spaziergang ein.
Information: 🌐 www.dieburg.de

Freizeit und Natur

▸ Stadtrundgänge
Zur Vorbereitung für eine Erkundung der Stadt bietet die Homepage Dieburgs zwei virtuelle Touren durch die Altstadt: den historischen Stadtrundgang, auf dem alles Wissenswerte zur Ortsgeschichte erklärt wird, und den römischen Stadtrundgang, der die Stadt zuzeiten der Römer beleuchtet und erläutert. Wer Dieburg nicht im Alleingang erkunden möchte, kann Führungen beim örtlichen Heimatverein buchen.
Information: 🌐 www.dieburg.de, Heimatverein Dieburg, ☏ 06071/5238 oder 25214

Veranstaltungen und Feste

An **Fastnacht** ist hier richtig was los. Dieburg verwandelt sich für ein paar Tage in ein unglaubliches Kostümfest. Außerdem kommen viele Gäste zum sommerlichen **Schlossgartenfest,** einem **Heimatfest** mit Musik und Jahrmarktattraktionen. Jedes Jahr freut sich das Publikum Anfang November auf den mittelalterlichen **Martinsmarkt** mit glitzernden Lichtern, Glühweinduft, gebackenen Mandeln und einen Hauch von Weihnachten.

Dietzenbach

(Landkreis Offenbach)

Die Kreisstadt Dietzenbach ist Verwaltungssitz des Landkreises Offenbach im Regierungsbezirk Darmstadt. Rund 35 000 Einwohner leben hier. Dietzenbach wurde um 1220 erstmals urkundlich erwähnt und besitzt seit 1970 Stadtrechte. Neben seiner historischen Altstadt verfügt Dietzenbach über ein modernes Verwaltungs-, Kultur- und Einkaufszentrum mit urbanem Flair.

Stadtverwaltung
Europaplatz 1
63128 Dietzenbach
☏ 06074/373-0
📠 06074/373 206
🌐 www.dietzenbach.de
✉ stadt@dietzenbach.de

Sehenswertes

▸ Altstadt
Alt-Dietzenbach, das einstige „Dorf im Wiesengrund“, lädt mit seinen liebevoll restaurierten Fachwerkhäusern, den verwinkelten Gassen und idyllischen Ecken und Plätzen zu romantischen Spaziergängen ein.

▸ Christuskirche
Das „Wahrzeichen“ der Dietzenbacher Altstadt ist die evangelische Christuskirche, eine Barock-Kirche aus dem Jahre 1754, die in Architektur und Innenausstattung einige interessante Details aufweist.
Adresse: Pfarrgasse 3, 63128 Dietzenbach, ☎ 06074/23596

Museen

▸ Heimatmuseum
Das Dietzenbacher Museum für Heimatkunde und Geschichte liegt mitten in der Altstadt und beherbergt auf einer Ausstellungsfläche von rund 900 qm neben einer umfangreichen Sammlung land- und forstwirtschaftlicher Geräte und Maschinen komplette Wohnungs- und Werkstatteinrichtungen, die auf anschauliche Weise ein Bild vom Leben der Dietzenbacher Bevölkerung vom Anfang des vorigen Jahrhunderts vermitteln.
Adresse: Darmstädter Straße 7–11, 63128 Dietzenbach, ☎ 06074/41742

▸ Feuerwehrmuseum
Seit den Siebzigerjahren wird hier unter anderem die Entwicklung der regionalen Feuerwehr dokumentiert. So gibt es z. B. historische Pumpen und Löschfahrzeuge zu sehen.
Adresse: Rathausstraße 16, 63128 Dietzenbach, ☎ 06074/91721-14, **Öffnungszeiten:** April–Oktober: Sonntag 10–12 Uhr oder nach Vereinbarung

Die Christuskirche in Dietzenbach.

Freizeit und Natur

▸ Geschichtspfad Dietzenbach
Auf der Regionalparkroute Rhein-Main befindet sich der Geschichtspfad Dietzenbach. Hier werden an sieben verschiedenen Stationen die wichtigsten Ereignisse der Ortsgeschichte dargestellt und erläutert. Weitere Stationen auf dem Dietzenbacher Abschnitt der Regionalparkroute sind die Balanciermeile, der Wasserwerkpark sowie der Wörner-Park, ein Landschaftspark auf einem Firmengelände, der tagsüber frei zugänglich ist.
Adresse: Presse- und Öffentlichkeitsarbeit, Europaplatz 1, 63128 Dietzenbach, ☎ 06074/373-360

▸ Waldschwimmbad
Das 2010 von Grund auf sanierte Waldschwimmbad zieht mit seinen großzügigen Schwimmer-, Nichtschwimmer- und Plansch-

becken nach modernstem Standard in den Sommermonaten auch zahlreiche Gäste aus den Nachbarkommunen an. Es verfügt über einen Sprungturm, eine Riesenrutsche und eine Kletterwand. Seine Außenanlagen mit mediterranem Flair, seine großen Liegewiesen und der alte schattenspendende Baumbestand laden zum Verweilen ein. Während der Sommerferien findet hier Open-Air-Kino statt. **Adresse:** Offenthaler Straße 85, 63128 Dietzenbach, ✆ 06074/ 9140406, **Öffnungszeiten:** in der Saison Montag, Mittwoch und Freitag 7–20 Uhr, ansonsten 8–20 Uhr. In der Nebensaison Montag, Mittwoch und Freitag 7–19 Uhr, ansonsten 8–19 Uhr

Das Waldschwimmbad ist ein Erlebnis für Jung und Alt.

▸ Aussichtsturm

Vom Aussichtsturm auf dem 198 m hohen Wingertsberg hat man einen herrlichen Rundblick auf das Stadtgebiet und das gesamte Umland. Der Aussichtsturm ist ganzjährig bis zum Einbruch der Dunkelheit geöffnet. Ein Panorama-Restaurant neben dem Aussichtsturm betreibt in den Sommermonaten auch eine Aussichtsterrasse.

▸ Hessentagspark

Im zentral gelegenen Hessentagspark wird von April–Oktober ein Park-Café bewirtschaftet. In dieser Zeit kann auch die Mini-Golf-Anlage genutzt werden. ☺ Daneben befinden sich im Park ein Kleinkinderspielplatz und ein Abenteuerspielplatz.

Das Trinkbornfest ist immer gut besucht.

Veranstaltungen und Feste

In Dietzenbach finden das ganze Jahr über verschiedene Feste und Veranstaltungen statt, z. B. der **Altstadtmarkt** im Frühjahr, das **Fest ohne Grenzen,** das **Weinfest** in der letzten Juliwoche, die **Nacht der Lichter** mit der **Museumsnacht,** das **Trinkbornfest** am ersten Septemberwochenende sowie Ende Oktober/Anfang November die traditionelle **Kerb und Kirchweih,** und nicht zuletzt der beliebte **Weihnachtsmarkt** am ersten Adventswochenende.

Eltville am Rhein

(Rheingau-Taunus-Kreis)

Eltville ist mit etwa 17 000 Einwohnern die größte Stadt im Rheingau. Sie trägt den Namen Wein-, Sekt- und Rosenstadt und seit einigen Jahren auch den Titel Gutenbergstadt, denn Eltville zählt zu den ersten Druckstätten der Welt. Neben der Kernstadt gibt es die vier Stadtteile Erbach, Hattenheim, Martinsthal und Rauenthal. Eltville liegt im Anbaugebiet Rheingau. Als „Altavilla" fand der Ort erstmals 1051 urkundliche Erwähnung.

Touristinformation
Rheingauer Straße 28
65343 Eltville am Rhein
☏ 06123/9098-0
Fax 06123/9098-90
✉ touristik@eltville.de

Sehenswertes

▸ Erbach
Das Weingut und Hotel Schloss Reinhartshausen mit Schlosspark erreicht man durch den westlichen Ortseingang. Aus dem Jahr 1861 stammt eine der ältesten evangelischen Kirchen im oberen Rheingau – die neugotische Johanneskirche. Zu finden im Osten des Orts.

▸ Hattenheim
Ob Burg Hattenheim, Schloss Reichhartshausen, der Marktplatz und verschiedene Weingüter – der Weg nach Hattenheim lohnt sich.

▸ Rauenthal
Das Höhendorf lockt mit vielen gut ausgebauten Wanderwegen und einem herrlichen Blick über den Rheingau.

▸ Martinsthal
Das idyllische Dorf liegt inmitten von Weinbergen und wird von Fachwerkhäusern, einer kleinen gotischen Pfarrkirche und dem historischen Marktplatz geprägt.

▸ Eltville
An erster Stelle steht die Kurfürstliche Burg, das Wahrzeichen der Stadt, mit ihrem markanten Wohnturm. Sie liegt direkt am Rheinufer und ist von herrlichen Rosengärten umgeben. Weiterhin sind das älteste Rathaus der Stadt in der Schmittstraße (heute Hotel und Restaurant), das einzig erhaltene Stadttor – das Martinstor – sowie der Sebastiansturm zu nennen. In den pittoresken Gassen aus dem Mittelalter beeindrucken Fachwerkhäuser und stattliche Adelshöfe.

▸ Kloster und Weingut Eberbach
Dieses ehemalige Zisterzienserkloster gilt als eins der bedeutenden Kulturdenkmäler Hessens aus dem Mittelalter. Das Weingut – damaliges Zentrum des Rheingauer Weinbaus – wurde 1136 gegründet. Die Abtei liegt oberhalb Hattenheims und hat ihre Pforten für Besucher geöffnet.

▸ Henne Gensfleisch, auch genannt Johannes Gutenberg
Ganz Eltville ist durchzogen von Überresten der von Gutenberg erfundenen Drucktechnik, die gemeinhin als Schwarze Kunst bezeichnet wird. In der Kurfürstlichen Burg ist die Gutenberg-Gedenkstätte mit der Druckerpresse untergebracht, in der Altstadt kann der Besucher die Gensfleisch-Häuser und den geschichtlichen Hof Bechtermünz bewundern. Modernstes Zeugnis des Gutenberg'schen Wirkens gibt die Mediathek in der Rheingauer Straße 28.
Information: ☏ 06123/909850, ✉ mediathek@eltville.de

Museum

▸ Heimatmuseum Eltville

Das Heimatmuseum im Burgturm der Kurfürstlichen Burg befasst sich mit der lokalen Geschichte der Region. Darüber hinaus umfasst es eine Ausstellung über den weltberühmten Johannes Gutenberg, den Erfinder des Buchdrucks.
Adresse: Burgstraße 1, 65343 Eltville am Rhein

Freizeit und Natur

▸ Wandern/Radfahren

Ob zu Fuß oder mit dem Drahtesel – hier findet jeder das Richtige, um Eltville zu erkunden. Schöne Spaziergänge entlang des Rheins, durch den Rosengarten der Kurfürstlichen Burg und die vielen Weinberge sind ideal, um die Natur zu genießen und zu entspannen. Wer es flotter mag, kann dies alles auch per Rad erleben. Viele Radwege führen durch Eltville und die Nachbarschaft. Es werden Radtouren mit unterschiedlichen Themen angeboten. Beispielsweise „Unterwegs auf der Fachwerkstraße" und die Burgentour. Auch dem Wanderfreund stehen Touren mit Themenschwerpunkten zur Verfügung, wie zum Beispiel die Wandertour „Kloster Eberbach" und „Rheinsteig".
Information: Tourist-Information, ☏ 06123/9098-0

▸ Schiffsausflüge

Ein Erlebnis der besonderen Art sind die verschiedenen Touren per Schiff. Vom Frühjahr bis in den Herbst fährt beispielsweise die Köln-Düsseldorfer ab Eltville in der Nähe der Kurfürstlichen Burg Richtung Osten.
Information: ☏ 0221/2088318, 🌐 www.k-d.com
Fahrten um die Naturschutzinsel Mariannenaue: Start für kürzere Touren rund um die Rheininseln ist die städtische Anlegestelle nahe der Burg Crass. Hier dauert die Fahrt etwa eineinhalb Stunden.
Information: Chartliner Van de Lücht, ☏ 06723/4437, 🌐 www.chartliner.de

▸ Freibad Eltville

Das Freibad ist beheizt und vom 1. Mai bis Mitte September geöffnet. Den Besucher erwarten ein großes Nichtschwimmer- und Schwimmerbecken, eine Rutsche, ein Kinderbecken und ein Beachvolleyball-Feld. Für das leibliche Wohl sorgt ein Kiosk mit Snacks. Zum Ausruhen ist die große Liegewiese direkt am Rhein bestens geeignet.
Adresse: Erbacher Straße 22, 65343 Eltville am Rhein, ☏ 06123/81276, **Öffnungszeiten:** Dienstag, Donnerstag 7–20 Uhr, Montag bis Freitag, Mittwoch 9.30–20 Uhr

▸ Hallenbad

Dieses, zum Hotel Schloss Reinhartshausen Kempinski gehörige Hallenbad, ist für alle zugänglich, die ein gepflegtes Ambiente mögen. Das kleine Hallenbad mit Solarium und Sauna hat täglich von 7–22 Uhr geöffnet.
Adresse: Hotel Schloss Reinhartshausen Kempinski, Hauptstraße 41, 65343 Eltville-Erbach, ☏ 06123/6760, 🌐 www.schloss-hotel.de

▸ Kutschfahrten und Stadtführungen

In einer Pferdekutsche können Besucher auf althergebrachte Art die wunderschöne Landschaft des Rheingaus und Eltville erleben. Wer die Stadt zu Fuß erkunden möchte, kann das im Rahmen von interessanten Stadtführungen tun.
Information: Tourist-Information, ☏ 06123/9098-38

▸ ☺ Lama-Trekking

Die Lama- und Alpaka-Farm Kisselmühle züchtet ihre Lamas in der Nähe vom Kloster Eberbach und bietet Trekking-Touren an. Ein Erlebnis für die ganze Familie. Kinder können

hier ihren Geburtstag feiern und sich die vielen Tiere anschauen.
Information: 06723/87360, www.kisselmuehle.de

▸ Weinproben
Viele Weinprobierstände laden zum Verkosten des köstlichen Rebensafts ein. Beispielsweise der Weinprobierstand Eltville, in der Nähe der Kurfürstlichen Burg, direkt am Rheinufer. Auch in Erbach, Hattenheim, Rauenthal und Martinsthal kann ein Schoppen „gepetzt" werden.

Veranstaltungen und Feste

Viele Feste und kulturelle Veranstaltungen bereichern das Freizeitangebot Eltvilles. Das Jahr beginnt mit dem **Gutenberg-Winter.** Diese Kulturreihe zu Ehren Johannes Gutenbergs – dem Erfinder der Druckkunst mit beweglichen Lettern – findet im Januar und Februar statt und bietet viele Angebote unterschiedlicher Art, ob Literatur, Kunst oder Kulinarisches. Weiter geht es mit dem jährlich stattfindendem **Narzissenmarkt** zwei Wochen vor Ostern. Ende April, Anfang Mai kommen Freunde des kulinarischen Genusses voll auf ihre Kosten. Nämlich bei den **Rheingauer Schlemmerwochen** und den **Tagen der offenen Weinkeller,** wo Weinproben angeboten werden. Am ersten Mai-Wochenende lädt das **Frühlingsfest** an die romantische Rheinpromenade. Jedes Jahr am ersten Juni-Wochenende finden die **Rosentage** in Eltville statt, gefolgt vom **Erdbeerfest** in Erbach zwei Wochen später. Für Wein- und Sektfreunde ist der Juli ein besonderer Monat: Am ersten Juli-Wochenende wird das **Sekt- und Biedermeierfest** in Eltville gefeiert. Es folgen im August das **Martinsthaler** und das **Rauenthaler Weinfest.** Ein ganz besonderes Highlight ist das **Rheingau Musik-Festival,** das im Sommer stattfindet. Nicht zu vergessen: die Burghofspiele mit erstklassigen Open-Air-Theaterabenden. Die **Kappes-Kerb** mit dem **Weinlesefest** am ersten November-Wochenende sorgt für herbstliche Stimmung mit Kirmes, Weindorf, Livemusik und Kunsthandwerkermarkt. Das Veranstaltungsjahr endet mit dem **Weihnachtsmarkt** am zweiten Adventswochenende in der Altstadt.

Eppstein

(Main-Taunus-Kreis)

Die im Main-Taunus-Kreis gelegene Stadt Eppstein besteht aus den fünf Stadtteilen Alt-Eppstein, Bremthal, Ehlhalten, Niederjosbach und Vockenhausen. Hier leben etwa 13 300 Menschen.

Stadt Eppstein
Hauptstraße 99
65817 Eppstein
06198/305-0
www.eppstein.de
info@eppstein.de

Sehenswertes

▸ Burg Eppstein
Die Ruine erhebt sich über der Altstadt von Eppstein. Erstmals 1122 erwähnt, ist sie mit ihren imposanten Befestigungsanlagen als gut erhaltenes Verteidigungssystem des 14. und 15. Jahrhunderts erlebbar. Der unbewohnte Hauptturm, der Bergfried, ist besonders hervorzuheben. Er ragt 25 Meter in die Höhe und bietet eine herrliche Aussicht. Vollständig ist die ehemalige Kirche, seit 1926 Sitz des Museums. In der Vorburg ist das Verlies in einem als „Bettelbub" bezeichneten Rundturm zu besichtigen. Der Südzwinger ist wie im 18. Jahrhundert als Obstgarten und Wingert rekonstruiert.

Die Burg Eppstein ist bis heute gut erhalten.

▸ Historische Bauwerke
Weitere Sehenswürdigkeiten Eppsteins sind die spätgotische Talkirche mit den Grabsteinen der Herren von Eppstein, die am Fuße der Burg liegt, und das im Jugendstil erbaute hundertjährige Bahnhofsgebäude. In unmittelbarer Nähe, im Bergpark Villa Anna, steht der Neufville-Turm, dessen Lokal im Sommer für Besucher geöffnet ist. Hoch über Eppstein erhebt sich der Kaisertempel von 1871. In den Ortsteilen kann man historische Kirchen unterschiedlicher Bauweisen besichtigen.

Museen

▸ Stadt- und Burgmuseum
Das in der Burg untergebrachte Museum zeigt die 1000-jährige Geschichte der Burg, archäologische Funde und Modelle. Wie haben die Burgbewohner gelebt und gearbeitet? Dies und noch viel mehr wird dem Besucher auf interessante Weise veranschaulicht. Für Kinder dürfte die historische Ritterrüstung besonders interessant sein.
Adresse: Rathaus II, Rossertstraße 21, 65817 Eppstein, ✆ 06198/305-131
Öffnungszeiten: April–Oktober: Samstag 14–17 Uhr, Sonn- und Feiertage 11–17 Uhr, Mittwoch 16–18 Uhr, November–März: Sonn- und Feiertage 12–15 Uhr

Freizeit und Natur

▸ Der alte Friedhof
Die Grünanlage, die ihr heutiges Aussehen 1985 erhielt, beherbergt historische Grabsteine und ein Kriegerdenkmal. Das älteste

zu sehende Kreuz stammt aus dem ausgehenden 16. Jahrhundert. Komplettiert wird die Anlage durch einen eisernen Brunnen.

▸ Altangarten
Der Nutz- und Ziergarten auf Burg Eppstein verdankt seinen Namen der Lage direkt auf einer Hochterrasse – dem Altan – dessen Reste 2004 freigelegt wurden. Der Altangarten wurde erstmals 1630 erwähnt und im Barockstil rekonstruiert. Bei der Neuanlage des Gartens wurde darauf geachtet, alles originalgetreu herzurichten. Die Besucher können unterschiedliche Nutz-, Gewürz- und Heilpflanzen bewundern. Rosen, Aprikosenbäumchen und Weinstöcke runden das Bild ab.

▸ Radfahren/Wandern
In und um Epstein bieten sich Radlern, Wanderern, Spaziergängern und Nordic-Walkern zahlreiche Möglichkeiten, die Umgebung und Landschaft zu erkunden.

Veranstaltungen und Feste

Seit 1913 finden auf Burg Eppstein im Sommer die **Eppsteiner Burgfestspiele** statt. Im Innenhof werden klassische Werke und auch Neuinszenierungen aufgeführt. Ende August lädt der Burgverein zum **Burgfest.** Jedes Jahr am 1. Mai führt das **Radrennen „Rund um den Finanzplatz Eschborn-Frankfurt“** (ehemals „Rund um den Henninger Turm“) durch Eppstein. Die TSG Eppstein veranstaltet jährlich im Juni oder Juli den **Eppsteiner Burglauf** mit einer Länge von fast acht Kilometern. Mountain-Bike-Fans machen im Sommer beim **Taunus Trails Marathonrennen** mit. Alle drei Jahre findet ein **Holzbildhauersymposium** statt. Hier können Besucher im Park zwischen Eppstein und Niederjosbach Künstlern bei ihrer Arbeit über die Schulter schauen.
Information: www.eppstein.de

Erbach im Odenwald

D4

(Odenwaldkreis)

Erbach im Odenwald ist die Kreisstadt des Odenwaldkreises und beheimatet etwa 13 400 Einwohner. Ihren Namen verdankt die Stadt dem Erdbach, der in Dorf-Erbach entspringt und in einem kleinen Höhlensystem im dortigen Kalkgestein verschwindet. Die im Tal der Mümling im waldreichen Odenwald gelegene Stadt besteht aus der Kernstadt sowie elf Stadtteilen und wurde im Jahr 1095 erstmals urkundlich erwähnt.

Magistrat der Kreisstadt Erbach
Neckarstraße 3
64711 Erbach im Odenwald
06062/640
www.erbach.de
stadtverwaltung@erbach.de

Sehenswertes

▸ Historische Altstadt
Die historische Residenzstadt der Grafen zu Erbach-Erbach besitzt eine sehenswerte Altstadt mit imposantem Barockschloss, Altem Rathaus, Orangerie, Lustgarten und dem großen Marktplatz direkt vor dem Schloss. Das „Städtel“, der älteste Teil Erbachs, beginnt unmittelbar am Schloss und beeindruckt mit seinen schmucken, liebevoll restaurierten Fachwerkhäusern und der spätbarocken Evangelischen Stadtkirche, die besichtigt werden kann. Cafés, gepflegte Restaurants, urgemütliche Gasthäuser und viele kleine Geschäfte und kunsthandwerkliche Betriebe komplettieren das Stadtbild.

Erbach, aus der Luft betrachtet.

Museen

▸ Gräfliche Sammlungen im Schloss Erbach

Im 18. Jahrhundert wurde die ehemalige Burg der Grafen zu Erbach zum Schloss erweitert. Zu sehen sind dort die ebenso vielfältigen wie bedeutenden Sammlungen des Grafen Franz I.: Der vielgereiste Adelige trug wertvolle antike Büsten und andere Kunstschätze zusammen. Die Räume des Grafen befinden sich heute noch in ihrem authentischen Zustand. Zu den sehenswerten Ausstellungsstücken zählen überdies die Sammlung von Waffen und Rüstungen sowie die große Sammlung an Hirschgeweihen und Rehgehörnen. Auf dem Marktplatz vor dem Schloss erinnert ein Denkmal an Graf Franz I. **Adresse:** Betriebsgesellschaft Schloss Erbach, Schlosshof (Alter Bau), Marktplatz 7, 64711 Erbach im Odenwald, ☏ 06062/809360, ✉ info@schloss-erbach.de, 🌐 www.schloss-erbach.de, **Öffnungszeiten:** März–Oktober: Führungen Montag–Freitag um 11, 14 und 16 Uhr sowie Samstag, Sonntag und an Feiertagen um 11, 14, 15 und 16 Uhr. An Adventswochenenden (Freitag– Sonntag): Führungen um 14, 15, 16 und 17 Uhr. An Silvester und Neujahr: 14 Uhr. Besichtigungen sind nur im Rahmen der Führungen möglich. Sonderführungen durch die gräflichen Sammlungen sind nach vorheriger Anmeldung jederzeit möglich. Die Schlossräume sind nicht beheizt und nur über Treppen erreichbar.

▸ Deutsches Elfenbeinmuseum

Das Deutsche Elfenbeinmuseum in Erbach im Odenwald wurde im Jahre 1966 eröffnet: Es ist das einzige Spezialmuseum für Elfenbeinschnitzkunst weltweit. Gezeigt werden Kunstwerke Erbacher Schnitzer und interessante Stücke internationaler Herkunft. Die Exponate werden in Form von kleinen Bühnenwelten gezeigt; besonders

Erbachs Schloss und Orangerie im Winter.

beeindruckend sind unter anderem die sakrale und die asiatische Abteilung. Auch die Entstehung einer Elfenbeinfigur von der Skizze bis zum fertigen Kunstwerk wird dokumentiert. Zudem gibt es Vorführungen an der Museums-Werkbank, wobei auch die Werkstoffe Mammut-Elfenbein, Bein und Steinnuss vorgestellt werden.

Adresse: Deutsches Elfenbeinmuseum, Otto-Glenz-Straße 1, 64711 Erbach im Odenwald, 06062/919990, elfenbeinmuseum@erbach.de, www.elfenbeinmuseum.de,
Öffnungszeiten: Dienstag–Sonntag 10–17 Uhr. Januar und Februar: Dienstag–Freitag 13–17 Uhr, Samstag und Sonntag 11.30–17 Uhr. Montags geschlossen. Geschlossen außerdem am 24., 25. und 31. Dezember, an Rosenmontag und Fastnachtsdienstag sowie während des Erbacher Wiesenmarktes (letzte Juli-Woche einschließlich der beiden Wochenenden). Führungen für Gruppen können ganzjährig gebucht werden.

▸ koziol-Glücksfabrik

Das Erbacher Traditionsunternehmen koziol, hervorgegangen aus einer Elfenbeinschnitzerwerkstatt, erfindet, entwirft und produziert heute hochwertige Kunststoffprodukte mit unverwechselbarem Design zum Leben und Wohnen – und das ausschließlich und aus Überzeugung am Firmensitz in Erbach im Odenwald. Die koziol-Glücksfabrik umfasst das koziol-Museum, die Glücks-Kantine und das Design-Outlet. Das Museum ist interaktiv, mit Hebeln und Knöpfen zum Mitmachen und Ausprobieren gestaltet. Die Glückskantine wartet mit regionalen Spezialitäten und saisonalen Angeboten auf – täglich frisch zubereitet. Im Design-Outlet findet sich das gesamte Sortiment von koziol mit farbenfrohen Accessoires für Küche, Bad und Wohnen und natürlich auch kleine Mitbringsel. Führungen durch das Museum, Workshops und Paketangebote sowie Catering sind zusätzlich buchbar.

Adresse: koziol-Glücksfabrik, Werner-von-Siemens-Straße 90, 64711 Erbach im Odenwald, 06062/604325, gluecksfabrik@koziol.de, www.koziol-gluecksfabrik.de
Öffnungszeiten: Shop und Kantine: Donnerstag, Freitag, Sonntag 14–19 Uhr, Samstag 10–19 Uhr, Museum: Freitag, Samstag, Sonntag und an Feiertagen 14–18 Uhr

Freizeit und Natur

Stadtführungen

Die Stadtrundgänge durch den historischen Stadtkern werden von erfahrenen orts- und geschichtskundigen Gästeführern geführt. Dabei gibt es auch etliche Kostümführungen – etwa ein Rundgang mit der Waschfrau durch die Altstadt (auch für Kinder geeignet!), eine Führung auf den Spuren von Folter und Scharfrichterwesen oder ein Besuch bei der Hausdame im gräflichen Schloss. Gebucht werden können die Führungen bei der Touristik-Information im Alten Rathaus. Von Mai–Oktober wird jeden Sonntag eine offene Stadtführung angeboten: Sie beginnt um 11.30 Uhr vor der Touristik-Information im Alten Rathaus, wo es auch die Tickets gibt. Lediglich am zweiten Sonntag im September entfällt die offene Stadtführung – dann ist in Erbach Kerwemarkt.
Kontakt: 06062/6480, tourismus@erbach.de

Kinderspaß in Erbach

Speziell für Kinder gibt es in Erbach im Odenwald etliche Angebote: Sie können hautnah erleben, was es heißt, Burgherrin oder Ritter zu sein. Sie erfahren, wie es war, als Prinz oder Prinzessin im Schloss zu leben, entdecken Erbach gemeinsam mit dem Kasperle oder gehen in der Evangelischen Stadtkirche der spannenden Frage nach, ob der liebe Gott wohl ganz oben im Turm wohnt. Außerdem gibt es Einblicke in die Arbeit und das Leben eines Elfenbeinschnitzers und manches mehr. Auf einstündige Entdeckungstour durch das Schloss gehen Familien gemeinsam von Mai–Oktober immer sonntags ab 15 Uhr. Die Kinderprogramme sind auch für Kindergeburtstage, Kindergartengruppen oder Grundschulklassen buchbar.
Kontakt: Touristik-Information Erbach im Odenwald, 06062/6480. Deutsches Elfenbeinmuseum Erbach im Odenwald, 06062/919990. Gräfliche Sammlungen Schloss Erbach, 06062/809360

Kinderspaß in Erbach.

Wildpark Brudergrund

Nur einen Spaziergang von der Erbacher Altstadt entfernt, aber auch mit dem Auto gut zu erreichen, liegt der kostenlos und rund um die Uhr zugängliche Wildpark Brudergrund: Rot- und Damwild kann dort in einem flachen Tal in Ruhe beobachtet werden. Auch gefüttert werden dürfen die Tiere: An der Futterstelle können Tüten mit Hirschfutter für einen kleinen Obolus gekauft werden.

Attraktiv sind auch die beiden kleinen Seen: Im Wasser tummeln sich Fische, Enten und Schwäne drehen auf den Seen ihre Runden. Ein Lehrpfad entlang des Spazierweges, der um das Wildgehege führt, vermittelt Wissenswertes über den Lebensraum Wald, Schautafeln informieren über den Forst, das Wild und die Jagd. Geschichtsträchtigen Boden hat unter den Füßen, wer die „Not Gottes" ein wenig unterhalb der Seen betritt. Dort stand bereits um das Jahr 1200 eine Kapelle, deren freigelegte Grundmauern noch heute zu sehen sind.

▸ Erdbachversickerung

Wer erdgeschichtlich interessiert ist, sollte sich einen Besuch an der Erdbachversickerung nicht entgehen lassen: Zwar prägt der Buntsandstein die Gegend rund um Erbach; an wenigen Stellen blieb aber eine geologisch etwas jüngere Schicht aus Muschelkalk erhalten. Unweit der Reithalle am Erbacher Sportpark versickert der Erdbach, dem die Stadt ihren Namen verdankt, in einem kleinen Höhlensystem im Kalkstein. Wie Untersuchungen durch Wissenschaftler mithilfe gefärbten Wassers vor einigen Jahren ergaben, benötigt das Wasser des Erdbachs etwa 45 Minuten, bevor es wenige Hundert Meter weiter in Stockheim – einem an Erbach angrenzenden Michelstädter Stadtteil – wieder zutage tritt.

▸ Wandern

Wunderbar zentral im Odenwald mit seinen ausgedehnten Wäldern und beeindruckenden Fernblicken gelegen, bietet Erbach auch zahlreiche attraktive Wanderwege: Vorbildlich markiert, locken Rundwege unterschiedlichster Länge und Fernwanderwege: Über Erbacher Gebiet führt z. B. der Nibelungensteig, ein insgesamt 124 km langer Qualitätswanderweg von Zwingenberg an der Bergstraße-Freudenberg am Main. Der Steig ist landschaftlich überaus reizvoll und bietet interessante Einblicke in die regionale Natur- und Kulturgeschichte. Auch der Alemannenweg ist als Qualitätswanderweg ausgezeichnet und bietet Naturerlebnisse der besonderen Art: Der Alemannenweg ist ein Langstrecken-Rundweg von 134 km Länge und ist von Erbach aus hervorragend zu erreichen. Der Alemannenweg führt zumeist über gut begehbare Forstwege, ist mit zu überwindenden gut 4000 Höhenmetern entlang der sieben Tagesetappen aber durchaus auch für sportliche Wanderer interessant.

▸ Odenwaldladen

Ein Besuch in der Erbacher Altstadt lässt sich bestens mit einem Zwischenstopp im Odenwaldladen im Alten Rathaus verbinden: Das nette Team der Touristik-Information gibt nicht nur Tipps zu den Sehenswürdigkeiten der Region und vermittelt Hotelzimmer und Ferienwohnungen, sondern hält im angegliederten Odenwaldladen vielfältige regionale Produkte bereit.

Adresse: Touristik-Information und Odenwaldladen, Marktplatz 1 (Altes Rathaus), 64711 Erbach im Odenwald, ☎ 06062/6480, ✉ tourismus@erbach.de, **Öffnungszeiten:** April–Oktober täglich, auch sonn- und feiertags 10–17 Uhr. November–März: 11–16 Uhr sowie während der Erbacher Schlossweihnacht an allen vier Adventswochenenden (Freitag–Sonntag) 11–20 Uhr. Heiligabend und Silvester: 10–12 Uhr; Weihnachtsfeiertage und Neujahr geschlossen.

Veranstaltungen und Feste

Jede Menge Spaß für Jung und Alt, das ist der **Erbacher Wiesenmarkt.** Er findet jedes Jahr in der letzten Juliwoche statt und stellt für zehn Tage Erbach und Umgebung auf den Kopf. Ein Reit- und Springturnier, ein Familientag, zwei Feuerwerke und der Festumzug sind nur einige Programmpunkte. Bei Blas- und Volksmusik, für das junge

Publikum aber auch Pop und Rock, stellt sich bei Jedermann schnell Feierlaune ein. Nicht umsonst kommen jedes Jahr gut eine halbe Million Besucher zum **Erbacher Wiesenmarkt.** Das traditionsreiche Volksfest wartet auf über 60.000 Quadratmeter Fläche mit einem bunten Händlermarkt auf, an dem sich Jahr für Jahr gut 180 Aussteller beteiligen, mit zahlreichen Fahrgeschäften sowie der beliebten SüdhessenMESSE mit gut 230 Ausstellern in den Messehallen und auf dem weitläufigen Freigelände. Am zweiten Sonntag im September gibt es den **Erbacher Kerwemarkt,** ein eintägiges Straßenfest – das größte im Odenwald. Dabei präsentiert sich die Erbacher Geschäftswelt im Rahmen einer Gewerbeschau und eines verkaufsoffenen Sonntags. Sportlich interessierte Besucher zieht es zum Stadtlauf, während Kinder und Erwachsene gleichermaßen Spaß haben am Entenrennen auf dem Flüsschen Mümling, bei dem bunte Kunststoff-Entchen ins Rennen geschickt werden. Viel Musik und vielfältige kulinarische Verlockungen ergänzen das Angebot. Im Jahr 2012 gab es beim Kerwemarkt erstmals auch einen „Markt der Möglichkeiten", bei dem zahlreiche Vereine und Institutionen der Region sich dem Publikum mit lustigen Mitmach-Aktionen vorstellten. Seit vielen Jahren schon ist für Besucher von nah und fern der **Odenwälder Bauernmarkt** in Erbach ein lohnendes Ziel: Veranstaltet von der Gemeinschaft der Odenwälder Direktvermarkter, nutzen die Gäste an drei Tagen Mitte Oktober gern die Gelegenheit zum Bummel über den Markt, der eine unglaubliche Bandbreite landwirtschaftlicher Produkte aus dem Odenwald bereithält. Gezeigt wird altertümliches Handwerk, es gibt Informationen zu grüner Energie aus Land- und Forstwirtschaft, und Technikfreunde haben am Sonntag beim großen Oldtimer-Traktorentreffen ihren Spaß. Kindern gefallen besonders die Bauernhoftiere, die in überdachten Gehegen auf die Besucher warten. An allen vier Adventswochenenden lädt Erbach ein zur **Schlossweihnacht,** dem romantischen Weihnachtsmarkt auf dem Marktplatz vor dem Schloss, im Städtel – der Altstadt mit ihren schmucken Fachwerkhäusern – sowie im Innenhof des Schlosses. Attraktive Stände mit weihnachtlichen Leckereien, aber auch Kunsthandwerk locken Jahr für Jahr zahlreiche Gäste. Besonderer Blickfang ist der riesige Weihnachtsbaum vor dem Schloss: einer der höchsten Weihnachtsbäume Deutschlands – und ein lebendiger noch dazu!

Erlensee

(Main-Kinzig-Kreis)

Die Stadt Erlensee besteht aus den beiden Ortsteilen Langendiebach und Rückingen. Beide wurden um das Jahr 1200 n. Chr. erstmals urkundlich erwähnt. Seit 2008 ist Erlensee Teil des UNESCO-Weltkulturerbes und hat seit 2012 die Stadtrechte.

Stadtverwaltung Erlensee
Am Rathaus 3
63526 Erlensee
06183/9151-0
www.erlensee.de
rathaus@erlensee.de

Sehenswertes

▸ Limes
Dieser römische Grenzwall, der einst durch Erlensee führte, ist heutzutage für Besucher und Touristen durch Markierungen und Schautafeln kenntlich gemacht.

▸ Ortsteil Langendiebach
In Langendiebach können an der Regionalhistorie interessierte Besucher die alte

Stadtmauer mit den Wehrtürmen, die Alte Schule, den Bahnhof, den Dorfbrunnen und die zahlreichen imposanten Fachwerkbauten sehen.

Rückingen ist ein malerischer Ortsteil Erlensees.

▸ Ortsteil Rückingen

Wer sich für historische Baukunst interessiert, der sollte den Ortsteil Rückingen und das Schlösschen, die Wasserburg und das alte Römerbad besuchen.

Museen

▸ Heimatmuseum

Das Heimatmuseum der Gemeinde Erlensee wird vom örtlichen Geschichtsverein seit 1983 betrieben. Es befindet sich in der Rückinger Wasserburg. Neben Relikten aus dem früheren Leben – einem Kinderzimmer, einem Wohn- und Klassenzimmer und einer Druckerei – werden Ausgrabungen aus der Römerzeit gezeigt. In einer Dauerausstellung wird Geschichtliches zur Gemeinde und der Umgebung präsentiert.

Info und Öffnungszeiten ✆ 06181/3984 oder ✉ hirchenhain@geschichtsverein-erlensee.de

Freizeit und Natur

▸ Jakobsweg

Dieser weithin bekannte Pilgerweg führt unter anderem auch durch Erlensee. Die ent-

Langendiebach ist nicht nur bei Kindern beliebt.

sprechenden Wege sind durch Schilder mit Muscheln – den Jakobsmuscheln – gekennzeichnet.

▸ Wandern und Radfahren
Erlensee ist für Wanderer, Reiter und Radfahrer ideal. Durch den Ort führen viele Fahrradwege, auch der Jakobsweg kann mit dem Drahtesel erkundet werden. Der Weg wird durch Schilder eindeutig beschrieben, sodass auch Pilger ohne weitere Beschreibung oder Karte den Weg in Richtung Santiago de Compostela über Frankfurt, Mainz, Trier, Vezelay, Orleans, Limognes, Burgos, Leon in Spanien und zurück finden. Die Muschel gibt die Richtung an. Der Kopf stellt Santiago, die Strahlen die Wege dar, die dorthin führen. Weite Teile von Erlensee sind als Naturschutzgebiet ausgewiesen. Diese geschützte Landschaft lädt zum Wandern und Erholen ein. Die Bulau – eine Waldfläche zwischen Hanau und Erlensee – ist Heimat für seltene Tierarten und eine abwechslungsreiche Pflanzenwelt.

▸ Hallenbad und Sauna
Das neu gestaltete Hallenbad bietet der ganzen Familie Spaß, z. B. durch den Eltern-Kind-Bereich mit Babybecken. Kleinkinder haben ihr eigenes, nur etwa 25 cm tiefes Becken, sowie Spritztiere und eine Kleinkinderrutsche. Der Saunabereich mit Bio-, Dampf- und Finnischer Sauna laden zum Saunieren ein. Unterschiedliche Massagen versprechen Entspannung pur.
Adresse: Am Rathaus 20, 63526 Erlensee,
☏ 06183/1081

Veranstaltungen und Feste

Alle zwei bis drei Jahre gegen Ende Juni findet im Ortsteil Langendiebach das **Hof- und Gassenfest** statt, ein Fest, das mit Musik, Aufführungen und jeder Menge guter Laune Gäste von nah und fern anlockt.

Eschborn

(Main-Taunus-Kreis)

In direkter Nachbarschaft zu Frankfurt, nur zehn Autominuten vom Frankfurter Flughafen entfernt und idyllisch zwischen Main und Taunus liegt Eschborn. Die Stadt ist ein modernes Büro- und Dienstleistungszentrum im Rhein-Main-Gebiet mit internationalem Flair. Etwa 21 000 Einwohner leben dort, über 30 000 arbeiten in den fünf Gewerbegebieten. Unter dem Namen „Aschenbrunne" wurde Eschborn 770 erstmals in einer Schenkungsurkunde an das Kloster Lorsch erwähnt.

Stadt Eschborn
Der Magistrat
Rathausplatz 36
65760 Eschborn
☏ 06196/490-285
www.eschborn.de
✉ internet@eschborn.de

Sehenswertes

Die Evangelische Kirche ist die bedeutendste Sehenswürdigkeit Eschborns. Sie ist das Wahrzeichen der Stadt.

Museen

▸ Städtisches Museum
Im 1989 gegründeten Museum wird viel über die Geschichte Eschborns erzählt. Hier steht das Leben der Eschborner vor 2000 Jahren im Mittelpunkt. Abgerundet wird das Programm des Museums durch verschiedene Dauerausstellungen, Geschichtsvorträge, Lesungen und regelmäßig stattfindende Konzerte. Heiratswillige können in dieser besonderen historischen Atmosphäre den Bund fürs Leben schließen.

Die Skyline von Eschborn.

Adresse: Museum/Stadtarchiv, Eschenplatz 1, 65760 Eschborn, ✆ 06196/490-232
Öffnungszeiten: mittwochs 15–18 Uhr, samstags 15–18 Uhr, sonntags 15–18 Uhr und nach Vereinbarung

Freizeit und Natur

▸ Oberwiesen und Unterwiesen – die grüne Lunge Eschborns

Diese Parks sind durch ihre reizvolle Landschaft beliebte Wege für Fußgänger und Radfahrer. Geht man durch die Oberwiesen, erreicht man nach etwa einer Stunde Kronberg, Ziel des Wegs durch die Unterwiesen ist Frankfurt-Rödelheim. Besonders interessant für Kinder ist der Traktorspielplatz, den man erreicht, wenn man durch die Oberwiesen geht.

▸ Arboretum Main-Taunus

In diesem großen Sträucher- und Baumpark wurden 1982 etwa 600 Baum-Spezies angepflanzt. Hier kann der Besucher ganze Waldgesellschaften ansehen. Besonderer Wert wurde auf ein abwechslungsreiches Bild gelegt. So sind neben Streuobstwiesen, Sukzessionsflächen und einem Feuchtbiotop mit vielen Pflanzen- und Tierarten sowie einem geotopischen Lehrpfad auch Nadel- und Laubbäume unserer Heimat zu erkunden. Regelmäßig finden Führungen durch das Arboretum statt.
Adresse: Am Weißen Stein, Eschborn,
Information: 🌐 www.arboretum-main-taunus.de

▸ Skulpturenachse und Skulpturenpark Eschborn

Dieses Projekt der Stadt zeigt Skulpturen von nationalen und internationalen Künstlern. Die mittlerweile auf 14 Werke angewachsene Sammlung ist an mehreren Stationen zu sehen. „Steine für Eschborn“ in der Brüder-Grimm-Straße, die Stelen der

Villa Luce, der Weiher in der Pfingstbrunnenstraße, die Plastik „Begegnung (Adam & Eva)“ am Rathausplatz, die Skulptur „Fulcrum“ am Kreisel Frankfurter Straße/ Mergenthalerallee, das Werk „Travel a Head“ in der Sossenheimer Straße, eine Skulptur namens „Hua“ am Kreisel Schwalbacher Straße/Ludwig-Erhard-Straße, das „Versatzstück“ und „Phönix“ in der Elly-Beinhorn-Straße/Katharina-Paulus-Straße. Im Skulpturenpark Niederhöchstadt an der Steinbacher Straße steht die Skulpturengruppe „Das Versprechen“ und drei Skulpturen „Entwurf für eine große Figur I und VI“ und „Polyanthe“.

▸ Wiesenbad Eschborn
Dieses moderne Frei- und Hallenbad bringt Spaß, Abwechslung und Wellness für alle. Die Ausstattung ist vielfältig: unterschiedliche Nichtschwimmer- und Schwimmerbecken im Freien und in der Halle mit Mutter-Kind-Bereich, Kleinkinderbecken und Wasserspielplatz. Eine großzügige Saunalandschaft rundet das Angebot ab. Das komplette Bad ist behindertengerecht. **Adresse:** Hauptstraße 258–260, 65760 Eschborn, ✆ 06196/490-890, **Öffnungszeiten:** Freibad Mai–September täglich 10–20 Uhr, Hallenbad: montag geschlossen, Dienstag, Mittwoch und Donnerstag 7–22 Uhr, Freitag 7–20 Uhr, Samstag und Sonntag 8–18 Uhr

Veranstaltungen und Feste

Eschborn bietet ein reiches kulturelles Angebot: Unter dem Namen **„Summertime“** finden jährlich von Juni–August Konzerte und Theateraufführungen statt. Der Eschenplatz ist das Zentrum des jeweils im Mai stattfindenden **Eschenfestes.** Hier gibt es einen Krammarkt und ein vielfältiges Kinderprogramm sowie viele Musik- und Kleinkunstdarbietungen. Jedes Jahr Ende Juli wird auf dem Festplatz in den Oberwiesen das **Wiesenfest** gefeiert. Mit dem **Niederhöchstädter Markt** präsentiert sich alle zwei Jahre ein gemütliches Fest im Zentrum des Ortes. Der **Weihnachtsmarkt** auf dem Eschenplatz ist jährlich am zweiten Adventswochenende ein Treffpunkt für die ganze Familie. Die Wintersaison bietet Theateraufführungen und Konzerte in der Eschborner Stadthalle. In Eschborn kann man Kino und Kleinkunst erleben.

Panorama der Stadt.

Flörsheim am Main

B3

(Main-Taunus-Kreis)

Flörsheim ist eine Stadt im Regierungsbezirk Darmstadt. Zur Kernstadt Flörsheim, ausgestattet mit Stadtrechten seit 1953, gehören seit 1972 die Stadtteile Weilbach, Bad Weilbach, Wicker und Keramag/Falkenberg. Die fränkische Siedlung Flörsheim wurde im Jahr 828 erstmals urkundlich erwähnt. Heute leben etwa 20 400 Einwohner in Flörsheim und seinen Stadtteilen. Mit herrlicher Lage direkt am Main hat es seinen Besuchern und Gästen mehr zu bieten als nur eine nette Altstadt, Kunst und Kultur.

Bahnhofstraße 12
65439 Flörsheim am Main
06145/955-0
06145/955-299
www.floersheim-main.de
rathaus@floersheim-main.de

Sehenswertes

▸ Mainturm und Kunstforum Mainturm
Der gegen Mitte des 16. Jahrhunderts errichtete Mainturm gilt als das älteste Bauwerk Flörsheims. Als Teil der Stadtbefestigung diente er zudem der Kontrolle des Flussverkehrs und dem Schutz des Mainufers bei Winterhochwasser. Ein verglaster Steg ist die Verbindung zwischen dem alten Mainturm und dem neu erbauten Ausstellungshaus. Das Kunstforum Mainturm wurde über die Jahre zu einer Stätte des kulturellen Austauschs und des ideellen Dialogs. Hier finden Ausstellungen zeitgenössischer Künstlerinnen und Künstler statt, die von Besuchern weit über die Region hinaus frequentiert werden.
Adresse: Dr.-Georg-von-Opel-Anlage 2, 65439 Flörsheim am Main, **Öffnungszeiten:** Donnerstag 18–22 Uhr sowie Samstag, Sonn- und Feiertage 12–18 Uhr, bei Ausstellungen, www.kunstforum-mainturm.de

▸ St.-Gallus-Kirche
Schon weit aus der Ferne sichtbar, prägt die Silhouette der St.-Gallus-Kirche das

Flörsheim, vom Main aus gesehen.

Stadtbild Flörsheims. Sie wurde 1766 in der heutigen Form erbaut und gilt als ein typisches Beispiel ländlicher spätbarocker Kirchenbaukunst. Die Gemälde der Seitenaltäre im Kircheninneren wurden von dem 1718 in Flörsheim geborenen Landschafts- und Genremaler Christian Georg Schütz d. Ä. geschaffen. Seit 1809 befindet sich die vom Mainzer Dombaumeister Johann Jakob Dahm gebaute Orgel in der St.-Gallus-Kirche. Nicht nur aufgrund der musikalischen Qualität dieser Orgel finden hier seit über 25 Jahren die überregional bekannten Gallus-Konzerte statt.

▸ Flörsheimer Warte

Die alte Flörsheimer Warte war eine von vier Warten der Kasteler Landwehr, die gegen Ende des 15. Jahrhunderts zum Schutz der Orte Kastel, Kostheim, Hochheim und Flörsheim und zur Kontrolle und Sicherung des kurmainzischen Herrschaftsgebiets geschaffen wurde. Die „neue" Flörsheimer Warte wurde 1996 in unmittelbarer Nähe der Fundamente des alten Vorgängerbaus errichtet. Seitdem ist sie lohnendes und beliebtes Ausflugsziel im Regionalpark RheinMain und der gesamten Region.

Museen

▸ Heimatmuseum Flörsheim

Schwerpunkte im Heimatmuseum sind die Schütz-Galerie mit Malereien des 18. Jahrhunderts, vorwiegend mit Arbeiten der aus Flörsheim stammenden Malerfamilie Schütz, und das Fayence-Kabinett, welches sich auf die Sammlung von Flörsheimer Fayencen des 18. und frühen 19. Jahrhunderts der ehemals in Flörsheim ansässigen Fayence-Manufaktur konzentriert.

Adresse: Hauptstraße 43, 65439 Flörsheim am Main, **Öffnungszeiten:** jeden ersten Sonntag im Monat 14–18 Uhr

Freizeit und Natur

▸ Christian-Georg-Schütz-Park

Im Neubaugebiet ist der nach dem in Flörsheim 1718 geborenen Maler benannte Christian-Georg-Schütz-Park ein beliebter Treffpunkt. Hier prägen die Metallskulpturen in Form von Tieren und Fabelwesen aller Größen, von klein bis überlebensgroß, die Anlage. Die sympathischen Figuren setzen einen faszinierenden künstlerischen Akzent und zeigen, wie in Flörsheim am Main die Bereiche Kunst, Kultur und Lebensumfeld miteinander harmonieren.

▸ Weilbach und Bad Weilbach

Weilbach wurde im Jahr 1112 erstmals urkundlich erwähnt. Seit Mitte des 18. Jahrhunderts wacht der Brückenheilige St. Johann von Nepomuk als Sandsteinfigur auf der Brücke über den Weilbach. Inmitten des alten Ortskerns mit seinen Gassen und Gässchen steht das „Haus am Weilbach" mit dem bekannten Glockenspiel. Bekannt ist Weilbach auch durch das Naturschutzhaus Weilbacher Kiesgruben und das anliegende Naturschutzgebiet. Als „Faulborn" bekannt war die Schwefelquelle zwischen Flörsheim und Weilbach seit Jahrhunderten. 1784 wurde die Quelle gefasst und für einen Kur- und Badebetrieb genutzt. Der gusseiserne Pavillon und die Anlage des Kurparks entstanden im Jahr 1832. Sechs Jahre später wurde das Kurhaus fertiggestellt. 1860 fasste man dann auch eine Natron-Lithion-Quelle in der Nähe. Die Blütezeit erlebte der Kurort Bad Weilbach in der zweiten Hälfte des 19. Jahrhunderts.

▸ Weindorf Wicker

In Wicker beginnt der Rheingau: Den östlichen Eingang der Weinregion markiert symbolisch das „Tor zum Rheingau". Am Weinprobierstand, bei Winzern und in Straußwirtschaften oder beim Wickerer Weinfest kann Wein der hiesigen Lagen erlebt werden. Auf dem Wickerer Wein-Weg erläutern anschauliche Tafeln den Wein mit seiner Kultur und die örtliche Geschichte wie z. B. die Weinlage König-Wilhelms-Berg mit der markanten Säule von 1875. In Wicker beginnen auch die Rheingauer Riesling-Routen, die als Wander- und Radwege quer durch den gesamten Rheingau führen.

▸ Radfahren/Wandern

Der Main-Radweg, ein mit fünf Sternen ausgezeichneter Fernradweg, führt durch Flörsheim. Gastronomie und Unterkünfte liegen nicht weit vom ausgezeichneten Main-Radweg R3 entfernt und laden Radtouristen und Radler zur Rast ein. Rings um Flörsheim und auch in der Stadt ergeben sich durch die Einbindung in die Routen und Wege des Regionalparks RheinMain für Radfahrer, Spaziergänger und Wanderer vielfältige Möglichkeiten.

Veranstaltungen und Feste

„Flörsheim feiert Feste!“ ist eine der Bedeutungen, die den drei Buchstaben in der städtischen Flagge zugesprochen werden. Und so finden hier das ganze Jahr über viele Feste und Veranstaltungen statt: am Pfingstwochenende das **Bad Weilbacher Brunnenfest,** am letzten Wochenende vor den Sommerferien das **Flörsheimer Sommerfest,** am ersten August-Wochenende das **Wickerer Weinfest,** die **Prozession anlässlich des „Verlobten Tags“** am letzten Montag im August zur Erinnerung an die Errettung von der Pest im Jahr 1666. Zudem finden die örtlichen Kerben in Wicker, Flörsheim und Weilbach sowie der Flörsheimer Töpfermarkt und die **Weihnachtsmärkte** in den Stadtteilen statt.

Information: 🌐 www.floersheim-main.de

Frankfurt/M.

C2

(Frankfurt)

Frankfurt am Main ist die größte Stadt Hessens und beheimatet mehr als 690 000 Einwohner. Frankfurt wurde 794 in einem Schriftstück Karls des Großen zum erstenmal urkundlich erwähnt. Seit der Zeit des Mittelalters gehört der Ort zu den wichtigsten Umschlags- und Handelsplätzen Deutschlands. Frankfurt ist seit dem Hochmittelalter Freie Reichsstadt gewesen, ab 1356 Wahlstätte der römisch-deutschen Kaiser und ab 1562 sogar Krönungsstadt.

Der Magistrat
Römerberg 23
60311 Frankfurt am Main
🌐 www.frankfurt.de
✉ onlinebuero@stadt-frankfurt.de

Sehenswertes

▸ Kaiserdom

Im katholischen Kaiserdom St. Bartholomäus wurden einst die deutschen Kaiser gekrönt. Dabei führte der Prozessionspfad, der sogenannte Königsweg, vom Dom bis zum Römer und von dort aus ins Rathaus zum Festbankett. Vor dem Dom kann man heute einen archäologischen Garten mit Fundstücken aus der karolingischen und römischen Zeit besichtigen.

Adresse: Domplatz 1, 60311 Frankfurt am Main, ✆ 069/297032-0, 🌐 www.dom-frankfurt.de

▸ Römerberg

Der Römer, das Rathaus aus dem 14. Jahrhundert, befindet sich zusammen mit der Alten Nikolaikirche auf Frankfurts Römerberg in der Altstadt. Auf dem Balkon des Hauses

Frankfurt ist immer eine Reise wert.

werden Siege regionaler Sportvereine und der Fußballnationalmannschaft gefeiert.
Adresse: Tourist Information Römerberg 27, 60311 Frankfurt/M., 069/21238708, www.frankfurt-tourismus.de

▸ Paulskirche

Von 1789–1833 wurde die Paulskirche erbaut. Sie diente als Nachfolger der 1786 abgerissenen Barfüßerkirche. Die Paulskirche wurde bis 1944 als evangelische Hauptkirche der Stadt genutzt. Für den klassizistischen Rundbau der Kirche zeichnet sich der Architekt Johann Georg Christian Hess verantwortlich. In der Paulskirche tagte 1848/49 die Nationalversammlung. Heutzutage wird hier alljährlich der Friedenspreis des Deutschen Buchhandels verliehen.
Adresse: Paulsplatz 11, 60311 Frankfurt am Main, 069/21233333

▸ Katharinenkirche

Die Katharinenkirche ist die größte evangelische Kirche der Stadt. Sie befindet sich am Eingang der Zeil, der Frankfurter Hauptgeschäftsstraße, und wurde von 1678–1681 erbaut. Zu Lebzeiten Goethes war die Kirche mit der Familie des Dichters eng verbunden – sie besaß hier zwei Kirchenstühle.
Adresse: Leerbachstraße 18, 60322 Frankfurt am Main, www.frankfurt-evangelisch.de

Der Römer ist weit über die Stadt hinaus bekannt.

Leonhardskirche
Die Leonhardskirche wurde im Jahr 1219 ursprünglich als spätromanische Basilika erbaut und später in gotischem Stil umgestaltet. Sie liegt am nördlichen Mainufer in der Altstadt und ist eine von neun ehemaligen Dotationskirchen – ist jedoch die einzige, die im Zweiten Weltkrieg so gut wie gar nicht zerstört worden war.
Adresse: Am Leonhardstor 25, 60311 Frankfurt am Main

Dotationskirchen
In der Frankfurter Innenstadt gibt es insgesamt neun Dotationskirchen und die Dreikönigskirche in Sachsenhausen. Seit 1802 gehören diese sakralen Bauwerke der Stadt, seit 1830 ist Frankfurt zu deren Erhaltung und Unterhalt verpflichtet. Immer zu den Hochfesten des Kirchenjahres lässt Frankfurt alle Kirchenglocken zum traditionellen Stadtgeläut zusammen erklingen.

Stadtbibliothek/Literaturhaus
Das heutige Literaturhaus entstand in dieser Form im Jahr 2005. Es ist die Rekonstruktion der Alten Stadtbibliothek, die von 1820–1825 aufgebaut und 1944 zum Teil zerstört worden war.
Adresse: Schöne Aussicht 2, 60311 Frankfurt am Main, 069/756184-0, www.literaturhaus-frankfurt.de

Flughafen
Der Frankfurter Flughafen ist einer der weltgrößten und der drittgrößte in Europa – und zwar direkt nach London-Heathrow und Paris-Charles de Gaulle.
Information: www.frankfurt-airport.de

Kleinmarkthalle
Gegründet wurde die Kleinmarkthalle im Jahre 1879. Nachdem sie 1944 zerstört worden war, konnte die Kleinmarkthalle 1954 wieder aufgebaut werden. Seitdem ist sie Anlaufpunkt für Freunde der Kulinarik und frischer Produkte. An jedem Werktag bieten Produzenten der Region an zahlreichen Marktständen ihre Waren feil.
Adresse: Hasengasse 7, 60311 Frankfurt am Main, 069/288260, www.kleinmarkthalle.com

Mainufer und Mainbrücken
Das Museumsufer, das Gewerbe- und Wohngebiet im ehemaligen Westhafen, die Mainbrücken und viele Anlaufpunkte mehr ließen das Mainufer im Lauf der Jahre zu einem der bedeutendsten Anziehungspunkte der Stadt avancieren. So wurde die 1222 erstmals schriftlich erwähnte Alte Brücke einst als wichtigstes Bauwerk Frankfurts gehandelt. Auf der Maininsel ist seit 2006 die Ausstellungshalle Portikus installiert. Eines der Wahrzeichens Frankfurts ist die 1869 eröffnete Fußgängerbrücke Eiserner Steg.

Hauptbahnhof
Der 1888 eröffnete Hauptbahnhof gehört zu den größten Bahnhöfen Europas mit dem bundesweit größten Besucheraufkommen. Das Bauwerk selbst ist eine der imposantesten Sehenswürdigkeiten der Stadt. Dach und Tragwerk der überdimensionalen, fünfschiffig angelegten Bahnsteighalle wurden komplett restauriert, der Bahnhof gilt als Hessisches Kulturdenkmal.

Messe
Die Frankfurter Messe war schon im Mittelalter einer der größten und bedeutsamsten Handels- und Umschlagplätze. Aufgrund seiner geografisch vorteilhaften Lage am Main, der zur Beförderung von Gütern aller Art im Mittelalter von immenser Bedeutung gewesen war, bot sich das Gelände der Frankfurter Messe geradezu an, als Handelsplatz in Beschlag genommen zu werden. Heute ist die Frankfurter Messe nach jener in Hannover der zweitgrößte Messeplatz der

Welt. Die Frankfurter Buchmesse findet hier schon seit mehr als 500 Jahren statt.
Adresse: Ludwig-Erhard-Anlage 1, 60327 Frankfurt am Main, ☏ 069/75750, 🌐 www.messefrankfurt.com

Museen

Schon in der Kernstadt versammeln sich zahlreiche Museen, die im Verbund des „Museumsufers" eine der interessantesten und buntesten Museumslandschaften der Bundesrepublik formen. So befinden sich allein am Sachsenhäuser Mainufer das Deutsche Architekturmuseum, das Deutsche Filmmuseum, das Museum der Weltkulturen, das Liebighaus, das Städel Museum und das ehemalige Kunstgewerbemuseum, das als Museum für Angewandte Kunst bekannt ist. Kein Wunder, dass an dieser Stelle jedes Jahr das weithin bekannte und populäre Museumsuferfest veranstaltet wird.

▸ Senckenberg Museum

Das Senckenberg-Naturkundemuseum ist eines der bekanntesten und größten Museen seiner Art in Deutschland. Auf einer Ausstellungsfläche von 6000 Quadratmetern, verteilt auf drei Etagen, zeigt das Senckenbergmuseum in Dauer- und Wechselausstellungen die Vielfalt des Lebens auf der Erde sowie die Entwicklung der Lebewesen und Lebensräume im Wandel der Jahrmillionen.
Adresse: Senckenberganlage 25, 60352 Frankfurt am Main, ☏ 069/75420, 🌐 www.senckenberg.de, **Öffnungszeiten:** Montag und Dienstag sowie Donnerstag und Freitag 9–17 Uhr und Mittwoch 9–20 Uhr, am Wochenende 9–18 Uhr

▸ Museum für Kommunikation

Hier dreht sich alles um Medien, Kunst und Kommunikation. In diesem Museum, dessen Architektur bereits mehrfach mit diversen Preisen bedacht wurde, wird die komplizierte Entwicklung der menschlichen Kommunikation auf verständliche Weise dokumentiert. Allein die Dauerausstellung „Medien erzählen Geschichte(n)" umfasst eine Präsentationsfläche von 2500 Quadratmetern.
Adresse: Schaumainkai 53, Frankfurt am Main, ☏ 069/60600, 🌐 www.mfk-frankfurt.de, **Öffnungszeiten:** Montag geschlossen, Dienstag–Freitag 9–18 Uhr, Samstag und Sonntag 11–19 Uhr

▸ Archäologisches Museum

Das Archäologische Museum im Karmeliterkloster präsentiert in einer Dauerausstellung umfangreiche Kollektionen zur Vor- und Frühgeschichte der Stadt und Region. Es ist unterteilt in die Bereiche Prähistorie, Römerzeit, Frühes Mittelalter, Klassische Antike und Alter Orient. Wechselnde Ausstellungen dokumentieren unter anderem die weltweiten Kulturen im Wandel der Zeit.
Adresse: Karmelitergasse 1, 60311 Frankfurt am Main, ☏ 069/212-35896, 🌐 www.archaeologisches-museum.frankfurt.de
Öffnungszeiten: Dienstag–Sonntag 10–18 Uhr, Mittwoch 10–20 Uhr, Montag geschlossen; am jeweils letzten Samstag eines Monats ist der Eintritt frei

▸ historisches museum frankfurt

Verschiedene Dauerausstellungen zur Stadt- und Regionalgeschichte sowie wechselnde Ausstellungen werden das ganze Jahr über im historischen Museum präsentiert. In umfangreichen Sammlungen, deren Exponate von der Stadt und den Frankfurter Einwohnern seit dem 15. Jahrhundert zusammengetragen wurden, wird auf anschauliche und lebendige Art das Leben in und um die hessische Metropole dokumentiert.
Adresse: Fahrtor 2 (Römerberg), 60311 Frankfurt am Main, 🌐 www.historisches-museum.frankfurt.de, **Öffnungszeiten:** Dienstag–Sonntag 10–17 Uhr, montags geschlossen

▸ Jüdisches Museum
Im Jüdischen Museum wird das jüdische Leben in und um Frankfurt vom 12. bis zum 20. Jahrhundert dargestellt. Die Exponate und Ausstellungen befassen sich mit der Entwicklung der jüdischen Kultur und Religion. In der Dependance, dem Museum Judengasse am Börneplatz, geht es im Speziellen um die Gebäude, die das Bild der einstigen Judengasse prägten.
Adresse: Untermainkai 14/16, 60329 Frankfurt am Main, 069/21238805, www.juedischesmuseum.de, **Öffnungszeiten:** Montag geschlossen, Dienstag und Donnerstag–Sonntag 10–17 Uhr sowie Mittwoch 10–20 Uhr

▸ Verkehrsmuseum
Das Verkehrsmuseum im Stadtteil Schwanheim wurde 1984 eröffnet und widmet sich in seiner Dauerausstellung des Titels „Von der Pferdebahn bis zur Neuzeit" sämtlichen historischen Aspekten der Fortbewegung. Interessant sind die historischen Modelle von Frankfurts Trambahnen und Pferdebahnwagen. Wechselnde Ausstellungen runden das Angebot ab, z. B. Dokumentationen der 140-jährigen Geschichte der Frankfurter Pferdebahn.
Adresse: Rheinlandstraße 133, 60529 Frankfurt am Main, 069/21323131, www.verkehrsmuseum.info, **Öffnungszeiten:** an jedem Sonntag und an hessischen Feiertagen 10–17 Uhr

▸ Museumseisenbahn
Die erlebnisreichen Fahrten mit nostalgischen Fortbewegungsmitteln, mit Dampfzügen, historischen Straßenbahnen oder Oldtimerbussen sind nicht nur für Spezialisten und Experten ein Erlebnis. Informationen über die aktuellen Angebote gibt es stets auf den Internetseiten des Vereins Historische Eisenbahn Frankfurt.
Adresse: Intzestraße 34, 60314 Frankfurt am Main, 069/436093, www.frankfurt-historischeeisenbahn.de

Freizeit und Natur

▸ Palmengarten
Seit 1872 gibt es im Frankfurter Stadtteil Westend den Palmengarten. Naturfreunde finden in der wunderschön angelegten Anlage auf etwa 22 Hektar Fläche Pflanzenschätze aus aller Welt. Der Palmengarten gehört zu den größten Gartenanlagen Deutschlands. Regelmäßige Veranstaltungen runden das Angebot des Botanischen Gartens Palmengarten ab.
Adresse: Siesmayerstraße 61, 60323 Frankfurt am Main, 069/212-33939, www.palmengarten.de, **Öffnungszeiten:** Februar–Oktober: 9–18 Uhr, November–Januar: 9–16 Uhr

Der Palmengarten ist ein Geheimtipp in Frankfurt.

▸ Botanischer Garten
Pflanzenfreunde und Naturliebhaber sollten ebenfalls den Botanischen Garten Frankfurt besuchen, der sich in derselben Straße befindet.
Adresse: Siesmayerstraße 72, 60323 Frankfurt am Main, ☏ 069/7982-4763, 🌐 www.botanischergarten-frankfurt.de, **Öffnungszeiten:** März–Ende Oktober Montag–Samstag 9–18 Uhr, Sonn- und Feiertag: 9–13 Uhr

▸ Frankfurter Zoo
Auf 11 Hektar Fläche leben hier etwa 4500 Tiere aus etwa 500 Gattungen. Der Zoo war 1858 von Frankfurter Einwohnern gegründet worden, mittlerweile ist er einer der beliebtesten zoologischen Anlagen Deutschlands.
Adresse: Bernhard-Grzimek-Allee 1, 60316 Frankfurt am Main, ☏: 069/212–33735, 🌐 www.zoo-frankfurt.de, **Öffnungszeiten:** im Sommer 9–19 Uhr, im Winter 9–17 Uhr

▸ GrünGürtel
Wer glaubt, Frankfurt mangele es an Grünflächen und naturnahen Gebieten, der irrt gewaltig. Allein der ringförmig angelegte, um den Stadtkern führende GrünGürtel, ein ausgewiesenes Landschaftsschutzgebiet, das auch den Frankfurter Stadtwald umfasst, bietet 8000 Hektar idyllischen Grüns. Zum Teil geht der Grüngürtel in das geschützte Erholungsgebiet „Regionalpark RheinMain" über. Die Gegend ist sowohl zu Fuß als auch per Fahrrad zu erkunden.

▸ Naturschutzgebiet Schwanheimer Düne
Es gibt in Europa nur sehr wenige Binnendünen – eine davon ist die Schwanheimer Düne, die ganz in der Nähe des Mains im Westen Schwanheims zu finden ist. Die Düne ist Naturschutzgebiet und damit Heimat für eine Vielzahl vom Aussterben bedrohter Pflanzen und Tierarten.

▸ Abends ausgehen
Wer abends gern ausgeht oder einen Abstecher ins pralle Nachtleben wagen mag, der ist in der Sachsenhäuser Altstadt gut aufgehoben. Zahlreiche Szene- und In-Lokale, Kneipen, Restaurants und Bars vereinen sich zu einem bunten und vielseitigen Gesamtensemble in diesem angesagten Frankfurter Kneipen- und Ausgehviertel.

▸ Theater in Frankfurt
Frankfurt ist eine Weltstadt, das zeigt sich schon am komplexen und vielfältigen Theaterangebot und -programm der Stadt. So ist die Oper Frankfurt weit über die Landesgrenzen Deutschlands hinaus bekannt, das Schauspiel Frankfurt bietet das ganze Jahr über ein hochkarätiges Programm. Die Alte Oper, die im Zweiten Weltkrieg zerstört und 1981 als Konzerthaus neu eröffnet worden war, gehört heutzutage zu den wichtigsten Musikzentren Europas. Wer die Alte Oper bereits kennt, der sei auf die Jahrhunderthalle in Unterliederbach, auf das Bockenheimer Depot und auf den Sendesaal des Hessischen Rundfunks hingewiesen. Denn auch hier gibt es ganzjährig ein ausgesuchtes Programm. Klassische Boulevard-Theater sind das Fritz-Rémond-Theater im Zoo-Gesellschaftshaus sowie die Komödie in der Neuen Mainzer Straße. Freunde fremdsprachiger Darbietungen zieht es ins English Theatre. Daneben hält Frankfurt eine große Auswahl weiterer Spielhäuser für die verschiedensten Geschmäcker bereit. So z. B. im Bereich der Kleinkunst das Stalburg- und das Gallus-Theater, die Schmiere, die seit 1950 als „schlechtestes Theater der Welt" gilt, das Künstlerhaus Mousonturm sowie den Tigerpalast. Die Dramatische Bühne im Café Exzess, das Theater Willy Praml und die experimentelle Bühne teAtrum VII gehören zum Spektrum der freien Theater Frankfurts.
Information: 🌐 www.frankfurt.de

Veranstaltungen und Feste

In der ganzen Welt bekannt und populär ist die **Frankfurter Buchmesse,** die jährlich auf dem Messegelände veranstaltet und von einem unermesslichen Medienecho begleitet wird. Weitere Messen der Stadt, die internationale Bedeutung erlangt haben, sind die **Internationale Automobilausstellung (IAA),** die **Konsumgütermesse Ambiente** und die **Achema,** eine Internationale Ausstellung für Chemische Technik, Umweltschutz und Biotechnologie.

Weihnachtsmarkt auf dem Römerberg.

Neben den zahlreichen Messeangeboten der Stadt finden jährlich mannigfaltige sportliche Ereignisse statt, so z. B. der Frankfurter **City-Halbmarathon** im März, das Straßenradrennen „Rund um den Henninger Turm", das mittlerweile unter dem Namen **„Rund um den Finanzplatz Eschborn-Frankfurt"** firmiert und jeweils am 1. Mai stattfindet, das ebenfalls im Mai stattfindende, weltweit größte Tanzsportturnier **„Hessen tanzt",** das internationale Triathlonspektakel **Ironman European Championship** im Juli und der Frankfurt-Marathon im Oktober.

Das **Museumsuferfest,** das seit 1988 jedes Jahr gefeiert wird, ist das größte Volksfest im gesamten Rhein-Main-Gebiet. An den drei Tagen des Fests kamen in manchem Jahr bis zu dreieinhalb Millionen Besucher. Am Dienstag nach Pfingsten begehen die Frankfurter ein weiteres Volksfest, und zwar im Stadtwald: den **Wäldchestag,** ein beliebtes Volksfest, dessen Datum einst gar als Frankfurts Nationaltag bezeichnet wurde, weil bis in die Neunzigerjahre am Tag des Fests die meisten Geschäfte der Stadt nachmittags geschlossen hatten, um am bunten Treiben im Stadtwald teilhaben zu können. Die **Dippemess,** die auf einen mittelalterlichen Verkaufsmarkt für Haushaltswaren zurückgeht (Dippes = Keramiktöpfe), findet in Frankfurt jährlich gleich zweimal statt: für drei Wochen im Frühjahr und für zehn Tage im Herbst. Die Dippemess zieht jedesmal etwa zwei Millionen Besucher von nah und fern an. Mit mehr als 300 000 Zuschauern, etwa 6000 Teilnehmern und 1,5 km Zuglänge ist der **Frankfurter Fastnachtsumzug** die größte Karnevalsparade Hessens. Der 1393 erstmals urkundlich erwähnte **Frankfurter Weihnachtsmarkt** findet jährlich in der Adventszeit statt. Er ist heute mit rund drei Millionen Besuchern einer der großen Weihnachtsmärkte in Deutschland. Selbstverständlich gibt es über diese Veranstaltungen hinaus eine große Anzahl weiterer Feste und Festivals, die im jährlichen Turnus in Frankfurt die Szenerie beleben. So z. B. das **Down-Sportlerfestival,** bei dem Menschen mit Down-Syndrom in sportlichen Wettbewerben ihre Kräfte messen, das **Rosen- und Lichterfest** im Palmengarten, der **Rheingauer Weinmarkt** in der Fressgass, das **Mainfest,** das **Opernplatzfest,** das **Apfelweinfestival** auf dem Rossmarkt, das **Schweizer Straßenfest,** das jedes Jahr in Sachsenhausen abgehalten wird, das **Berger Straßenfest** Bornheims sowie das **Höchster Schlossfest.**

Information: 🌐 www.frankfurt.de

Friedberg

(Wetteraukreis)

Die ehemalige Reichs- und Messestadt Friedberg gehörte im Mittelalter zu den wichtigsten Städten in Hessen. Das lässt sich bis heute im gut erhaltenen Stadtbild ablesen. Die ehemalige Reichsburg, die gotische Stadtkirche und das Judenbad sind nur einige der vielen Sehenswürdigkeiten. In der Stadt, die sich aus Kernstadt und den Stadtteilen Bruchenbrücken, Dorheim, Ockstadt, Ossenheim und Bauernheim zusammensetzt, leben etwa 30 000 Einwohner.

Magistrat der Stadt Friedberg
Mainzer-Tor-Anlage 6
61139 Friedberg
06031/88-1
www.friedberg-hessen.de
stadt@friedberg-hessen.de

Sehenswertes

Reichsburg

Der Friedberger Burgberg war schon in vorgeschichtlicher Zeit besiedelt. Die Römer nutzten ihn von etwa 80 bis 260 n. Chr. als Militärlager und Kastell. Vermutlich 1170/80 wurde die Burg durch den staufischen Kaiser Friedrich I. Barbarossa auf dem strategisch günstig gelegenen Bergsporn gegründet. Mit etwa 39 000 qm besitzt Friedberg eine der größten Burganlagen Deutschlands. Bis 1806 war die Burg politisch selbstständig und unterstand direkt dem König oder Kaiser bzw. dem Reich. Ab 1918 entwickelte sich die Burganlage zum Schul- und Verwaltungszentrum. Heute sollte man bei einem Rundgang die Besichtigung des Adolfsturms, des Burggartens, der Burgkirche und der römischen Badeanlage nicht versäumen. **Information:** Burg, Friedberg, www.friedberg-hessen.de

Der Adolfsturm gehört zur Reichsburg.

Stadtkirche

Die heutige evangelische Stadtkirche „Unserer Lieben Frau“ mit ihrer imposanten Turm- und Dachlandschaft befindet sich mitten im Herzen der Stadt. Sie wurde zwischen 1260 und 1410 als gotische Pfarrkirche erbaut und gilt als eine der bedeutendsten mittelalterlichen Hallenkirchen Hessens. **Adresse:** Engelsgasse 44, 61169 Friedberg

Mikwe

Inmitten des Judenviertels liegt unter dem Haus Judengasse 20 das Friedberger Judenbad, eines der eindrucksvollsten Zeugnisse jüdischer Kultur in Hessen. Der gotische Tiefbau von besonderer Eigenart und künstlerischer Schönheit ist eine von sieben noch erhaltenen mittelalterlichen Monumental-Mikwen in Deutschland. Mit einer Tiefe von 25 m bei einer Grundfläche von etwa 5,50 Metern im Quadrat ist die Friedberger Mikwe vermutlich weltweit die

größte Anlage dieser Art. Inschriften im Bau legen nahe, dass das Bad 1260 durch Isaak Koblenz, einem wohl aus dem Rheinland stammenden Juden, gestiftet wurde. Die Mikwe diente der rituellen Reinigung von Mensch und Gerät, die nach den jüdischen Religionsgesetzen nur durch vollständiges Untertauchen in reinem, d. h. von Menschenhand unberührtem Wasser erfolgen konnte.
Adresse: Judenbad Friedberg, Judengasse 20, 61169 Friedberg

▸ Burgkirche

Die Burgkirche wurde 1782 bis 1808 errichtet. Der klar gegliederte Bau über kreuzförmigem Grundriss ist stilistisch dem Übergang vom Spätbarock zum Klassizismus zuzuordnen.
Adresse: In der Burg 17, 61169 Friedberg

▸ Südliches Burgtor

Das südliche Burgtor auf der Stadtseite der Burg ist ein breit gelagertes, zweigeschossiges Bauwerk mit flankierenden Rundtürmen, das vermutlich um 1500 entstand. Auf der Außenseite über dem Spitzbogen befindet sich ein in Sandstein gearbeitetes Wappen der Burg Friedberg aus dem 17. Jahrhundert.
Information: Burg, Friedberg, 🌐 www.friedberg-hessen.de

Museen

▸ Wetterau-Museum

Das Wetterau-Museum in Friedberg zeigt Geschichtsinteressierten kulturhistorische Ausstellungsstücke Friedbergs und der Wetterau bis zur heutigen Zeit. Anschaulich dargestellt wird beispielsweise der Aufstieg und Fall der Kelten. Die Entwicklung der Landwirtschaft bildet einen weiteren Schwerpunkt des Museums. Eine Abteilung im Wetterau-Museum ist dem Sänger Elvis Presley gewidmet. Er war von 1958 bis 1960 in Friedberg stationiert. Fotos, die ihn als Soldat zeigen, zeugen hiervon.
Adresse: Haagstraße 16, 61169 Friedberg
Öffnungszeiten: Dienstag–Freitag 9–12 und 14–17 Uhr, Samstag 10–12 und 14–17 Uhr, Sonntag 10–17 Uhr

Freizeit und Natur

▸ Hallenbad/Freibad

Das Usa-Wellenbad und Freibad Bad Nauheim/Friedberg bietet das ganze Jahr über Badespaß für Jung und Alt.
Adresse: In der Au 2, 61231 Bad Nauheim, ☏ 06032/9193-0
Im Stadtteil Ockstadt steht Badegästen in den Sommermonaten ein weiteres Freibad zur Verfügung.
Adresse: Am Schwimmbad, 61169 Friedberg-Ockstadt, ☏ 06031/5602

▸ Stadtführungen

Die geleiteten Stadtführungen führen durch die Altstadt und die Burg. Jeden Sonntag haben Touristen die Möglichkeit, an einer der interessanten Touren teilzunehmen und Friedberg besser kennenzulernen. Treffpunkt ist um 14 Uhr am Wetterau-Museum in der Haagstraße 16.

▸ Radfahren/Wandern

Wer Friedberg und Umgebung zu Fuß oder mit dem Fahrrad erkunden möchte, dem bieten sich zahlreiche Wege und Strecken, um die herrliche Altstadt, aber auch die Landschaft der Wetterau zu erleben.
Information: 🌐 www.friedberg-hessen.de

Veranstaltungen und Feste

Im August steht Friedberg für vier Wochen ganz im Zeichen des **Friedberger Kreisstadtsommers.** In einem Zirkuszelt auf der Friedberger Seewiese ist dann ein buntes und vielfältiges kulturelles Programm mit viel Livemusik, jeder Menge Aufführungen, Artistik, Comedy und einem ausgewählten Partyprogramm angesagt.

C2

Friedrichsdorf

(Hochtaunuskreis)

Die Gesamtstadt Friedrichsdorf gehört zum Regierungsbezirk Darmstadt und liegt am Fuß des Taunus. Rund 25 000 Einwohner verteilen sich auf die Ortsteile Friedrichsdorf, Seulberg, Burgholzhausen und Köppern. Bereits in menschlicher Frühzeit besiedelt, geben Zeugnisse aus römischer Zeit detaillierte Einblicke in die Geschichte. Die urkundlichen Ersterwähnungen von (Burg-)Holzhausen und Köppern reichen ins Mittelalter. Seulberg gilt sogar als die älteste Siedlung des Hochtaunuskreises. Die Kernstadt Friedrichsdorf gründeten hugenottische Glaubensflüchtlinge 1687 und machten den Ort als „Stadt des Zwiebacks" später weltbekannt. Außerdem erfand Philipp Reis hier um 1860 das Telefon.

Stadtverwaltung Friedrichsdorf
Hugenottenstraße 55
61381 Friedrichsdorf
06172/731-0
06172/731-282
www.friedrichsdorf.de
stadtverwaltung@friedrichsdorf.de

Sehenswertes

Bauliche Zeugnisse der Geschichte
Liebevoll restaurierte, pittoreske Fachwerkhäuser prägen die Ortskerne von Seulberg und Burgholzhausen. Friedrichsdorf indes wurde als Straßendorf angelegt. Sehenswert sind hier vor allem die Hugenottenkirche

Der Ortsteil Burgholzhausen besticht mit wunderschöner Fachwerkarchitektur.

sowie die Doppelhofanlage des ehemaligen Instituts Garnier. Die Fabrikantenvilla Haller ist ein reizvolles Gebäude im Landhausstil, das für die blühende Wirtschaft des 19. und beginnenden 20. Jahrhunderts steht.
Information: www.friedrichsdorf.de

Museen

Philipp-Reis-Haus/Hugenottenmuseum
Die untere Etage des Museums dokumentiert das Leben und Wirken des Lehrers und Telefonerfinders Philipp Reis mit zahlreichen Ausstellungsstücken zur Geschichte des Telefons, aber auch zur historischen Entwicklung des Gewerbes in Friedrichsdorf. Ein Schwerpunkt der Präsentation liegt auf der Geschichte der lokalen Färberei.

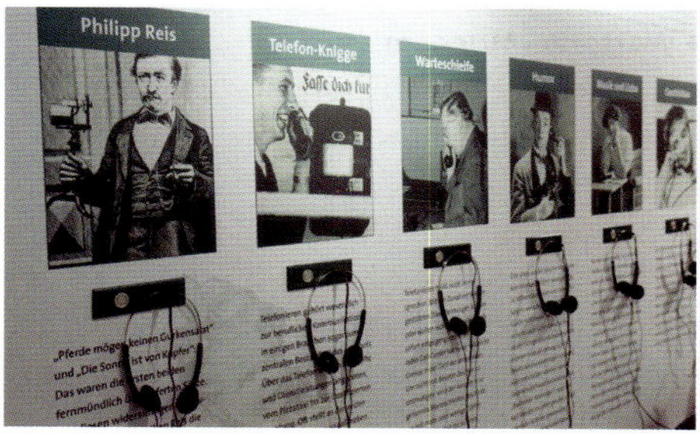

Philipp Reis erfand einst in Friedrichsdorf das Telefon.

Adresse: Philipp-Reis-Haus, Hugenottenstraße 93, 61381 Friedrichsdorf, **Öffnungszeiten:** Dienstag und Donnerstag 9–16 Uhr

▸ Heimatmuseum Seulberg
Im Ortsteil Seulberg zeigt das Heimatmuseum auf etwa 350 Quadratmetern lokalgeschichtliche Themen wie Römer, Räuber und Hexenverfolgung. Inhaltlicher Schwerpunkt liegt auf der Präsentation alter Handwerkstechniken. Im moderneren Anbau werden regelmäßig Sonderausstellungen gezeigt.
Adresse: Alt Seulberg 44, 61381 Friedrichsdorf, ☏ 06007/918628, **Öffnungszeiten:** Mittwoch und Donnerstag 9–12 Uhr und Sonntag 14–17 Uhr, außer in den Ferien

Freizeit und Natur

▸ Stadtführungen
Bei dem „Geführten Stadtspaziergang" gewinnen Gruppen bis 30 Personen einen Eindruck vom Leben in der ehemaligen Hugenottensiedlung. Berühmte Persönlichkeiten der Stadt, wie der Telefonerfinder Philipp Reis und Madame Blanc, die Mutter der Spielbank von Monte Carlo, werden ebenso vorgestellt, wie die Wirkungsstätte von Philipp Reis. Öffentliche Stadtführungen laden an 4 bis 5 Terminen im Jahr ein, unter sachkundiger Leitung die Historie von Friedrichsdorf hautnah zu erleben. Themenrundgänge geben Einblicke in die Wirtschaftsgeschichte bzw. das hugenottische Erbe.
Information: ☏ 06172/731-296

▸ Friedrichsdorfer Rundwanderweg
Wo immer das gelbe F in Friedrichsdorf zu sehen ist, kann der Rundwanderweg begonnen werden. Die über 18 km lange Strecke verbindet alle vier Stadtteile miteinander und führt den Wanderer durch eine abwechslungsreiche, reizvolle Landschaft.

▸ Freibad Friedrichsdorf
Das Freibad lädt Wasserratten von Mai–September ein, die ansprechende Anlage mit 50-m-Becken, zwei Sprungtürmen, Wasserrutsche, Kleinkinderbecken, Erlebnisbecken und einem Dampfraum für kältere Tage zu genießen. Eine Tischtennisplatte und ein Beachvolleyball-Feld runden das Freizeitangebot ab.
Adresse: Dr.-Friedrich-Neiß-Straße 1, 61381 Friedrichsdorf, **Information:** Sport- und Kulturamt Friedrichsdorf, ☏ 06172/731-225, 🌐 www.friedrichsdorf.de

Der Kletterwald ist ein Besuchermagnet für Jung und Alt.

▸ Sport
Eine von altem Baumbestand beschattete Minigolfanlage, ein großer Kletterwald mit unterschiedlichen Schwierigkeitsgraden, ausgedehnte Wanderstrecken und ausgeschilderte Radwege rund um die Stadt lassen das Herz von Sportbegeisterten höher schlagen. Tennis- und Sportplätze ergänzen das Freizeitangebot.
Information: Sport- und Kulturamt Friedrichsdorf, ☏ 06172/731-263, 🌐 www.friedrichsdorf.de

Veranstaltungen und Feste

Der prall gefüllte Kulturkalender Friedrichsdorfs lockt mit einem Veranstaltungspotpourri von Kabarett bis Kindertheater und von Klassik bis Folk. Immer wieder bereichern namhafte Künstler die Friedrichsdorfer Kulturzeit. Ein Highlight im jährlichen Veranstaltungsreigen ist unbestritten die **Friedrichsdorfer Sommerbrücke,** ein vierwöchiges Open-Air-Festival im August. Bei der **Kul-T(o)ur** verwandelt sich die Innenstadt in eine Bühne und bei den verschiedenen Stadtfesten, wie dem **Hugenottenmarkt,** der **Dillinger Kerb** oder dem **Dippe- und Brunnenfest,** kommt pure Festlaune auf. Im Winter verzaubern die Weihnachtsmärkte mit Lichterglanz und Glühweinduft. Im historischen Gewölbekeller der **Kleinkunstbühne „Garniers Keller"** sorgt Kleinkunst unterschiedlichster Couleur, genossen bei einem gepflegten Glas Wein oder einem herzhaften Flammkuchen, für entspannte, kulturelle Live-Erlebnisse.

Information: www.friedrichsdorf.de

Fürth

C4

(Kreis Bergstraße)

Die Gemeinde Fürth im Odenwald liegt an der Weschnitz und ist staatlich anerkannter Erholungsort. Namensgeber ist wohl eine frühere Furt durch die Weschnitz. Ihre etwa 10 800 Einwohner verteilen sich neben der Kerngemeinde auf die elf Ortsteile Brombach, Ellenbach, Erlenbach, Fahrenbach, Krumbach, Kröckelbach, Linnenbach, Lörzenbach, Seidenbach, Steinbach und Weschnitz. Fürth wurde erstmals 795 urkundlich erwähnt.

Gemeindeverwaltung Fürth
Hauptstraße 19
64658 Fürth
06253/2001-0
info@gemeinde-fuerth.de
www.gemeinde-fuerth.de

Sehenswertes

Fürth, von oben betrachtet.

▸ Saalkirche
Die als Saalkirche 1752 neu aufgebaute Pfarrkirche St. Johannes der Täufer vereint barocke Architektur mit neuromanischem Baustil. Der Glockenturm und die Südseite des Gotteshauses wurden nachträglich angebaut.
Adresse: Pfarrgasse 1, 64658 Fürth

▸ Fachwerkarchitektur
Für Freunde des Fachwerkstils aus dem 18. und 19. Jahrhundert hat Fürth einiges zu bieten. Hier kommen nicht nur Hobbyhistoriker und Freunde geschichtsträchtiger

Baukunst auf ihre Kosten. Fürths Innenstadtbereich ist ein Augenschmaus für alle.

▸ Walburgiskapelle
Die hoch über dem Weschnitztal gelegene Walburgiskapelle im Ortsteil Weschnitz ist für Gläubige jährlich zum 1. Mai Pilgerstätte, um einen gemeinsamen Gottesdienst zu feiern.

Museum

▸ Museumsscheune Erlenbach
Im Ortsteil Erlenbach befindet sich die Museumsscheune. Hier können Ausstellungsstücke aus der Vergangenheit der Region betrachtet werden. Außerdem gibt es eine historische Schusterwerkstatt zu sehen.
Adresse: Tierparkstraße 30, 64658 Fürth-Erlenbach, **Öffnungszeiten:** ab Ostern jeden Sonntag 14–17 Uhr

Freizeit und Natur

▸ Fürther Kunstweg
Dieser etwa fünf Kilometer lange, mit Kunstwerken gespickte Weg führt bis nach Lindenfels. Seit 2007 werden hier Skulpturen aus Granit, Glas und Sandstein von verschiedenen Künstlern gezeigt. Eine geführte Wanderung beginnt am Bahnhof, danach weisen rote Quadrate den Weg durch die künstlerische Vielfalt.
Information: Gemeindeverwaltung Fürth, ✆ 06253/2001-0

▸ Freibad Fürth
Das beheizte Freibad mit Wasserrutsche ist von Mai bis September geöffnet. Schöne Liegewiesen laden zum Entspannen ein, und die Aktiven können sich mit verschiedenen Ballsportarten fit halten. Neben dem Freibad gibt es eine Skateanlage und einen Tennisplatz.
Adresse: Krumbacher Straße 39, 64658 Fürth, ✆ 06253/5759, **Öffnungszeiten:** täglich 8–20 Uhr

▸ Sportanlage Fürth
Für alle, die sich sportlich betätigen möchten, bietet diese Sportanlage vielfältige Möglichkeiten. Neben Fußballplätzen stehen eine komplette Leichtathletikanlage und ein Basketballfeld zur Verfügung.
Information: Gemeindeverwaltung Fürth, ✆ 06253/2001-0

▸ Generationenpark „Steinbachwiesen“
Im neu geschaffenen Generationenpark ist für Jung und Alt einiges geboten. So stehen außer dem Rundweg um den Teich zur Entspannung zwei Kinderspielplätze, ein Bolzplatz sowie das „Seilfloß“ den Kindern zur Verfügung. Aber auch den Erwachsenen bietet sich mehr als Erholung und Entspannung. Neue Trimm-Dich-Geräte laden zur körperlichen Ertüchtigung ein. Der Park bietet sich an für Konzerte und Veranstaltungen. Ebenso ist er idealer Ausgangspunkt für Wanderungen.
Adresse: Kettlerstraße, 64658 Fürth

▸ Wald- und Lehrpfade
Für Freunde der Bewegung und Wissbegierige hat der großflächige Fürther Wald interessante Themenpfade zu bieten. Ob Waldlehrpfad, Bienenpfad oder Trimm-Dich-Pfad. Hier ist für jeden etwas dabei.

▸ Bergtierpark Fürth-Erlenbach
In diesem seit über 50 Jahren bestehenden Tierpark im Ortsteil Erlenbach kann man Gebirgstiere aus fünf Erdteilen bewundern. Sie leben in Freianlagen, die ihrem natürlichen Lebensraum angepasst sind. Deshalb sind fast das ganze Jahr über Jungtiere zu sehen. Die Tiere dürfen mit speziellem Futter, das am Eingang erhältlich ist, gefüttert werden.
Adresse: Werner-Krauß-Straße 50, 64658 Erlenbach, **Öffnungszeiten:** April–Oktober: täglich 10–18 Uhr, November–März: Montag–Freitag 13–17 Uhr, Samstag, Sonntag und Feiertage 11–17 Uhr

Veranstaltungen und Feste

In Fürth gibt es das ganze Jahr über ein buntes kulturelles Veranstaltungsprogramm, z. B. Angelfeste, verschiedene Sportturniere, Lesenächte, Spielenachmittage und sogar so kuriose Veranstaltungen wie eine öffentliche Schafschur im Mai im Bergtierpark Fürth-Erlenbach. Außerdem finden in Fürth der überregional bekannte **Johannismarkt** Ende Juni sowie der **Michaelismarkt** (Ende September) und der **Weihnachtsmarkt** am zweiten Adventswochenende statt. In den Ortsteilen finden die lokalen Kerwen, das **Dorffest in Steinbach** sowie der **Adventsmarkt in Erlenbach** am 1. Advent regen Zuspruch bei der Bevölkerung.

Geisenheim

(Rheingau-Taunus-Kreis)

Geisenheim wurde im Jahr 772 erstmals urkundlich erwähnt. Die Stadtrechte wurden Geisenheim im Jahre 1864 verliehen. Geisenheim zählt heute, nach dem Zusammenschluss mit den ehemals selbstständigen Gemeinden Johannisberg zum 31. Dezember 1971 und Stephanshausen zum 1. Januar 1977, rund 12 000 Einwohner. Vielfältige Impulse für die weitere Entwicklung Geisenheims ergeben sich durch Weinbau, Industrie und Gewerbe, durch Bildungseinrichtungen und Forschung.

Magistrat der Stadt Geisenheim
Rüdesheimer Straße 48
65366 Geisenheim
06722/701-0
06722/701120
www.geisenheim.de
stadtverwaltung@geisenheim.de

Sehenswertes

Geisenheimer Linde
Die Geisenheimer Linde befindet sich im Ortsmittelpunkt und Marktplatz der Lindenstadt Geisenheim und ist etwa 700 Jahre alt (1568 erstmals erwähnt). Hier traten im Mittelalter Gemeinde und Schöffen zu Rats- und Gerichtsversammlungen zusammen. Heute findet unter ihrer Krone alljährlich im Juli das traditionelle Lindenfest statt. Gegenüber befindet sich das 1855–1857 errichtete Rathaus mit repräsentativer Freitreppe und halboffener Bogenhalle. Nicht zu vergessen ist die katholische Pfarrkirche Hl. Kreuz (Rheingauer Dom). Hier handelt es sich um den gotischen Nachfolgebau einer 1146 erstmals belegten romanischen Kirche. Im Innern befinden sich wertvolle Grabsteine und die bedeutendste im 19. Jahrhundert (1839) gebaute Stumm-Orgel.

Schloss Schönborn
Das Schloss Schönborn wurde 1550 erbaut. Idyllisch eingebettet in einen Weinberg, ist es für Besucher nicht nur von außen durch die Architektur aus der Renaissance-Zeit ein Augenschmaus. Innen beeindruckt das historische Gebäude durch eine aus dem 17. Jahrhundert erhaltene Holztäfelung mit Barockschnitzereien. Es befindet sich im Besitz der Grafen von Schönborn-Wiesenheidt und kann teilweise für Festlichkeiten gemietet werden.
Kontakt: www.rheingau-exclusiv.de

Geisenheim – die Lindenstadt.

▸ Schloss Kosakenberg
Die zweiflügelige Anlage hat sich der Mainzer Erzbischof Anselm Franz von Ingelheim 1861/63 erbauen lassen. Seit dem Verkauf 1941 wurde aus dem „Palais Ingelheim" das jetzige „Schloss Kosakenberg".

▸ Pfarrkirche Heilig Kreuz
Der Rheingauer Dom: Aus einer romanischen Kirche von 1146 wurde von 1510–1518 bis auf die Türme eine spätgotische Kirche. Ihr jetziges Aussehen erhielt sie 1836–1839. Es ist ein dreischiffiger Bau mit doppeltürmiger Westfassade und darin eingelassenem Radrosenfenster.

▸ Weitere Sehenswürdigkeiten
Die Villa Monrepos wurde im 19. Jahrhundert von Eduard von Lade in der Nähe des Rheinufers erbaut. In diesem Gebäude im klassizistischen Stil mit großer Parkanlage verbrachte Eduard von Lade seine Zeit mit Obstanbau und Züchtungen neuer Obstsorten. Im Südosten der Altstadt kann der Besucher ein kleines Haus finden, wo einst der Pfefferzoll geleistet wurde – eine zu leistende Abgabe der Schiffer, die vorbeifuhren.
Information: 🌐 www.geisenheim.de

Freizeit und Natur

▸ Rheingaubad
Das Hallenbad liegt zwischen Geisenheim und Rüdesheim. Ein Schwimmerbecken, ein Springerbecken mit Sprungturm, ein Nichtschwimmerbecken und ein Babybecken laden Jung und Alt zum Planschen und Schwimmen ein.
Adresse: Rüdesheimer Straße 1, 65366 Geisenheim, ✆ 06722/910158,
Öffnungszeiten: 🌐 www.rheingau-bad.de

▸ Wandern
Geisenheim lädt auf Rundwanderwegen mit einer Länge von über 70 km ungeübte und geübte Wanderer ein, die abwechslungsreiche Natur zu Fuß zu erkunden. Etwas Besonderes sind die Weinwanderungen. Diese werden von der „Johannisberger Weinkritik" angeboten, einer Weinbruderschaft die 1946 gegründet wurde. Bereits 1976 wurde ein sechs Kilometer langer Weinwanderweg geschaffen, der durch das Dorf und Johannisberger Weinberglagen führt. Dieser ist bestückt mit 20 Hinweistafeln, auf denen vielfältige Informationen zu Boden, Lagen, Klima, Rebsorten, Traubenlese und vielem mehr gegeben werden. Zweimal pro Jahr wird eine dreistündige Weinwanderung unter fachkundiger Führung der „Weinkritiker" angeboten. Die erste Führung findet am 1. Mai, die zweite am 2. Sonntag im September jeweils um 14 Uhr statt. Treffpunkt ist die Alte Kelter gegenüber dem Bürgerhaus. Im Rahmen der Führung können von Winzern erzeugte Produkte (Riesling, Spätburgunder) probiert werden.
Information: Ansprechpartner Klaus Büsselberg, ✆ 06722/50971, ✉ info@riesling-klaus.de

Veranstaltungen und Feste

Jedes Jahr am dritten Wochenende im Juli wird in Geisenheim das **Lindenfest** mit der Stunde der Heimat gefeiert. Weitere Veranstaltungen unter 🌐 www.geisenheim.de

Gelnhausen

(Main-Kinzig-Kreis)

Die Barbarossastadt, wie Gelnhausen auch genannt wird, liegt am östlichen Rand des Rhein-Main-Gebiets. Der Beiname fußt auf der Gründung der Stadt durch Kaiser Friedrich I. – auch Barbarossa genannt – im Jahr 1170. In den Stadtteilen Mitte, Hailer, Haitz, Höchst, Meerholz und Roth leben etwa 22 000 Menschen.

Magistrat der Stadt Gelnhausen
Obermarkt 7
63571 Gelnhausen
06051/830-0
www.gelnhausen.de
info@gelnhausen.de

Sehenswertes

Kaiserpfalz

Diese burgähnliche Palastanlage war eines der ersten Gebäude, das nach der Stadtgründung fertiggestellt wurde. Die Barbarossaburg – wie das Bauwerk auch genannt wird – wurde am Fuße des Stadtgebietes errichtet. Die auf 12 000 Eichenpfählen stehende Wasserburg wurde einst von der Kinzig umflossen. Die Kaiserpfalz gilt als eine der besterhaltenen Pfalzen der Stauferzeit. Heute liegt sie mitten im Ort und ist eine der bedeutendsten Gelnhäuser Sehenswürdigkeiten.
Adresse: Burgstraße 14, 63571 Gelnhausen, 06051/3805, **Öffnungszeiten:** März–Oktober: Dienstag–Sonntag 10–17 Uhr, November–Mitte Dezember: Dienstag–Sonntag 10–16 Uhr

Das idyllische Stadtbild Gelnhausens.

Romanisches Haus

Das im staufischen Baustil errichtete, reich verzierte Gebäude ist heute im Besitz der evangelischen Kirchengemeinde und kann am Untermarkt bewundert werden.
Adresse: Untermarkt 2, 63571 Gelnhausen

Hexenturm

Der Hexenturm – erbaut zwischen 1447 und 1478 – wurde anfangs Fratzenstein genannt. Er wurde innerhalb der Stadtmauer gebaut. Seinen heutigen Namen erhielt der Turm, als er in der Zeit von 1584–1633 dazu genutzt wurde, als Hexen oder Zauberer geltenden Menschen, überwiegend Frauen, bis zu ihrer Verhandlung als Gefängnis zu dienen. Nach seiner Renovierung 1986 wurde zum Andenken an die Opfer eine Gedenktafel angebracht und eine Skulptur der Künstlerin Eva-Gesine Wegener aufgestellt. Eine Ausstellung im Bauwerk zeigt die Geschichte der damaligen Hexenverfolgung.

Evangelische Marienkirche

Der ursprüngliche Bau, dem zuerst ein Glockenturm vorangestellt wurde, wurde um 1120 errichtet. Im Zeitalter der Staufer wurde die Kirche im romanischen Stil erbaut. Nach einem Planwechsel im 13. Jahrhundert finden gotische und frühgotische Elemente vor allem im Ostteil der Kirche Platz. Eine Besonderheit der Kirche ist der Lettner, eine Arbeit aus der Werkstatt der Naumburger Meister. Seit den Sechzigerjahren finden Restaurierungsarbeiten statt.
Adresse: Kirchgasse, 63571 Gelnhausen

Katholische Kirche St. Peter
Die katholische Kirche St. Peter wurde im frühen 13. Jahrhundert errichtet und bis zur Reformationszeit genutzt. Mit der Zeit des konfessionellen Umbruchs war auch die St.-Peter-Kirche als Gotteshaus aufgegeben worden. Erst 1920 erwarb die römisch-katholische Kirche das Gebäude und begann, es wieder in seinem ursprünglichen Sinne zu nutzen.
Adresse: Am Schlachthaus 8, 63571 Gelnhausen

Museen

Museum Gelnhausen
Eine große Grimmelshausen-Themenwelt informiert spannend und anschaulich über einen der berühmtesten Söhne der Stadt: den Barockschriftsteller Hans Jacob Christoffel von Grimmelshausen, berühmt für seinen Roman „Simplicissimus". Im Raum der Stadtgeschichte wird der Bogen vom Stadtgründer Barbarossa bis hin zum Erfinder des Telefons, dem Gelnhäuser Philipp Reis, gespannt. Ein ganz besonderes Highlight für Kinder ist das brandneue „Begehbare Ohr". Durch eine fast vier Meter hohe Ohrmuschel können die Kinder in den Gehörgang krabbeln, der sie dann in die spannende und interaktive Welt unseres Mittelohres bringt und sowohl die Funktionsweise unseres Hörorgans als auch die revolutionäre Erfindung Philipp Reis illustriert. Das Ohr ist nur geführt zu besichtigen. **Öffentliche Führung** ist jeden Sonntag ab 14 Uhr, Anmeldung unter ☎ 06051/830305.
Adresse: Obermarkt, hinter dem Haus Nr. 24, 63571 Gelnhausen, ☎ 06051/830305, **Öffnungszeiten:** Montag–Freitag 8–12 und 14–16.30 Uhr, Samstag 9–12 und 14.30–16 Uhr, Sonntag 14–16.30 Uhr

Turmuhrenmuseum
Hier dreht sich alles um die Uhr! Mehr als 30 Turmuhrwerke aus der Zeit von 1520–1996 sowie Zubehör und Einzelteile sind in diesem – von einer Privatperson geführten – Museum zu bestaunen.

Der Obermarkt in Gelnhausens Innenstadt.

Adresse: Bernhard Schmidt, Godobertusweg 15, 63571 Gelnhausen, ✉ kontakt@turmuhrenmuseum-gelnhausen.de, 🌐 www.turmuhrenmuseum-gelnhausen.de

▸ Flugzeugmuseum
Auf über 200 Quadtratmetern werden hier 3200 Ausstellungsstücke aus der Luftfahrt, im Besonderen der Kinzigtaler Luftfahrt, präsentiert. Gezeigt werden Unterlagen im Originalzustand, Aggregate, Instrumente, Motoren und Bordzubehör.
Adresse: Friedhelm Wagner, Heylstraße 28, 63571 Gelnhausen-Hailer, flugzeugtechnikmuseum@t-online.de, 🌐 www.flugzeugtechnikmuseum.de, **Öffnungszeiten:** Jeden ersten und dritten Sonntag im Monat 14–17 Uhr, an Feiertagen und in den Sommerferien geschlossen.

Freizeit und Natur

▸ Stadtführungen
Viele verschiedene Führungen laden den Besucher ein, Gelnhausen zu erkunden. Ob mit einer Erlebnisführung, verschiedenen Themenführungen (architektonische, literarische und kulturhistorische Schwerpunkte) oder öffentlichen Führungen – hier ist für jeden das Passende dabei.
Information: Tourist-Information, Obermarkt, hinter Haus Nr. 24, 63571 Gelnhausen, ✆ 06051/830-300, ✉ tourist-information@gelnhausen.de

Veranstaltungen und Feste

Jedes Jahr im März findet der **Barbarossamarkt** statt. Der große **Schelmenmarkt** wird am zweiten Wochenende im Oktober gefeiert. Seinen Namen verdankt der Markt den Schelmen von Bergen. In jedem ungeraden Jahr wird der **Grimmelshausen-Preis** – ein Literaturpreis – verliehen.

Glashütten

(Hochtaunuskreis)

Über 5200 Menschen leben in Glashütten. Inmitten des Naturparks Hochtaunus am Abhang des Großen und Kleinen Feldbergs und des Glaskopfes (658 Meter) liegt die Gemeinde Glashütten mit ihren drei Ortsteilen Glashütten, Oberems und Schloßborn. Der Pfahlgraben, also der Limes der Römerzeit, markiert mit seinem westlichen Teil die Gemeindegrenze. Östlich der B 8 zieht er sich mitten durch das Gemeindegebiet und trennt dabei die Gemarkungen Oberems und Glashütten. Im Jahre 2005 erklärte die UNESCO den Limes zum Weltkulturerbe. Am Nordausgang von Glashütten beginnt der sogenannte Limeserlebnispfad, der mit einem Eingangsportal und Informationstafeln auf Besonderheiten der Strecke hinweist.

Gemeinde Glashütten
Schloßborner Weg 2
61479 Glashütten
✆ 06174/2 92-0
🌐 www.gemeinde-glashuetten.de
✉ info@gemeinde-glashuetten.de

Sehenswertes

Sehenswürdigkeiten in Glashütten sind das Eingangsportal zum Limeserlebnispfad mit Turmresten und Kastellen, die Reste der alten Ringmauer in Schloßborn, die renaturierte Weilquelle nördlich des Kleinen Feldbergs, das komplett konservierte Glashüttenareal mit einem Haupt- und vier Nebenöfen im Waldgebiet „An der Emsbachschlucht" und die Dorfkirchen in allen drei Ortsteilen. Die evangelische Kapelle in Glashütten ist ein technisches Denkmal in Betonschalenbauweise aus der Nachkriegszeit.

Museen

▸ Heimatmuseum
Im Heimatmuseum, das im Ortsteil Schlossborn zu finden ist, werden allerhand Exponate aus der Regionalhistorie präsentiert, die die Dorfgeschichte dokumentieren. Das Museum wird vom Heimat- und Geschichtsverein Schloßborn betrieben. **Adresse:** Weiherstraße 31, 61479 Glashütten-Schloßborn, **Öffnungszeiten:** nach Absprache

Die Evangelische Kirche in Glashütten.

Freizeit und Natur

▸ Wandern und Radfahren
Der Taunus ist ein ideales Gebiet zum Wandern und Radfahren. Auch für Spaziergänger bieten sich zahlreiche Möglichkeiten, die Natur zu erkunden.

▸ Beheiztes Freibad
Im Ortsteil Schlossborn gibt es ein beheiztes Freibad, in dem sie sich austoben können. Ausgestattet ist es mit einem Nichtschwimmer- und Schwimmerbecken und einem Babybecken, einer Liegewiese, Tischtennisplatten und einem Spielplatz. Geöffnet ist das Bad vom 15. Mai bis 15. September. **Adresse:** Caromber Platz, 61479 Glashütten-Schloßborn, ✆ 06174/964620, **Öffnungszeiten:** täglich 8–20 Uhr

Veranstaltungen und Feste

Der Mai startet im Ortsteil Schloßborn mit der **Kirmes.** An Pfingsten wird in Glashütten die **Kerb** gefeiert. Gegen Ende August wird im Ortsteil Oberems die **traditionelle Kerb** gefeiert, ein Volksfest das jährlich viele Besucher aus der gesamten Umgebung anlockt.

Der Ortsteil Schlossborn.

Ebenfalls im August feiert der Angelsportverein Schloßborn e.V. am Silberbach sein **Fischerfest.** Das **Museumsfest** des Heimat- und Geschichtsvereins Schloßborn e.V. ist ein traditionelles Weinfest, das Anfang September gefeiert wird. Das **Oktoberfest** des FC Schloßborn findet jährlich Mitte Oktober statt. Außerdem stellt die **Glashüttener Künstlergruppe** im Bürgerhaus Glashütten einmal jährlich Anfang November ihre Werke aus. Der **Weihnachtsmarkt** Anfang Dezember ist vom Pfarrhof bis zum Heimatmuseum aufgebaut. Die in allen drei Ortsteilen stattfindenden Weihnachtsmärkte sind weit bekannt.

Griesheim

(Darmstadt-Dieburg)

Westlich von Darmstadt liegt Griesheim. Die Stadt hat 28 600 Einwohner. 1977 wurde der frühere Darmstädter Stadtteil St. Stephan eingegliedert. Griesheim wurde 1165 erstmals urkundlich erwähnt.

Stadtverwaltung Griesheim
Wilhelm-Leuschner-Straße 75
64347 Griesheim
06155/701-0
www.griesheim.de
info@griesheim.de

Sehenswertes

August-Euler-Flughafen
Der Flughafen – benannt nach dem berühmten Flieger August Euler – ist über 100 Jahre alt. Der am Griesheimer Sand gelegene Flughafen war der erste deutsche Start- und Landeplatz für Flieger. August Euler baute dort Flugzeuge und bildete Sportflieger aus. Neben dem Flughafen stehen noch Gebäude der Deutschen Forschungsanstalt für Segelflug. Der Flugplatz ist heute im Besitz der TU Darmstadt und wird von deren Fachbereichen genutzt.
Adresse: Flughafenstraße 20, 64347 Griesheim

Museen

Heimatmuseum Griesheim
Im Griesheimer Museum wird die Geschichte der Stadt und Umgebung lebendig. Aufgebaut 1996, umfasst das Museum heute Exponate des früheren Griesheimer Lebens. Musikaufführungen und kulturelle Veranstaltungen runden das Angebot ab.
Adresse: Groß-Gerauer Straße 18–20, 64347 Griesheim, 06155/822854, www.museum-griesheim.de, **Öffnungszeiten:** sonntags von 14–17 Uhr und nach Vereinbarung

Das Museum in Griesheim.

Freizeit und Natur

▸ Wandern und Radfahren
Die Ebenen und Waldgebiete rund um Griesheim sind genau das Richtige für Wanderer und Radfahrer. Auch Jogger kommen hier auf ihre Kosten. Durch die flache Landschaft ist die Gegend auch für Spaziergänger bestens geeignet. Das Naturschutzgebiet Kühkopf-Knoblochsaue – ein Teil des Oberrheingrabens – ist durch eine vielfältige Auenlandschaft geprägt. Ein abwechslungsreiches Landschaftsbild und viele Insekten-, Vogel- und Amphibienarten machen das Hessische Ried für jeden interessant.

▸ Bergstraße
Durch das vorherrschende milde Klima beginnt hier der Frühling schon früher als anderswo. Das erkennt man auch daran, dass hier Pfirsiche, Aprikosen und Mandeln geerntet werden. Recht hat Kaiser Joseph II., der gesagt haben soll: „Hier fängt Deutschland an, Italien zu werden." Qualitativ hochwertig ist auch der Wein, dessen Trauben an der Bergstraße über 1500 Stunden Sonne tanken, bevor sie gepflückt werden.

▸ Weinberge
Rheinhessen ist das größte deutsche Weinbaugebiet. Aufgrund des milden und trockenen Klimas können hier viele verschiedene Weinsorten gewonnen werden.

▸ Odenwald
Der Odenwald fasziniert jeden Geschichtsinteressierten. Hier soll Siegfried im Kampf ums Leben gekommen sein. Auch die Römer haben hier ihre Spuren hinterlassen, wovon das Römerbad und das Kastell zeugen. Der einstige Steinbruch – das Felsenmeer – dient heute Kletterern als hervorragendes Übungsareal.

▸ Freibad
Ein großes Schwimmbecken, eine 56 Meter lange Wasserrutsche und zwei Sprungtürme, ein Kleinkinderbecken und ein angrenzender Spielplatz lassen keine Wünsche offen. Sportlich ambitionierte Besucher können sich beim Volleyball austoben.
Adresse: Am Schwimmbad 7–9, 64347 Griesheim, ✆ 06155/880777, **Öffnungszeiten:** außerhalb der Sommerferien Montag–Freitag 11–20 Uhr, Samstag, Sonntag und Feiertage 8–20 Uhr, während der Sommerferien Montag 11–20 Uhr, Dienstag–Sonntag und Feiertage 8–20 Uhr

▸ Hallenbad
Zur Ausstattung gehören ein großes Schwimmbecken, ein Nichtschwimmerbecken, ein Sprungbecken, eine Rutsche

Das Freibad mit Sprungturm.

in Elefantenform und ein Planschbecken. Hier findet der Besucher alles, was er zum Wasservergnügen an kalten Tagen braucht. Stunden der Entspannung verspricht eine Sauna mit Solarien.
Adresse: Georg-Büchner-Straße 12, 64347 Griesheim, ✆ 06155/66077

Veranstaltungen und Feste

Jedes Jahr im September wird der **Griesheimer Zwiebelmarkt** veranstaltet. Das Fest, das seit über 30 Jahren ausgerichtet wird, findet in der Innenstadt zwischen Wagenhalle und dem Hans-Karl-Platz statt. Neben der dargebotenen Livemusik und vielen Ständen kann der Besucher viele lokale Spezialitäten probieren und die besondere Atmosphäre genießen.

Groß-Gerau

B3

(Groß-Gerau)

Groß-Gerau ist die Kreisstadt des gleichnamigen Landkreises. Die Gerauer Mark wurde 910 erstmals urkundlich erwähnt. Die Stadt liegt in der Oberrheinischen Tiefebene, etwa 23 500 Einwohner leben in Groß-Gerau und den Ortsteilen Berkach, Dornberg, Dornheim, Auf Esch und Wallerstädten. Bereits zur Zeit der Römer hatte auf Teilen des heutigen Stadtgebiets ein Kastell gestanden, die Besiedlung des Gemarkungsgebiets ist jedoch sogar schon für die Mittelsteinzeit belegt.

Stadtverwaltung Groß-Gerau
Am Marktplatz 1
64521 Groß-Gerau
✆ 06152/7160
Fax 06152/716309
www.gross-gerau.de
Kreisstadt@gross-gerau.de

Sehenswertes

▸ Historisches Rathaus
Das Historische Rathaus war 1578 erbaut worden und konnte die Jahrhunderte weitgehend unzerstört überdauern.
Adresse: Frankfurter Straße 10–12, 64521 Groß-Gerau, ✆ 06152/911816

Idyllischer Blick aufs Historische Rathaus.

▸ Stadtkirche
Die Stadtkirche, die in gotischer Bauweise errichtet ist, jedoch ein barockes Dach aufweist, wurde erstmals vor dem Jahr 1200 urkundlich erwähnt. Im Zweiten Weltkrieg wurde sie zerstört und in den Jahren 1954/55 wieder aufgebaut.

Groß-Gerau

Adresse: Kirchstraße 11, 64521 Groß-Gerau, ☏ 06152/910285

▸ Innenstadt
Durch Groß-Geraus Innenstadt zieht sich eine Reihe von alten Wirtshäusern, die früher den reisenden Händlern als Rast- und Ruhepunkte dienten. Die Gebäude zahlreicher ehemaliger Gaststätten haben Bestand, werden aber nicht mehr als Wirtshäuser genutzt.
Information: 🌐 www.gross-gerau.de

Museen

▸ Stadtmuseum
Das Stadtmuseum präsentiert zwei in diverse Unterbereiche gegliederte Dauerausstellungen zur Römerzeit und zur Stadtgeschichte von 1920–1990. Daneben gibt es wechselnde Sonderausstellungen zur Historie, Archäologie und Kunst. Außerdem finden im Museum häufig Kultur- und Vortragsveranstaltungen statt.
Adresse: Marktplatz 3, 64521 Groß-Gerau, ☏ 06152/7160, **Öffnungszeiten:** Mittwoch 10–12 Uhr, Donnerstag 14–17 Uhr, Samstag 10–12 Uhr, Sonntag 13–17 Uhr

Freizeit und Natur

▸ Geschichte erleben
An verschiedenen Gemarkungsteilen, nämlich Sandschliess, Auf Esch, Galgenberg und Parfinkelfeld, befinden sich archäologische Fundstellen aus der Jungstein-, Bronze- und Eisenzeit, die damit für die Region verschiedene Siedlungsepochen belegen.
Information: 🌐 www.gross-gerau.de

▸ Riedlandschaft
Groß-Gerau ist Teil des Hessischen Rieds. Diese zum Großteil in der Eiszeit geformte Landschaft hält einen Naturraum bereit, der sich hervorragend für naturkundliche Erkundungen eignet.

▸ Parks und Natur
Rings um Groß-Gerau locken zahlreiche Grünflächen und Parkanlagen die Besucher: z. B. der Stadt- und Staatswald in Richtung Mönchbruch, der Hegbachsee und mehrere nahe gelegene Naturschutzgebiete. In der mittelbaren Umgebung befinden sich das Natur- und Europareservat Kühkopf-Knoblochsaue und das Felsenmeer im Lautertal Odenwald, die stets einen Ausflug wert sind.
Information: 🌐 www.gross-gerau.de

▸ Fasanerie Groß-Gerau
Die Fasanerie ist ein bewaldeter Park, der sich zum Spazierengehen ebenso eignet wie für sportliche Zwecke. Auch Familien mit Kindern kommen auf ihre Kosten. Hier gibt es eine Sandkiste, Tischtennisplatten, Abenteuerspielgeräte, Bolzplätze und eine Reifen-Seilbahn. Ein kleiner Tiergarten in der Fasanerie (hinter dem Spielgelände) wird ehrenamtlich betrieben.
Information: 🌐 www.tiergarten-grossgerau.de

▸ Sport
Der Landkreis Groß-Gerau hält für Sportler einiges bereit. So gibt es drei Golfplätze in Riedstadt, Worfelden und Gernsheim/Allmendfeld. Auch wer gern Fußball, Tennis oder Handball spielt, taucht, kegelt oder schießt, wer Radfahren liebt, Speedskating oder Jazztanz, der ist in der Kreisstadt Groß-Gerau genau richtig.
Information: 🌐 www.gross-gerau.de

▸ Freibad/Hallenbad
Im Freibad warten ein Zehn-Meter-Sprungturm, eine großflächige Liegewiese, eine Rutschbahn für Kinder, Schwimmer-, Nichtschwimmer- und Babybereiche, zwei Beachvolleyball-Felder, ein Bolzplatz und vieles mehr. In der kälteren Jahreszeit kann die Bevölkerung im geräumigen und attraktiv ausgestatteten Hallenbad ihre Bahnen ziehen.

Die Nacht der Sinne im September lockt die Besucher zum langen Einkaufsabend.

Adresse Freibad: Theodor-Heuss-Straße 1, 64521 Groß-Gerau, ✆ 06152/2898, **Öffnungszeiten:** Mai und Juni: 10–20 Uhr, Juli und August: 10–20.30 Uhr, bei schlechter Witterung: 10–13 und 17–19 Uhr
Adresse Hallenbad: Wilhelm-Seipp-Straße 2, 64521 Groß-Gerau, ✆ 06152/57558, **Öffnungszeiten:** Montag 15–18 Uhr, Dienstag 6.30–21.30 Uhr, Mittwoch 7.30–18 Uhr, Donnerstag 7.30–21.30 Uhr, Freitag 6.30–21.30 Uhr, Samstag 14–20 Uhr, Sonntag 8–13 Uhr (in den Sommermonaten geschlossen)

▸ Stadtführungen
In Groß-Gerau werden zahlreiche Stadtführungen zu unterschiedlichen Themengebieten angeboten, beispielweise zur Römerzeit, zur jüdischen Geschichte und zum Mittelalter.
Information: ✆ 06152/716295, ✉ juergen.volkmann@gross-gerau.de

Veranstaltungen und Feste

Jährlich von März–November findet unter dem Titel **„Groß-Gerauer Akzente“** eine kulturelle Veranstaltungsreihe statt, die bekannte Künstler präsentiert und mit Konzerten, Aufführungen und Lesungen aufwartet. Am ersten September-Wochenende steht in der Groß-Gerauer Innenstadt regelmäßig die **„Nacht der Sinne“,** ein langer Einkaufsabend des Einzelhandels mit kulturellen Aktionen und musikalischer Unterhaltung auf dem Plan. Auf dem **Kreisbauernmarkt,** der jedes Jahr am Erntedank-Sonntag stattfindet, gibt es Spezialitäten und Leckereien aus der Region. Und am ersten Wochenende im Dezember ist auf dem Sandböhlplatz in der Schulstraße und der Kirchstraße der **Groß-Gerauer Weihnachtsmarkt** aufgebaut.
Information: 🌐 www.gross-gerau.de

Groß-Umstadt

CD3

(Darmstadt-Dieburg)

Groß-Umstadt liegt im Landkreis Darmstadt-Dieburg. Die 22 000 Einwohner verteilen sich auf Umstadt und acht eingemeindete Ortsteile: Dorndiel, Heubach, Kleestadt, Klein-Umstadt, Raibach, Richen, Semd und Wiebelsbach. Groß-Umstadt blickt auf eine lange Tradition im Weinbau zurück und nennt sich selbst gern „Odenwälder Weininsel“. Die Stadt gehört zum Weinanbaugebiet Hessische Bergstraße, Bereich Umstadt.

Magistrat der Stadt Groß-Umstadt
Stadtmarketing, Markt 1
64823 Groß-Umstadt
✆ 06078/781-289
🌐 www.gross-umstadt.de
✉ stadtmarketing@gross-umstadt.de

Fachwerkarchitektur prägt das Stadtbild Groß-Umstadts.

Sehenswertes

▸ Altstadt
Viele Sehenswürdigkeiten bereichern die Altstadt: Hier finden sich allein sieben Schlösser und ehemalige Adelhöfe, z. B. das Darmstädter und das Pfälzer Schloss. Das von 1596–1605 erbaute Renaissance-Rathaus befindet sich am historischen Marktplatz. Das Kriegerdenkmal an der Stadtkirche stammt aus dem Jahr 1462 und ist eines der ältesten Denkmäler der Stadt.

▸ Evangelische Stadtkirche
Die Evangelische Stadtkirche ist aus der Basilika St. Peter hervorgegangen. Bauliche Änderungen aus der Zeit von 1460–1490 gaben der Kirche ihr heutiges Aussehen.
Adresse: Am Markt, 64823 Groß-Umstadt

▸ Wambolt'sches Schloss
Das im Renaissancestil erbaute Wambolt'sche Schloss mit Überbleibseln einer Wasserburg fand bereits 1036 Erwähnung. Die Anlage ist in U-Form angelegt und wurde im Jahr 1600 erbaut und später erweitert. Die Decken des Gebäudes weisen geometrisch angeordneten Stuck auf.
Adresse: Curtigasse 6, 64823 Groß-Umstadt

Das Renaissance-Rathaus ist ein Blickfang.

Museen

▸ Heimatmuseum

Das Heimatmuseum von Groß-Umstadt ist im ehemaligen Gruberhof im Raibacher Tal untergebracht. Das auch als Kulturzentrum genutzte Gebäude zeigt eine umfangreiche Kollektion aus den Bereichen Handwerk, Geschichte und Landwirtschaft. Bereichert wird der Ausstellungsbetrieb durch traditionelle Feste, Gastspiele und Geschichtsvorträge. Bei Führungen durch das Museum können sich Besucher mit regionalen Leckereien stärken. Für Weinliebhaber finden Weinproben statt. **Adresse:** Umstädter Museums- und Geschichtsverein, Raibacher Tal 22, 64823 Groß-Umstadt, **Öffnungszeiten:** in den Sommermonaten jeden Sonntag ab 13 Uhr

Freizeit und Natur

▸ Radfahren

Für alle, die gern in die Pedale treten, bietet Groß-Umstadt ein ausgedehntes Netz an Radwegen. Ob kurze oder längere Strecken – alles ist möglich. Die meisten Ortsteile sind über Radwege erreichbar. Grüne Schilder mit den Nummern der Radwege weisen den Weg.

▸ Wandern und Reiten

Viele Rundwanderwege führen durch das waldreiche Gebiet. Start der Wanderungen sind verschiedene Naturparkplätze, wie z. B. der Parkplatz hinter dem Hainrich oder der Parkplatz in Heubach. Empfehlenswert sind der Qualitätswanderweg „Weininselwanderweg“ und der „Umstädter Panoramaweg“ sowie der Weinlehrpfad. Auch hoch zu Ross lässt sich die Natur erkunden. Mehrere Reitvereine laden zu einem Besuch ein.
Information: ✉ info@hallo-pferd.de

▸ Stadtführungen

Wer mehr über die Stadt erfahren möchte, kommt bei einer Stadtführung voll auf seine Kosten, denn Stadt und Kultur werden anschaulich vermittelt. Wem das zu langsam ist, der kann eine Segway-Tour rund um Umstadt buchen bzw. die Stadt mit E-Bikes (movelo) selbst erkunden.
Information: Stadtmarketing, Markt 1, 64823 Groß-Umstadt, ☏ 06078/781-289, ✉ stadtmarketing@gross-umstadt.de

▸ Parkanlagen

Verschiedene Parkanlagen laden direkt in der Stadt oder Richtung Raibach zum Entspannen und Verweilen ein. Für Kinder ist dabei der Park „Die Bleiche“ Richtung Raibach besonders interessant. Hier gibt es einen großen Kinderspielplatz. Eine Boulebahn lädt zu manch geselligem Spiel ein. Eine Teichanlage mit Wasserspielen rundet das Angebot ab.

▸ Schwimmbad

Das beheizte Schwimmbad mit großem Schwimmerbecken und Sprungturm sowie Schwimm- und Abenteuerbecken mit Rutsche und Strömungskanal bringen der ganzen Familie eine Menge Spaß. Für die Jüngsten stehen ein Planschbecken und ein Kinderspielplatz zur Verfügung.
Adresse: Freizeitbad Groß-Umstadt, Höchster Straße, 64823 Groß-Umstadt, ☏ 06078/3525, **Öffnungszeiten:** im Sommer täglich 8.30–20 Uhr

Veranstaltungen und Feste

Jedes Jahr zu Ostern eröffnet der **Gruberhof,** ein Museum und Kulturzentrum, seine Saison mit einer landwirtschaftlichen Ausstellung und einem Jazz-Frühschoppen. Das Wochenende nach dem 21. Juni steht ganz im Zeichen des **Johannisfests** in der Innenstadt und auf dem Marktplatz mit einem abwechslungsreichen Unterhaltungsprogramm. Am Wochenende um oder nach dem 15. September wird dann für vier Tage das

Winzerfest gefeiert. Einer der Höhepunkte hierbei ist die Krönung der Weinhoheiten. Der **Adventsmarkt** auf dem Marktplatz beschließt dann das Festjahr Groß-Umstadts.

Hainburg

D2

(Landkreis Offenbach)

Hainburg ist eine bürgernahe, liebens- und lebenswerte Gemeinde, die stolz ist auf ihre Tradition. Hier leben ca. 14 400 Menschen. Die gute Lage im Rhein-Main-Gebiet, die hervorragende Infrastruktur, ein hoher Wohn- und Freizeitwert, ein reges Vereinsleben gepaart mit Gastlichkeit und unverwechselbarer Identität sprechen für die Gemeinde. Sie besteht aus den Ortsteilen Hainstadt und Klein-Krotzenburg.

Rathaus
Krotzenburger Straße 9
63512 Hainburg
06182/7809-0
06182/4336
www.hainburg.de
hauptamt@hainburg.de

Romantischer Blick auf Hainburg.

Die Wallfahrtsstätte Liebfrauenheide.

Sehenswertes

▸ Liebfrauenheide
Etwas ganz Besonderes ist die Marienwallfahrtsstätte Liebfrauenheide. Ein aus Holz geschnitztes Gnadenbild aus dem 17. Jahrhundert und die berühmte „Sozial-Predigt“ von Bischof von Ketteler im Jahre 1869 vor Tausenden von Arbeitern haben die Kapelle im Klein-Krotzenburger Wald weltbekannt gemacht.

Freizeit und Natur

▸ Badesee
Der 7,5 Hektar große Badesee ist gut für Kinder geeignet: der Uferbereich ist flach, und es gibt einen abgetrennten Nichtschwimmerbereich, an den sich eine Liegewiese anschließt. Außerdem gibt es dort einen gepflegten Badestrand, zwei Tischtennisplatten und ein Beachvolleyball-Feld, ebenso eine Schaukel für Kinder und einen Kiosk.
Adresse: 63512 Klein-Krotzenburg

▸ Radfahren/Wandern
In und um die Gemeinde Hainburg bieten sich sowohl Radfahrern wie auch Wanderern und Spaziergängern zahlreiche Möglichkeiten, die Umgebung zu erkunden.
Information: www.hainburg.de

Veranstaltungen und Feste

Der Gewerbeverein richtet den **Hainburger Markt** im Frühling sowie den **Martinsmarkt** im Herbst aus. Anfang Oktober wird dann die **Kerb in Klein-Krotzenburg** und eine Woche später **in Hainstadt** gefeiert. Beide Volksfeste ziehen mit Krammärkten und Fahrgeschäften stets viele Besucher an. Alle Termine und Veranstaltungen gibt es im Internet im Kalender der Stadt, auf www.hainburg.de.

Hanau

CD 2

(Main-Kinzig-Kreis)

Hanau, die Geburtsstadt der Brüder Grimm im östlichen Rhein-Main-Gebiet, ist das wirtschaftliche und kulturelle Oberzentrum des Main-Kinzig-Kreises. Die rund 90 000 Einwohner zählende Stadt verfügt über eine stolze Geschichte und eine florierende Wirtschaft. Als traditionsreicher Industriestandort hat sie erfolgreich den Strukturwandel zum Dienstleistungs- und High-Tech-Standort vollzogen. Die Vielzahl ihrer Kultur-, Freizeit- und Einzelhandelsangebote machen sie zu einem immer beliebteren Ziel von Städtetouristen. Als kulturelles Zentrum im Osten des Rhein-Main-Gebiets, dessen Historie bis in die Zeit der Römer reicht, hat Hanau viel zu bieten. Seltene Urwildpferde, malerische Altstadtkerne, ein hinreißendes Barockschloss, eine historische Kuranlage, neun Museen und mehr als 1000 Veranstaltungen pro Jahr gehören zu den zahlreichen Attraktionen, die einen Besuch in der Brüder-Grimm-Stadt zu einem lohnenswerten Erlebnis machen.

Magistrat der Stadt Hanau
Tourist-Information
Am Markt 14–18
63450 Hanau
06181/295-950
www.hanau.de
touristinformation@hanau.de

Das Schloss Philippsruhe am Mainufer.

Sehenswertes

▸ Schloss Philippsruhe
Die prächtige Schlossanlage im französischen Barockstil am Mainufer ist ganzjährig zu besichtigen. Im Hauptgebäude befinden sich das Historische Museum, das Papiertheater-Museum, das Standesamt mit dem Trausaal und das Museumscafé. Im überdachten Amphitheater im weitläufigen Schloss-

park werden im Sommer die Brüder Grimm Märchenfestspiele und zahlreiche Konzerte aufgeführt.

Ein Traum für Naturfreunde: das Wilhelmsbad.

Staatspark Wilhelmsbad
Die historischen Kur- und Badeanlagen aus dem 18. Jahrhundert mit englischem Landschaftsgarten und angrenzendem Golfplatz zählen zu den schönsten Ausflugszielen Hessens. Auf rund 30 Hektar befinden sich Kurbauten mit Arkaden, das Hessische Puppenmuseum sowie das Comoedienhaus, der Brunnentempel, die Pyramide und die Burgruine. Das über 230 Jahre alte Holzpferdekarussell, weltweit einmalig, wird derzeit restauriert.

Deutsches Goldschmiedehaus
Der Fachwerkbau entstand 1537/38 als Rathaus der Altstadt. 1942 wurde darin das Deutsche Goldschmiedehaus eingerichtet. Im Zweiten Weltkrieg brannte es fast völlig nieder und wurde 1955–1958 wieder aufgebaut. Seit 1985 hat die Gesellschaft für Goldschmiedekunst hier ihren Sitz. Das Haus ist Ausstellungsort für zeitgenössische Schmuck- und Geräteherstellung sowie die Silbertriennale.

Schloss Steinheim
Der mächtige Turm des Schlosses ragt am Rand der Steinheimer Altstadt weithin sichtbar auf. Erstmalig erwähnt im Jahr 1222, war es 370 Jahre im Besitz des Kurfürstentums Mainz. Ab 1803 erfolgten Umbauten im klassizistischen Stil. Die historischen Mauern beherbergen heute ein Museum für regionale Vor- und Frühsowie Stadtgeschichte. Konzipiert als „Lebendiges Museum“ bietet es viele spannende Aktivitäten.

Das wieder aufgebaute Deutsche Goldschmiedehaus.

▸ Brüder-Grimm-Denkmal
Das bronzene Nationaldenkmal von Syrius Eberle auf dem Marktplatz vor dem historischen Neustädter Rathaus wurde 1896 enthüllt. Es kennzeichnet Hanau als Geburtsstadt der weltberühmten Märchensammler und Sprachwissenschaftler Jacob und Wilhelm Grimm. Seit 1983 ist das Denkmal Ausgangspunkt der Deutschen Märchenstraße, die von Hanau bis nach Bremen führt. Die Entwurfmodelle sind im Historischen Museum im Schloss Philippsruhe zu besichtigen.

Das Grimm-Denkmal auf dem Marktplatz.

Museen

▸ Historisches Museum Schloss Philippsruhe
Im ganzjährig geöffneten Schloss ist Kunst vom 17. bis zum 20. Jahrhundert ausgestellt, darunter viele Bestände des Hanauer Geschichtsvereins: Hanauer Fayencen, Silber und Eisenkunstguss sowie weitere Zeugnisse der Stadtgeschichte. Den in Hanau geborenen Brüdern Grimm, dem Komponisten Paul Hindemith und dem Maler Moritz Daniel Oppenheim sind eigene Räume gewidmet. Höhepunkte sind die Hanauer und Frankfurter Stilllebenmalerei, die Sammlung niederländischer Malerei sowie Porträts von Anton Wilhelm Tischbein, dem „Hanauer Tischbein". Die Kunst des 19. Jahrhunderts prägen Theodor Pelissier, Georg Cornicelius und Friedrich Karl Hausmann. Ein herausragendes Werk der frühen Hanauer Silberschmiedekunst ist der Hanauer Ratspokal. Führungen, Vorträge, Aufführungen, Workshops und vieles mehr werden hier geboten. Auch Hochzeiten und Empfänge sind im Schloss und Café möglich.
Adresse: Philippsruher Allee 45, 63454 Hanau-Kesselstadt, 06181/295564, www.museen-hanau.de, museen@hanau.de, **Öffnungszeiten:** Dienstag–Sonntag, 11–18 Uhr

▸ Papiertheatermuseum
Im einzigen Papiertheatermuseum in Deutschland gibt es neben 20 kompletten Papiertheatern und Figuren auch eine feste Papiertheaterbühne und einen Zuschauerraum mit 25 Plätzen. Kenner bringen ein Opernglas mit, schließlich ist das „Proszenium" (festes Portal vor der Szene) recht klein. Papiertheater sind Miniaturtheater, die quasi als „Ausschneidebogen" in Deutschland und England etwa ab 1810, später auch in anderen europäischen Ländern produziert und verlegt wurden. Beim Aufbau entstand mithilfe von mehreren Bühnenbildern und Kulissen eine faszinierende Dreidimensionalität. Schon Johann Wolfgang von Goethe baute sich ein solches Miniaturtheater, um seine Stücke auszuprobieren.
Adresse: Philippsruher Allee 45, 63454 Hanau-Kesselstadt, 06181/295564, www.museen.hanau.de, museen@hanau.de, **Öffnungszeiten:** Dienstag–Sonntag 11–18 Uhr

▸ Museum Schloss Steinheim
Inmitten der historischen Altstadt von Steinheim ist das Schloss mit dem Museum für regionale Vor- und Früh- sowie Stadtgeschichte

einen Besuch wert. Die Exposition umfasst die ersten menschlichen Spuren im Hanauer Raum, Zeugnisse der Stein-, Bronze- und Römerzeit sowie Relikte des frühen Mittelalters. Inszenierungen, Dioramen und Filme runden alles zu einem informativen und lebendigen Ganzen ab. Die wechselhafte Geschichte der ehemals stattlichen Burganlage aus dem 13. Jahrhundert und die Geschichte Steinheims sind ebenfalls präsent.
Adresse: Schlossstraße 9, 63456 Hanau-Steinheim, 06181/659701, www.museen-hanau.de, museen@hanau.de, **Öffnungszeiten:** Donnerstag–Sonntag, 10–12 Uhr und 14–17 Uhr, Führungen nach Vereinbarung auch außerhalb der Öffnungszeiten

Museum Großauheim

In einem villenartigen Jugendstilgebäude und zwei Hallen des ehemaligen Elektrizitätswerks hat dieses außergewöhnliche Museum sein Domizil. 1983 gegründet und 2011 renoviert, zeigt es den Wandel von der bäuerlichen und handwerklichen Lebens- und Arbeitskultur zur industriellen Fertigung am Beispiel des Ortes. Schwerpunkt ist eine Sammlung von Dampfmaschinen, von denen einige zu bestimmten Veranstaltungstagen im Sommer „angeworfen" werden. Das Museum ist inhaltlich und architektonisch eine wichtige Station der „Route der Industriekultur Rhein-Main". Die Kunstabteilung besticht durch die Werke zweier herausragender Großauheimer Künstler, den führenden Tierbildhauer der Moderne, August Gaul, sowie den Maler und Grafiker August Peukert.
Adresse: Pfortenwingert 4, 63457 Hanau-Großauheim, 06181/573763, www.museen-hanau.de, museen@hanau.de, **Öffnungszeiten:** Donnerstag–Sonntag 10–12 Uhr und 14–17 Uhr, Führungen nach Vereinbarung auch außerhalb der Öffnungszeiten

Hessisches Puppenmuseum

Nicht nur Kinder sind fasziniert: Dieses Museum bringt die Puppengeschichte von der Antike bis zur Moderne näher. Seltene Prachtstücke zeugen vom höfischen Leben des Adels im Barock, andere vom stolzen Bürgertum des 19. Jahrhunderts. Und von der Nachkriegszeit, als vollabwaschbare Schildkröt-Puppen die Wohnstuben eroberten. Themenschwerpunkte sind Käthe-Kruse-Produkte, eine exotische japanische Sammlung und Puppenhausminiaturen. Dazu gibt es wechselnde Sonderausstellungen und Veranstaltungen, darunter der jährliche Puppen- und Bärenmarkt.
Adresse: Parkpromenade 4, 63454 Hanau-Wilhelmsbad, 06181/86212, www.hessisches-puppenmuseum.de, hesspuppenmuseum@ aol.com, **Öffnungszeiten:** Dienstag–Freitag 10–12 Uhr und 14–17 Uhr, Samstag und Sonntag 10–17 Uhr

Deutsches Goldschmiedehaus

Das Haus gehört zu den bedeutendsten Ausstellungszentren der Gold- und Silberschmiedekunst weltweit. Auch die Silbertriennale findet hier statt. Sehr beliebt sind Vorträge zum Thema Schmuck und Goldschmiedeworkshops für Kinder.
Adresse: Altstädter Markt 6, 63450 Hanau, 06181/256556, www.museen-hanau.de, www.gfg-hanau.de, gfg-hanau@t-online.de, **Öffnungszeiten:** Dienstag–Sonntag 11–17 Uhr

Hessisches Forstmuseum „Alte Fasanerie"

Die Forstgeschichte, die moderne Waldbewirtschaftung Hessens sowie fast vergessene Gewerbe wie Köhlerei, Gerbrinden- und Harzgewinnung bringt das Hessische Forstmuseum „Alte Fasanerie" seinen Besuchern näher. Die Schau „Von der Saat bis zur Ernte" erzählt von historischer und moderner Waldarbeit. Ein Teil der Ausstellung ist als „Museum zum Anfassen" gestaltet mit

Fühlkästen, Rindenstücken zur Baumbestimmung und einer Aroma-Ecke mit Düften des Waldes. Wechselnde Ausstellungen und mit dem Wildpark kombinierte Veranstaltungen sorgen für ein waldpädagogisches Bildungsangebot. Das Museum bietet Führungen, Kreativwerkstätten und Waldtheaterveranstaltungen an. Auch Betriebsausflüge und Kindergeburtstage können hier veranstaltet werden.
Adresse: Fasaneriestraße, 63456 Hanau-Klein-Auheim, ✆ 06181/69191, ✉ HFWildparkFasanerie@forst.hessen.de, 🌐 www.erlebnis-wildpark.de, **Öffnungszeiten:** April–September: täglich 9–18 Uhr, Oktober–März: täglich 9–16 Uhr (an Wochenenden und Feiertagen eine Stunde länger)

▸ **Heimatmuseum Mittelbuchen**
Das Museumsgebäude ist Teil der ehemaligen Ortsbefestigungsanlage aus dem 15. Jahrhundert. 1828 wurde das Torhaus gebaut und diente von 1835–1982 als Wohnhaus. Der örtliche Heimat- und Geschichtsverein stoppte den Verfall. Das Heimatmuseum eröffnete 1998, es informiert über die Vorgeschichte des Ortes und die bäuerliche Kultur der Region. Eine Sensation offenbarte sich im Jahr 2001, als bei Bauarbeiten für ein Neubaugebiet vier römische Militäranlagen entdeckt wurden. Bei den archäologischen Grabungsarbeiten konnten Kastelle und eine ältere Limeslinie nachgewiesen werden: Mittelbuchen war römischer Garnisonsstandort. Die Funde aus diesen Grabungen sind hier ausgestellt.
Adresse: Alte Rathausstraße 31, 63454 Hanau-Mittelbuchen, ✆ 06181/76607, 🌐 www.museen-hanau.de, ✉ mhgv@gimplinger.de, **Öffnungszeiten:** Sonntag 15–17 Uhr, für Gruppen auch nach Vereinbarung

▸ **Museumseisenbahn Hanau**
Das einstige Betriebswerk der Deutschen Bahn ist heute ein seltenes Ensemble aus einem achtständigen und einem sechsständigen Lokschuppen mit zwei Drehscheiben sowie einem Rechteckschuppen mit Verwaltungsbau. Die Gebäude entstanden zwischen 1880 und 1925. Hier wurden Dampfloks für die Fahrt vorbereitet und gewartet, denn in Hanau waren die schweren Güterzugdampfloks beheimatet, die Züge über die Mittelgebirge nach Fulda und Würzburg zogen. Das Gelände ist seit 1988 Standort des Vereins „Museumseisenbahn Hanau". Die Aktiven präsentieren prächtige Dampf- und Diesel-Lokomotiven, pflegen die Anlage und erinnern mit regelmäßigen Festen und Veranstaltungen an die traditionelle Bedeutung der Stadt als Verkehrsknotenpunkt. Die Sonderfahrten mit der historischen Museumseisenbahn erfreuen sich großer Beliebtheit.
Adresse: Heideäcker 1, 63457 Hanau-Großauheim, ✆ 0179/6783055, 🌐 www.museumseisenbahn-hanau.de, ✉ info@museumseisenbahn-hanau.de, **Öffnungszeiten:** Führungen Dienstag–Samstag nach Vereinbarung

Freizeit und Natur

Wer's sportlich mag, findet in Hanau und Umgebung zahlreiche Möglichkeiten, ob gemütliche Bootsfahrten auf der Kinzig und dem Main oder aufregendes Klettern im Waldseilpark. Auch Schwimmer, Jogger, Reiter, Golfer oder Inlineskater kommen auf ihre Kosten. Über das Stadtgebiet verteilen sich etliche Sportstätten, es gibt über 60 Tennis- und 40 Sportplätze, zwei moderne Hallen- und Freibäder und mit dem Golfplatz Wilhelmsbad eine der schönsten 18-Loch-Anlagen in Deutschland. Übrigens: Aus Hanau kommt Rudi Völler, ehemaliger Spitzenfußballer und Teamchef der deutschen Fußball-Nationalelf. Auch wurde hier 1961 das erste kombinierte Hallen- und Gartenschwimmbad der Bundesrepublik eröffnet.

Städtische Schwimmbäder

Die zwei städtischen Hallen- und Freibäder sind überaus attraktiv, modern und mit großzügigen Grünflächen ausgestattet: das Heinrich-Fischer-Bad im Herzen der Stadt und das Lindenau-Bad im Stadtteil Großauheim. Beide verfügen über gepflegte Saunabereiche, unter anderem mit Dampfbad und Kesselsauna oder Kräuter- und Waldhaus-Sauna. Auch entspannende Massagen können gebucht werden. Hinzu kommen moderne Cafeterias und große Liegewiesen mit Kinderspielplatz. Das Heinrich-Fischer-Bad bietet zusätzlich eine 73 Meter lange Großrutschbahn, einen Zehn-Meter-Sprungturm, Grillplatz, Strömungskanal und Wasserkanonen. Das Lindenau-Bad lockt ebenfalls mit diversen Wasserattraktionen, nämlich einer Wasserrutschbahn, einem Beachvolleyball-Feld, einer Gaststätte und Kegelbahnen. Freizeitspaß pur: Zwei kombinierte Hallen- und Freibäder für Fitness, Erholung und Wohlbefinden.

Adresse: Heinrich-Fischer-Bad, Eugen-Kaiser-Straße 19, 63450 Hanau, ☏ 06181/3656970, Lindenaubad, ☏ 06181/54825, Rue de Conflans 7, 63457 Hanau, 🌐 www.hanau-baeder.de

Bootsverleih

Ob Kanu, Tret- oder Ruderboot – der Bootsverleih an der Kinzigmündung ist für alle die richtige Adresse für alle Freizeitkapitäne. Wunderschön sind gemächliche Fahrten im „Kinzig-Urwald“ und ein Heidenspaß vor allem für Familien mit Kindern. Wer es rasanter mag: Auch führerscheinfreie 5-PS-Motorboote werden hier verliehen.

Adresse: Aqua Fun Bootverleih und Bootsschule Hanau, Hospitalstraße 14, 63450 Hanau, ☏ 06181/79124, ✉ hanau@aquafun.de, 🌐 www.aquafun.de, **Öffnungszeiten:** April–Mitte Oktober. Bei gutem Wetter werktags 14–18 Uhr, sonn- und feiertags 10–18 Uhr

Golf

Die Anlage des Golf-Clubs Hanau-Wilhelmsbad gilt als eine der schönsten in Deutschland – kein Wunder, liegt der klassische Parkland-Course doch inmitten der ehemaligen Fasanerie der Landgrafen und Kurfürsten von Hessen-Kassel. Der Club verfügt über 18 Spielbahnen, Par 73, eine Driving Range, zwei Putting Greens und ein Chipping Green. Die Anlage wird von einer rund 300 Jahre alten Basaltsteinmauer umschlossen – Teil der ehemaligen Fasanerie. Der Club ist Mitglied der „Leading Golf Courses of Germany“.

Adresse: Golf Club Hanau-Wilhelmsbad, Franz-Ludwig-von-Cancrin-Weg 1a, 63454 Hanau-Wilhelmsbad, ☏ 06181/180190, ✉ info@golfclub-hanau.de, 🌐 www.golfclub-hanau.de

Minigolf

Die 18-Bahnen-Anlage lockt mit prächtiger Umgebung – die historischen Kur- und Badeanlagen Wilhelmsbad sind gleich um die Ecke. Und wer nach dem Spiel Hunger und Durst hat, muss nur ein paar Meter gehen, um sich in der Trattoria „Kleine Parkwirtschaft“ zu erholen.

Adresse: Parkpromenade, 63454 Hanau-Wilhelmsbad, ☏ 06181/83379, **Öffnungszeiten:** werktags ab 14 Uhr, sonn- und feiertags ab 11 Uhr

Wildpark „Alte Fasanerie“

Rund 350 Wildtiere, darunter Wölfe, Luchse, Wisente und Elche, locken jährlich Hunderttausende Besucher in den ganzjährig geöffneten Wildpark. Das rund 100 Hektar große Areal wurde 1710 als kurfürstliche Fasanerie angelegt. Attraktionen sind Tierfütterungen, Kutschfahrten, Ponyreiten, ein Streichelzoo, Greifvogel-Flugschauen, der Hochseilgarten und das moderne Hessische Forstmuseum. Publikumsmagneten sind vor allem die „Wolfsheulnächte“.

Adresse: Fasaneriestraße 106, 63456 Hanau-Klein-Auheim, ✆ 06181/61833010, **Öffnungszeiten:** 15. März–31. Oktober: 9–18 Uhr, 1. November–14. März: 9–16 Uhr, Samstag, Sonntag, Feiertage 9–17 Uhr

▸ Radfahren/Wandern

Einige der schönsten und beliebtesten regionalen und überregionalen Fahrradrouten Hessens führen durch Hanau. Dazu zählen der Main-Radweg, der Limes-Radweg, der BahnRadweg und der Kinzigtalradweg. Der Main-Radweg ist Deutschlands erste vom Allgemeinen Deutschen Fahrrad-Club (ADFC) zertifizierte 5-Sterne-Qualitätsradroute und glänzt mit vorbildlicher Beschilderung, Streckenführung und zahlreichen fahrradfreundlichen Gastbetrieben. Von den zwei Main-Quellen (Roter oder Weißer Main) bis zur Mündung in den Rhein erwarten den Radler abwechslungsreiche Landschaften, Städte und kulturelle Schätze.

▸ „Grüner Ring“

Ein rund 70 km langer Rad- und Wanderweg rund um Hanau bildet den „Grünen Ring“, der unter anderem durch neun Naturschutzgebiete auf städtischer Gemarkung führt. Die landschaftlich reizvolle Strecke baut auf dem bestehenden Radwegenetz auf. Der erste knapp 20 km lange südmainische Abschnitt zwischen der Schleuse in Mühlheim-Dietesheim und der Klein-Auheimer Limesbrücke wurde Anfang 2012 eröffnet. Das Umweltzentrum Hanau bietet Führungen an.

▸ Märchenhaft: Themenstraßen und Ferienrouten

In der Brüder-Grimm-Stadt lässt es sich vortrefflich Urlaub machen – davon zeugen schon die vielen Ferienrouten und Themenstraßen, die durch Hanau führen. Die älteste und beliebteste ist die Deutsche Märchenstraße. Diese „märchenhafte“ Route wurde 1975 im nahe gelegenen Steinau an der Straße gegründet. Ihr gehören derzeit mehr als 60 Städte, Gemeinden und Landkreise an. Über 600 km von Hanau bis nach Bremen/Bremerhaven verbindet sie die Lebensstationen der Brüder Grimm sowie die Orte und Landschaften, in denen ihre Märchen beheimatet sind, zu einem „märchenhaften“ Reiseweg. Die Deutsche Märchenstraße bietet Kunst und Geschichte, führt zu Fachwerkstädten, Schlössern und Burgen, verknüpft Museen und Galerien, Konzerte und Theater sowie Brauchtum und Großstadtflair.

Veranstaltungen und Feste

Ob Klassik- oder Rockkonzert, Kleinkunst, Kammermusik, Theater oder Musical, ob Literatur, Revue, Kabarett oder Krimiabend – mit mehr als 1000 Veranstaltungen im Jahr ist Hanau die unangefochtene Kultur-Hauptstadt im östlichen Rhein-Main-Gebiet. Tausende Märchenfreunde strömen jeden Sommer nach Hanau, um sich von den **Brüder Grimm Märchenfestspielen** im überdachten Amphitheater vor der romantischen Kulisse von Schloss Philippsruhe verzaubern zu lassen. Von Mai–Juli feiert die Geburtsstadt der Brüder Grimm mit drei Inszenierungen – darunter einem Musical – ihre berühmten Söhne und den Fantasiereichtum der Grimmschen Märchen. Das jahrhundertealte **Lamboyfest** sorgt Anfang Juni für buntes Treiben in den Gassen und auf den Plätzen der Hanauer Altstadt. Gaukler, Schausteller, mittelalterliche Schwertkämpfe, ein historischer Markt, ein abwechslungsreiches Musikprogramm auf mehreren Bühnen sowie ein vielfältiges gastronomisches Angebot zählen zu den Attraktionen. Das **Open-Air-Festival „Love Family Park“** Anfang Juli auf den Hanauer Mainwiesen zieht Jahr für Jahr rund 20 000 Techno-Fans aus ganz Deutschland und den Nachbarländern an, die sich mit Sven Väth und anderen berühmten DJs in Ekstase tanzen. Wahren Kultstatus hat das

Open-Air-Konzert der Neuen Philharmonie Frankfurt, das unter dem Namen **Wilhelmsbader Sommernacht** im Staatspark Wilhelmsbad Mitte Juli stattfindet. Besucher erwartet eine Sommernacht voller hinreißender Melodien vor der stilvollen Kulisse des einstigen Kurbads des Grafen von Hanau. Das **Bürgerfest,** das größte Freiluftspektakel der Stadt, entstand 1958, um an die Wiederaufbauleistung der Bevölkerung nach dem Zweiten Weltkrieg zu erinnern. Es wird jeweils am ersten Wochenende im September von Freitag–Sonntag auf den Mainwiesen am Schloss Philippsruhe gefeiert. Vereine und Verbände sowie lokale und regionale Bands machen es zu einem Ereignis. Attraktionen sind der Kunsthandwerkermarkt, das Drachenbootrennen, das Kinder-Erlebnis-Kultur-Spektakel KEKS und natürlich das spektakuläre Abschlussfeuerwerk. Während des traditionsreichen **Weihnachtsmarkts** auf dem Hanauer Marktplatz zu Füßen des Nationaldenkmals Brüder Grimm, laden ab 30. November über 75 Verkaufs- und Gastronomiestände zum Schlendern, Schlemmen und Genießen ein. Das nostalgische „kleine“ Riesenrad und zwei historische Karusselle bringen Kinderaugen zum Leuchten und auf der großen Weihnachtsbühne sorgen täglich Sänger, Musiker und Chöre für Unterhaltung und Festtagslaune. Ab Ende November sorgt dann die 750 Quadratmeter große SWH-Eisarena auf dem Hanauer Marktplatz für rote Wangen und leuchtende Augen bei großen und kleinen Schlittschuhfahrern. Der **Hanauer Wochenmarkt** gilt als einer der schönsten und größten in Hessen. Jeden Mittwoch und Samstag von 6–14 Uhr geht es zu Füßen des Brüder Grimm-Nationaldenkmals rund. An rund 100 Ständen gibt es Obst, Gemüse, Fleisch, Fisch, Käse, Eier, Kräuter, Blumen, Brot, Kuchen, Honig, Delikatessen und vieles mehr zu kaufen. Längst ist der Markt ein Genießer-Treffpunkt mit Eventcharakter. Beim **Bauern- und Schlemmermarkt** kann man zweimal im Jahr (im März und Oktober) in der Altstadt köstliche Lebensmittel aus dem Elsass, aus Savoyen, aus dem Jura und dem Baskenland sowie der Bretagne, Provence und Auvergne erwerben. Das Festival für Gaumen und Nase organisieren die Interessengemeinschaft Hanauer Altstadt (IGHA) und die Hanau Marketing GmbH. Dazu spielt eine Jazzband. Auch **Antik- und Bücherflohmärkte** organisiert die Interessengemeinschaft regelmäßig in der Altstadt (🌐 www.IGHA.de). Lebendiges Markttreiben, hochkarätiges Kunsthandwerk und das schöne Ambiente des Schlossgartens locken Besucher an drei Tagen im August in die Altstadt zum **Internationalen Kunsthandwerkermarkt.** Parallel kredenzen fränkische Winzer auf dem benachbarten **Weinfest** edle Tropfen und servieren dazu schmackhafte Speisen, während Live-Bands für Stimmung sorgen.

Heppenheim

(Kreis Bergstraße)

Im südlichen Hessen – an der Bergstraße – liegt die Kreisstadt Heppenheim mit ihren Stadtteilen Unter-Hambach, Ober-Hambach, Erbach, Sonderbach, Wald-Erlenbach, Mittershausen-Scheuerberg, Ober-Laudenbach und Kirschhausen. Fast 27 300 Einwohner leben im 755 erstmals im Lorscher Codex erwähnten Heppenheim. Heppenheim ist reich an Kulturdenkmälern, die unter Denkmalschutz stehen.

Tourismus-Information der Kreisstadt Heppenheim, Großer Markt 9
64646 Heppenheim
☎ 06252/131171/-72
📠 06252/131173
🌐 www.heppenheim.de
✉ tourismus@stadt.heppenheim.de

Sehenswertes

Mittelalterliches Fachwerk, romantische Altstadtgässchen und idyllische Plätze prägen das Bild der Kreisstadt. Viele Zeitzeugen, wie das Rathaus von 1551, die Liebig-Apotheke, in der Justus Liebig einen Teil seiner Lehrzeit verbrachte, der imposante „Dom der Bergstraße“ und der Kurmainzer Amtshof, erzählen von einer bewegten Vergangenheit.

▸ Katholische Pfarrkirche St. Peter

Die Katholische Pfarrkirche St. Peter wurde von 1900–1904 erbaut und wird aufgrund ihrer Größe auch „Dom der Bergstraße“ genannt. Ihre Ursprünge gehen auf das Jahr 755 zurück. Der links vom Portal stehende mittelalterliche Turm wurde in den neugotischen Bau integriert.

▸ Kurmainzer Amtshof

Der Kurmainzer Amtshof ist ein fünfeckiger, im spätgotischen Stil errichteter Bau, der im 14. Jahrhundert als Verwaltungsgebäude für die Mainzer Erzbischöfe erbaut wurde. Im Obergeschoss befindet sich der Kurfürstensaal mit Wandmalereien aus gotischer Zeit und der Periode der Renaissance. Heute befindet sich hier das Museum für Stadtgeschichte und Volkskunde. Zwischen Juli und

Heppenheims Marktplatz ist wunderschön anzusehen.

September finden im Hof außerdem die Heppenheimer Festspiele statt.
Information: www.festpiele-heppenheim.com

Der Kurmainzer Hof, von oben betrachtet.

▸ Starkenburg
Die 1065 erbaute Starkenburg ist das Wahrzeichen der Stadt. Über gut ausgebaute Wanderwege geht es durch die Weinlage Schlossberg hinauf zur Burg. Dort kann man auf der Terrasse der Burgschänke die Aussicht genießen und in der Jugendherberge im ehemaligen Palas sogar übernachten.
Öffnungszeiten des Aussichtsturms: Karfreitag–Ende September Sa./So./Feiertage 14–18 Uhr

Museen

▸ Museum für Stadtgeschichte und Volkskunde
Das Museum ist im Kurmainzer Amtshof untergebracht. Hier werden die Stadtgeschichte und die regionale Volksunde präsentiert. Außerdem gibt es wechselnde Sonderausstellungen, Lesungen, Filmvorführungen und Vorträge.
Adresse: Großer Markt 1, 64646 Heppenheim, 06252/69112, www.heppenheim.de/museum, **Öffnungszeiten:** Mittwoch, Donnerstag, Samstag 14–17 Uhr, Sonntag/Feiertag 14–18 Uhr

▸ Feuerwehrmuseum
Dieses privat geführte Feuerwehrmuseum in der Altstadt von Heppenheim ist klein, aber sehr interessant. Rudolf Kohl – selbst Feuerwehrmann – hat die Ausstellungsstücke über viele Jahre aus aller Welt zusammengetragen und kann zu jedem einzelnen eine Anekdote erzählen.
Adresse und **Information:** Rudolf Kohl, Kirchengasse 12, 64646 Heppenheim, 06252/4698

Freizeit und Natur

▸ Naherholungsgebiet Bruchsee
Das Terrain um den Baggersee Bruchsee bietet schöne Spazierwege, Kinderspielplätze und einen Vogelpark mit Biergarten. Hier kann man verweilen und den Blick auf die Starkenburg genießen.

▸ Beheiztes Freibad
Das moderne Freibad bietet ein Schwimmbecken, ein Nichtschwimmerbecken mit Rutsche, ein Lehrschwimmbecken mit 25-Meter-Rutsche und ein Baby- und Kinderplanschbecken. Außerdem gibt es eine Liegewiese mit Tischtennisplatten und Klettergerüsten.
Adresse: Walther-Rathenau-Straße 36, 64646 Heppenheim, 06252/5642,

Öffnungszeiten: 1. Mai–15. September täglich 8–20 Uhr

▸ Erlebnispfad Wein und Stein
Dieser Pfad (6,9 km) ist ein Muss für Wein- und Naturliebhaber. Er beginnt in Heppenheim am Winzerbrunnen. Viele Stationen mit rund 70 Informationstafeln geben Aufschluss über Rebsorten und Wein, Klima, Geschichte, Lebenskultur, Geologie und die regionale Flora und Fauna. Für die Rast zwischendurch stehen Bänke an dem Rundwanderweg. Zu bestaunen gibt es Mandel-, Feigen- und Pfirsichbäume sowie einen tollen Blick über die Weinberge.

▸ Heppenheimer Laternenweg
Mehr als 150 Scherenschnitte des Künstlers Albert Völkl leuchten aus den Straßenlaternen der Altstadt herab – und alle zeigen hessische Sagen. Zwischen Mai und September geht es samstagabends um 22 Uhr dann „sagenhaft" zu in Heppenheim. Mittelalterlich gekleidete Gestalten, mit Petroleumlampe und Leiter treffen auf dem Marktplatz ein und geleiten die versammelten Gäste entlang des Laternenpfades. Erzählt werden Geschichten aus längst vergangener Zeit – Geschichten von Riesinnen, Wichteln und unerlösten Rittern.

Veranstaltungen und Feste

Eröffnet wird das Veranstaltungsjahr in Heppenheim mit dem **Frühjahrsmarkt** am ersten Wochenende im März. Ende Juni findet der **Bergsträßer Weinmarkt** statt, gefolgt von dem Internationalen Straßentheaterfestivals **„Gassensensationen"** Mitte Juli und den **Heppenheimer Festspielen,** die von Juli bis Anfang September präsentiert werden. Am ersten Augustwochenende wird die **Kirchweih** gefeiert. Abgerundet wird das Programm durch regelmäßig stattfindende Veranstaltungen des Kultur-Forums.

Höchst im Odenwald

(Odenwaldkreis)

Im nördlichen Odenwald im Mümlingtal liegt die Gemeinde Höchst im Odenwald. Neben der Kerngemeinde Höchst gehören die Ortsteile Annelsbach, Dusenbach, Forstel, Hassenroth, Hetschbach, Hummetroth, Mümling-Grumbach und Pfirschbach dazu. In Höchst mit seinen neun Ortsteilen leben etwa 10 000 Menschen. Erstmals urkundlich erwähnt wurde die Gemeinde im Jahr 1156.

Gemeinde Höchst i. Odw.
Der Gemeindevorstand
Montmelianer Platz 4
64739 Höchst i. Odw.
☏ 06163/708-0
Fax 06163/708-32
www.hoechst-i-odw.de
✉ info@hoechst-i-odw.de

Sehenswertes

▸ Ehemaliges Nonnenkloster
Das mittlerweile als Tagungshaus der Evangelischen Kirche in Hessen und Nassau

Blick auf den Montmelianer Platz in Höchst.

genutzte fuldische Augustinerinnenkloster ist eine Anlage, die etwa aus dem Jahr 1200 stammt. Die zur Anlage gehörenden Gebäude, wie das Hospital, die Kirche, die Klosterküche, das Konventsgebäude und das Refektorium, sind überwiegend bis heute erhalten. Eine Besonderheit stellt der neu geschaffene Vaterunser-Meditationsweg mit seinen hölzernen Skulpturen dar, welche die jeweilige Gebetsbitte künstlerisch illustrieren und zum Nachdenken einladen.
Adresse: Kirchberg 3, 64739 Höchst i. Odw., ☏ 06163/93300

▸ Altarstein

Der im keltisch-römischen Stil gehaltene Altarstein kann in der Bergkirche in Mümling-Grumbach bewundert werden. Auffällig ist bei der Bergkirche der unverhältnismäßig große Kirchturm. Grund ist, dass der Turm über 100 Jahre älter ist als die Kirche. Im 14. Jahrhundert wurde ein kleiner gotischer Anbau hinzugefügt. Der Innenraum der Kirche ist eher klein. Überreste von Figurenbemalungen im Chorraum, der durch Restaurierung wieder freigelegte Taufstein sowie der in der Nordwand eingelassene „Matronenstein" – hier sind drei sitzende weibliche Göttinnen dargestellt – sind die Schmuckstücke der Kirche. Nur einmal im Monat wird ein Gottesdienst abgehalten, denn das Wahrzeichen Mümling-Grumbachs ist durch seine vielen Treppenstufen nicht ganz einfach zu erreichen. Die Kirche ist für Besucher jederzeit geöffnet.
Adresse: Friedhofsweg, Ortsdurchfahrt Mümling-Grumbach, direkt an der Bundesstraße 45

Museen

▸ Freilichtmuseum „Römische Villa Haselburg"

Die römische Ausgrabungsstätte Villa Haselburg ist die größte Zivilanlage, die bisher in Hessen entdeckt wurde. Das Hauptgebäude war mit verglasten Fenstern ausgestattet, die Wandbemalungen sehr aufwendig ge-

Die Grundmauern der Römischen Villa Haselburg.

staltet. Einige der Räume hatten Fußbodenheizung. Ein großzügiger Badetrakt schloss sich an das Hauptgebäude an. Das Jupiterheiligtum mit originalem Aufstellungsort der Jupitergigantensäule kann ebenfalls besichtigt werden.
Das neu errichtete Informationszentrum informiert über die römische Zivilisation und Lebensart im ländlichen antiken Siedlungsraum.
Adresse: Nahe Hummetroth, an der Landesstraße 3106 hinter Brensbach, **Öffnungszeiten:** Samstag- und Sonntagnachmittag oder nach telefonischer Vereinbarung ☎ 06163/912051 oder ☎ 0171/2647988 oder ☎ 0174/1061930, ganzjährige Führungen, **Information:** Fremdenverkehrsamt Montmelianer Platz 4, 64739 Höchst i. Odw., ☎ 06163/708-23

▸ Freibad
Im Höchster Freibad gibt es ein Sport- und Sprungbecken, ein Schwimmbecken mit einer 75 m langen Großwasserrutsche und natürlich einen Bereich für Kinder mit zwei Becken, die durch eine Wasserrutsche verbunden sind.
Adresse: Jahnstraße, 64739 Höchst i. Odw., ☎ 06163/2540, **Öffnungszeiten:** Mai–September: täglich 9–20 Uhr

Badespaß für alle gibt's im Freibad Höchst.

Freizeit und Natur

▸ Obrunnschlucht
Für Naturliebhaber ist die Obrunnschlucht zwischen Höchst und Rimhorn ein beliebtes Ziel. Ein Wanderweg führt über zahlreiche kleine Holzbrücken durch die etwa drei km lange Schlucht. Hier sind verschiedene Modelle von Schlössern, Mühlen und Burgen sowie Skulpturen von Märchen und Sagenhelden zu besichtigen.
Information: Kostenlose Führungen nach telefonischer Vereinbarung ☎ 06163/4326

▸ Wandern und Radfahren
Viele gut ausgebaute Radwander- und Wanderwege laden ein, die Umgebung um Höchst zu erkunden. Höchst liegt im nördlichen Teil des Geo-Naturparks Bergstraße-Odenwald.

Veranstaltungen und Feste

Der Mai steht jedes Jahr im Zeichen des vier Tage dauernden **Apfelblütenfests** im Ortskern mit der Wahl der Apfelblütenkönigin. Im Juni lädt der Haselburgverein zum großen **Römerfest** auf der Haselburg ein. Die Odenwälder Kartoffelwochen im September beginnen mit dem traditionellen **Kartoffelmarkt.** Der Markt dauert zwei Tage und erstreckt sich über den Montmelianer Platz im Ortskern und das Bürgerhaus. Ein Muss für Kulturfreunde ist die alljährliche Premierenaufführung der Theatergruppe TEGS im November.
Information: Fremdenverkehrsamt Montmelianer Platz 4, 64739 Höchst i. Odw., ☎ 06163/708-23

Hofheim

B2

(Main-Taunus-Kreis)

In Hofheim mit seinen Stadtteilen Diedenbergen, Langenhain, Lorsbach, Marxheim, Wallau und Wildsachsen leben etwa 40 000 Menschen. Erstmals urkundlich erwähnt wurde Hofheim unter dem Namen Hoveheim im Jahr 1263.

Magistrat der Stadt Hofheim am Taunus
Chinonplatz 2
65719 Hofheim am Taunus
06192/202-0
06192/7654
www.hofheim.de

Sehenswertes

▸ Diedenbergen
Die evangelische Kirche mitten im Ort wurde von 1754–1756 erbaut. Besonders sehenswert ist die Rokoko-Orgel des Orgelbauers Johann Conrad Bürgy. Das Haus des blinden Zeitungssängers Philipp Keim kann in der Philipp-Keim-Straße 7 bewundert werden. Der Sänger zog mit Drehorgel und Frau durch das Nassauer Land und gab die Neuigkeiten in Liedern zum Besten. Durch den städtischen Weinberg am Wickerer Berg führt ein Weinlehrpfad, der über die Arbeit der Winzer informiert.

▸ Marxheim
Interessant für Besucher ist die kleine restaurierte Fachwerkkapelle in der unteren Schulstraße. Die „Pieta" – ein steinernes Bild aus rotem und gelbem Sandstein – steht in der oberen Schulstraße.

▸ Ringwall Kapellenberg
Der Ringwall erhielt seinen Namen durch eine in der Nähe der Bergspitze stehende Kapelle aus dem 17. Jahrhundert. Hier wird seit Jahren eine Ringwallanlage aus der Jungsteinzeit ausgegraben.

▸ Sternwarte Hofheim
Ein Erlebnis der besonderen Art: Planeten, Monde und ferne Galaxien beobachten – das ist in der Hofheimer Sternwarte möglich.
Adresse: Ahornstraße 11, 65719 Hofheim,
Öffnungszeiten: bei gutem Wetter jeden Samstag nach Einbruch der Dunkelheit,
Information: 06192/6363,
www.sternwarte-hofheim.de

Die evangelische Kirche Diedenbergen.

Museen

▸ Stadtmuseum
Das Hofheimer Museum zeigt die Dauerausstellungen „Das Blaue Haus und sein Künstlerkreis", „Die Römer in Hofheim", „Stadtge-

schichte und Geschichte der Lederindustrie". Jedes Jahr gibt es mehrere Sonderausstellungen.

Blick ins Stadtmuseum.

Adresse: Burgstraße 11, 65719 Hofheim, ☏ 06192/909305, **Öffnungszeiten:** Dienstag 10–13 Uhr, Mittwoch–Freitag 14–17 Uhr, Samstag und Sonntag 11–18 Uhr

Freizeit und Natur

▸ Rhein-Main-Therme
Für alle, die Spaß haben, aber auch entspannen wollen, ist die Rhein-Main-Therme in Hofheim genau richtig. Hier können sie schwimmen und den ausgedehnten Wellnessbereich genießen. Und einen tollen Blick auf die Frankfurter Skyline gibt's obendrein!
Adresse: Niederhofheimer Straße 67, 65719 Hofheim, ☏ 06192/977790

▸ Soccer-Park Taunus Hills
Fußballfans aufgepasst: Im Soccer-Park Taunus Hills haben Jung und Alt Gelegenheit, bei jedem Wetter das runde Leder zu treten.
Adresse: Lorsbacher Straße 58, 65719 Hofheim, ☏ 06192/0519440

▸ Golfen
Die Golfanlage Hof Hausen vor der Sonne im Vordertaunus bietet Anfängern und Fortgeschrittenen verschiedene Plätze, um ihr Können zu testen. Gastspieler sind willkommen.
Adresse: Reifenberger Straße, 65719 Hofheim, ☏ 06192/209900

▸ Spaziergänge und Wanderwege
Ein besonders hoher Waldanteil sowie die Lage inmitten des Rhein-Main-Gebiets machen Hofheim am Taunus einmalig. Ein dichtes Netz gut markierter Wanderwege bietet die Möglichkeit, anspruchsvolle Touren oder kleinere Spaziergänge zu unternehmen.

▸ Stadtführungen
Wer mehr über Hofheim erfahren möchte, ist mit den angebotenen Stadtführungen bestens bedient. Verschiedene Themenfüh-

In der Rhein-Main-Therme haben Wasserratten mächtig Spaß.

rungen bringen den Touristen die Stadt bis ins letzte Detail nahe.
Information: Magistrat, 06192/2020

Veranstaltungen und Feste

Jedes Jahr am Dienstag nach Pfingsten lockt das **Stadtfest Wäldchestag** viele Besucher. Im Mai/Juni werden die **Internationalen Musiktage Hessen Main-Taunus Hofheim** veranstaltet. Im Sommer ist die Innenstadt Hofheims Veranstaltungsort für den **Kreisstadtsommer,** das **Sommerscheinfestival** und den **Kreisstadtlauf.** Im Oktober – genauer gesagt nach dem Gallustag – feiern viele beim **Hofheimer Gallusmarkt.** Der Krammarkt wird jedes Jahr veranstaltet.

Hünstetten

B2

(Rheingau-Taunus-Kreis)

Hünstetten ist eine Gemeinde im Taunus im Regierungsbezirk Darmstadt. Etwa 10 300 Einwohner leben in den Ortsteilen Beuerbach, Görsroth, Kesselbach, Ketternschwalbach, Limbach, Oberlibbach, Strinz-Trinitatis, Wallbach und Wallrabenstein. Die Gemeinde Hünstetten entstand 1972 aus dem Zusammenschluss der Gemeinden Beuerbach, Kesselbach, Ketternschwalbach, Limbach, Strinz-Trinitatis und Wallbach. Archäologische Funde belegen, dass der Beuerbacher Raum schon zur Steinzeit besiedelt gewesen war.

Gemeinde Hünstetten
Im Lagersboden 5
65510 Hünstetten-Wallbach
06126/9955-0
06126/9955-40
www.gemeinde-huenstetten.de
rathaus@gemeinde-huenstetten.de

Sehenswertes

▸ Sakralbauten

In den Ortsteilen Ketternschwalbach und Görsroth befinden sich zwei Kirchen, die für Freunde sakraler Baukunst, aber auch für alle an der Geschichte interessierten Besucher interessant sind. Die Evangelische Kirche Görsroth in der Hessenstraße 36 war 1872 erbaut worden und steht unter Denkmalschutz. Die kleinere Evangelische Kirche in Ketternschwalbach war 1483 errichtet worden.
Information: www.gemeinde-huenstetten.de

Die Kirche in Görsroth mutet im Winter besonders heimelig an.

▸ Burg Wallrabenstein

Diese Burgruine wurde um 1390 von Graf von Walram IV. von Nassau-Idstein gebaut. Während des 30-jährigen Kriegs war das Bauwerk zum Teil zerstört worden. Heute befindet sich die Burg im Privateigentum.

Freizeit und Natur

▸ Radfahren/Wandern
In und um die Gemeinde Hünstetten können Wanderer, Spaziergänger und Radfahrer diverse Strecken erkunden und damit die Landschaft kennenlernen.
Information: 🌐 www.gemeinde-huen-stetten.de

▸ Grillen
In den Ortsteilen Wallrabenstein, Wallbach, Strinz-Trinitatis, Limbach, Ketternschwalbach, Oberlibbach und Görsroth gibt es jeweils einen Grillplatz, der zum gemütlichen Beisammensein einlädt.
Information: 🌐 www.gemeinde-huen-stetten.de

Veranstaltungen und Feste

In Hünstetten finden viele kleinere Feste statt. Höhepunkte sind dabei die **Abbuter Kerb** in Wallrabenstein, die Anfang Oktober gefeiert wird. Ebenfalls im Oktober findet die **Görsrother Kerb** in der Dorfschenke statt. Die **Beuerbacher Kerb** ist dann im November dran.
Information: 🌐 www.gemeinde-huen-stetten.de

Die Burgruine Wallrabenstein.

Idstein

B2

(Rheingau-Taunus-Kreis)

Idstein mit seinen 11 Stadtteilen und 26 000 Einwohnern liegt an der Deutschen Fachwerkstraße und gehört zum Rheingau-Taunus-Kreis. Die Stadt wurde 1102 erstmals urkundlich erwähnt und erhielt 1287 die Stadtrechte.

Magistrat der Stadt Idstein
König-Adolf-Platz 2
65510 Idstein
☎ 06126/78-0
🌐 www.idstein.de
✉ info@idstein.de

Sehenswertes

In der Altstadt Idsteins befinden sich viele sehr gut erhaltene Fachwerkhäuser, die heute unter Denkmalschutz stehen. Der kompakte Altstadtkern zieht sich vom Burgbereich mit Schloss, Hexenturm und Kanzleitor über den König-Adolf-Platz mit Rathaus, Killingerhaus und Schiefem Haus bis zum Höerhof in die Obergasse hinauf.

▸ Unionskirche
Man darf sich von dem einfachen äußerlichen Erscheinungsbild der Unionskirche nicht täuschen lassen, denn im Inneren erwartet den Besucher eine äußerst prunkvolle Ausstattung. Schon im 14. Jahrhundert stand an dieser Stelle eine Stiftskirche, die mehrfach umgeformt wurde. Die jüngste Umgestaltung wurde im 17. Jahrhundert unter dem Nassauer Grafen Johannes vorgenommen. Außergewöhnlich ist nicht nur die Ausstattung der Kirche mit Lahnmarmor. Insbesondere die 38 großen Ölgemälde an der Decke des Hauptschiffs sind in dieser Form einzigartig. Ihren Namen erhielt die Kirche

1917 – als Erinnerung an die Union der nassauischen Lutheraner und Reformierten hundert Jahre zuvor.
Adresse: Martin-Luther-Straße 1, 65510 Idstein

Die Unionskirche von Innen.

▸ Katholische Pfarrkirche St. Martin

Als sich nach dem Zweiten Weltkrieg die katholische Gemeinde durch den Zuwachs vieler Vertriebener stark vergrößerte, wurde die 1888 erbaute Magdalenenkirche abgerissen und an ihrer Stelle 1965 eine neue Kirche gebaut, die dem Heiligen Martin geweiht ist. Die Mauern der vom Architekten Johannes Krahn entworfenen Basilika bestehen aus Naturstein.
Adresse: Wiesbadener Straße 21, 65510 Idstein

▸ Residenzschloss

Das Renaissanceschloss wurde ab 1613 unter Graf Ludwig von Nassau Saarbrücken an der Stelle der alten Burg erbaut. Fertiggestellt wurde das Schloss nach dem 30-jährigen Krieg unter Graf Johannes, dem Begründer der jüngeren Idsteiner Grafenlinie. Er legte zudem den schmuckvollen Schlossgarten an. Das Schloss wird heute als Gymnasium genutzt, kann aber im Rahmen von Führungen besichtigt werden.
Adresse: Schlossgasse 22, 65510 Idstein

▸ Burg und Hexenturm

Der Hexenturm ist das älteste Gebäude Idsteins und stammt aus der Zeit um 1170. Der Bergfried – ein Wach- und Fluchtturm – ist mehr als 40 Meter hoch und hat, bei nur zwölf Metern Durchmesser, über drei Meter dicke Mauern. Die in den Jahren 1676/77 wegen Hexerei angeklagten Frauen und Männer waren dort nicht eingekerkert. Eine Gedenktafel am Turm erinnert jedoch an diese Menschen. Die noch vorhandenen Gebäude im Burgbereich mit dem stattlichen Kanzleitor und Verwaltungsbauten entstanden ab 1497.

Blick auf das Idsteiner Schloss mit Schlossgarten.

Blick zum Hexenturm.

Museen

▸ Stadtmuseum
In der denkmalgeschützten Altstadt beeindruckt insbesondere das am aufwendigsten verzierte Fachwerkhaus, das Killingerhaus. Es beherbergt heute die Tourist-Information, die Mobilitäts-Information und das Stadtmuseum, in dem liebevoll arrangierte Exponate aus der über 900-jährigen Geschichte Idsteins mit Schwerpunkt Volkskunde, Stadt- und Schulgeschichte sowie bürgerliches und bäuerliches Leben des 18. und 19. Jahrhunderts zu sehen sind.
Adresse: König-Adolf-Platz, 65510 Idstein, ✆ 06126/78620, **Öffnungszeiten:** Dienstag–Mittwoch 8–12 und 14–17 Uhr, Donnerstag–Freitag 8–12 und 14–18 Uhr, Samstag 11–16 Uhr, Sonn- und Feiertag 14–17 Uhr, Eintritt frei

▸ Höerhof
Der Höerhof wurde 1620 vom Bauschreiber des Idsteiner Schlosses, Henrich Heer, gebaut. Von 1911–1955 lebte und wirkte der Maler Ernst Toepfer hier. Der Höerhof gilt heute als eines der prächtigsten Fachwerkgebäude von Idstein.

▸ Gerberhaus
Das am Löhrplatz stehende Gerberhaus (1816), ein ehemaliger Trockenspeicher, zeugt von der früher in Idstein ansässigen Lederindustrie. Heute steht das Gebäude für Kleinkunstveranstaltungen und Ausstellungen zur Verfügung

▸ Limes
Südlich von Idstein überquerte einst der Limes die Höhen und Täler des Taunus in Ost-West-Richtung. Von der römischen Vergangenheit zeugt heute ein rekonstruierter Wachturm unweit von Idstein in Richtung Niedernhausen nahe bei Idstein-Dasbach.

Freizeit und Natur

▸ Tournesol-Erlebnisbad Idstein
Badevergnügen, Saunalandschaft, Wellness Spa und Fitnessräume laden zu Aktivität

Direkt am Markt befindet sich das Gerberhaus.

und Entspannung unter dem Kuppeldach des Bades ein, welches sich bei warmen Temperaturen zum großen Outdoorbereich mit Liegewiese hin öffnet.
Adresse: Weldertstraße 7, 65510 Idstein, 06126/7505770

Stadtführungen
Von März bis Oktober werden samstags, sonntags und an Feiertagen Stadtführungen unter anderem zu den Themen „Altstadtgeschichte(n)", „Idstein einmal anders", „Fachwerk in Idstein", „Idstein – einfach weiblich", „Die Gartenweiber" und Schlossführungen angeboten. Diese Führungen sind jederzeit buchbar.
Informationen: Tourist-Information Idstein, Killingerhaus, König-Adolf-Platz, 65510 Idstein, 06126/78620, tourist-info@idstein.de

Golfpark Idstein
Hier darf jeder mal den Schläger schwingen. Diese wunderschön in der Natur gelegene 36-Loch-Golfparkanlage ist der Treffpunkt für alle Liebhaber des Golfsports.
Adresse: Am Nassen Berg, 65510 Idstein-Wörsdorf, 06126/79322-0, suedkurs@golfpark-idstein.de, nordkurs@golfpark-idstein.de

Hochseilgarten Idstein
Ein Erlebnis der besonderen Art erwartet den Besucher im Idsteiner Klettergarten. Hier können Gruppen in der Natur in bis zu zwölf Metern Höhe klettern.
Adresse: Michael Kaiser, Friedensstraße 62, 65510 Idstein, 0172/5186364

Radfahren/Wandern
Ein gut ausgebautes Wander- und Radwegenetz von mehr als 40 km führt durch und um Idstein, z. B. der über 40 km lange Radweg Ems- und Wörsbachtal.
Information: Tourist-Info Idstein, Killingerhaus, König-Adolf-Platz, 65510 Idstein, 06126/78620, tourist-info@idstein.de

Veranstaltungen und Feste

Der **Hexenmarkt** mit Darstellung des mittelalterlichen Handwerks und einem bunten Unterhaltungsprogramm im Schlossbereich findet alle zwei Jahre Ende März/Anfang April statt. Das **Monkey-Jump-Festival** mit Bands in verschiedenen Restaurants und Kneipen folgt im März, das **Weinfest** zu Himmelfahrt, das **Idstein JazzFestival** mit sechs Open-Air-Bühnen und rund 50 Bands an einem Wochenende im Juni. Außerdem kann man zahlreiche anspruchsvolle Konzerte in der Unionskirche und in der St. Martinskirche erleben, beim **Römerfest** im August mitmachen, den **Alteburger Markt** als riesiger Kram- und Viehmarkt mit Volksfestcharakter im August besuchen sowie den **Herbstmarkt** im Oktober und den **Weihnachtsmarkt** am ersten Dezemberwochenende erleben.

Kelkheim

B2

(Main-Taunus-Kreis)

Die Stadt Kelkheim mit ihren etwa 28 000 Einwohnern erhielt am 1. April 1938 die Stadtrechte. Kelkheim liegt am Südhang des Taunus und besteht aus den Stadtteilen Kelkheim-Mitte, Hornau, Münster, Fischbach, Rupperthain und Eppenhain.

Stadt Kelkheim
Gagernring 6
65779 Kelkheim (Taunus)
06195/8030
www.kelkheim.de
rathaus@kelkheim.de

Sehenswertes

▸ Kloster Kelkheim
Das Kelkheimer Kloster mit seinem markanten Kirchturm beherrscht die Landschaft als Wahrzeichen. Die Klosterkirche wurde 1908/09 erbaut. Die Prunkstücke der Kirche sind die farbenprächtigen Glasmalereien der Fenster. Ein Besuch lohnt sich vor allem während der Weihnachtszeit. Die Krippe der Klosterkirche ist weithin bekannt.
Adresse: Mainblick 51, 65779 Kelkheim

Das Kloster in Kelkheim.

▸ Rettershof
Umgeben von Wald, Wiesen und Feldern liegt der Rettershof, der 1146 als Prämonstratenserkloster gegründet wurde, nahe Kelkheim-Fischbach in der Talaue des Retterser Baches. Das kulturhistorisch bedeutende Ensemble ist im Eigentum der Stadt Kelkheim und besteht heute aus drei Gebäudekomplexen, dem Hofgut mit Pferdepension, Reitschule und Reithalle, dem Schloss im Tudor-Stil, das heute als Hotel genutzt wird, und der Landgaststätte „Zum fröhlichen Landmann".
Information: 🌐 www.rettershof-kelkheim.de

▸ Altes Rathaus Münster
Der wohl bekannteste Fachwerkbau in Kelkheim ist das ehemalige Rat- und Schulhaus im Stadtteil Münster. Das markante Gebäude mit charaktervollem Fachwerk über steinernem Untergeschoss und einem Satteldach mit tief herabgezogenem Krüppelwalm wurde 1789 erbaut. In seiner unmittelbaren Nachbarschaft steht die katholische Pfarrkirche St. Dionysius aus dem Jahr 1811.
Adresse: Frankfurter Straße 153, 65779 Kelkheim, 🌐 www.rathaus-muenster.com

Nicht nur für Reiter interessant: der Rettershof.

Museen

▸ Museum Kelkheim
Hier wird neben der Ortsgeschichte die über 150-jährige Möbeltradition der Stadt dargestellt. In einer alten Schreinerwerkstatt führt man Handwerkstechniken der damaligen Zeit vor. Auch alte Möbel aus Kelkheimer Herstellung von Arm und Reich sind ausgestellt. Personen in historischen Kostümen führen die Touristen durch das Leben im 19. und 20. Jahrhundert.
Adresse: Frankfurter Straße 21, 65779 Kelkheim, 06195/803850, www.museum-kelkheim.de,
Öffnungszeiten: Mittwoch 15–17 Uhr und Sonntag 15–18 Uhr

Blick in das Kelkheimer Museum.

▸ Privates Paläontologisches Museum
Das Fischbacher Fossilienmuseum beherbergt eine der größten privaten paläontologischen Fischsammlungen. Präsentiert werden versteinerte Fische aus allen Erdzeitaltern. Die ältesten Exponate stammen aus dem Silur, die jüngsten aus der Erdneuzeit, dem Pliozän. Hinzu kommen Ammoniten und Amphibien und als besondere Attraktion: Saurier. Die zahlreichen Exponate wurden in 30-jähriger Sammlungstätigkeit unter Federführung von Klaus-Dieter Weiß zusammengetragen.
Kontakt: Arbeitsgruppe Palaeo-Geo e. V., Klaus-Dieter Weiß, Kelkheimer Straße 54, 65779 Kelkheim (Taunus), www.palaeo-geo-ev.de. Besichtigungen und Führungen für Kinder und Erwachsene nach Vereinbarung 06195/63340, Eintritt: frei

▸ technikum29
In diesem privat geführten Museum gibt es viele Ausstellungsstücke rund ums Thema Computer, Kommunikationstechnik und Rechner zu sehen. Durch seine Vielfalt an Exponaten ist das Museum für alle Fans der digitalen Kultur ein Erlebnis.
Information: H. Müller, Am Flachsland 29, 65779 Kelkheim, 06195/2170, www.technikum29.de

Freizeit und Natur

▸ Radfahren/Wandern
Der Gimbacher Hof, der Rettershof mit seinen zahlreichen Wanderwegen und der Atzelberg sind beliebte Ausflugsziele für Wanderer, Radfahrer und Spaziergänger.

▸ Naturerlebnispfad Sindlinger Wiesen
Alle an der Natur interessierten Menschen, insbesondere Ornithologen und solche, die es werden wollen, sollten den Naturerlebnispfad Sindlinger Wiesen besuchen. Die verschiedenen Sehenswürdigkeiten der Natur werden am Wegrand auf Informationstafeln erläutert. Teil des Erlebnispfads ist der im Taunus entspringende Liederbach, der bei Höchst in den Main mündet. Der Liederbach war und ist die Lebensgrundlage für alle in seiner Nähe wohnenden Menschen.

Veranstaltungen und Feste

Der **Stadtmarkt** im Frühjahr hat schon Volksfestcharakter, ebenso wie das **Erntedankfest** auf dem Rettershof und die Konzerte und Theateraufführungen im Rahmen des **„Kultursommers“** bieten immer wieder Höhepunkte. Ob Konzerte des Kammerorchesters, der Gesangvereine, der Blasorchester oder der festliche Herbstball – es ist für jeden Geschmack etwas dabei. Hinzu kommen die Traditionsfeste wie die **Kerben** in Münster und Fischbach, das **Dallesfest,** das **Hanseklingerfest,** das **Atzelbergfest, „Hornau feiert“** und das **Ruppscher Wäldchesfest.** Weit über die Grenzen Kelkheims hinaus bekannt ist der jährliche **Rosenmontagszug** in Fischbach. In der Adventszeit locken die **Weihnachtsmärkte** in Fischbach, Kelkheim-Mitte und Münster Besucherinnen und Besucher an.

Kelsterbach

BC2

(Groß-Gerau)

Kelsterbach liegt im Kreis Groß-Gerau am südwestlichen Rand von Frankfurt am Main, westlich vom Frankfurter Stadtwald. Als „Gelsterbach“ wurde der Ort erstmals im Lorscher Kodex um 850 nach Christus erwähnt. Heute beheimatet Kelsterbach etwa 13 400 Menschen.

Der Magistrat der Stadt Kelsterbach
Mörfelder Straße 33
65451 Kelsterbach
0 61 07/773 402
www.kelsterbach.de
oeffentlichkeitsarbeit@kelsterbach.de

Das Mainufer in Kelsterbach ist ein romantischer Ort.

Sehenswertes

▸ Mönchhofkapelle
Zwischen Kelsterbach und Raunheim liegt die schlicht gehaltene Mönchhofkapelle. Sie ist im Barockstil erbaut und mit Schieferplatten gedeckt. Im Inneren der Kapelle wurden während Sanierungsarbeiten im Jahr 2008 Wandmalereien entdeckt, nämlich elf Weihekreuze. Die Kapelle befindet sich am linken Mainufer, etwa zweieinhalb Kilometer nordöstlich von Raunheim.

▸ Fachwerkarchitektur
Im Kelsterbacher Unterdorf und um den historischen Marktplatz der Stadt findet man viele wunderschöne Fachwerkhäuser.

Museen

▸ Stadtmuseum Kelsterbach
Viele Bilder und Ausstellungsstücke im Museum zeigen die Entwicklung Kelsterbachs von einem einzigen Landgut zur Stadt. Ein Exponat von ganz besonderer Bedeutung ist ein Frauenschädel, der 32 000 Jahre alt sein soll. Der alte Teil Kelsterbachs wird anhand eines Modells gezeigt. Fundstücke von der Bronze- bis zur Neuzeit, die im Main gefunden wurden, sind ebenso zu bewundern wie präparierte Fische.
Adresse: Marktstraße 11, Alter Marktplatz, 65451 Kelsterbach, ☏ 06107/62637
Öffnungszeiten: Mittwoch 17–19 Uhr, Sonntag 14–17 Uhr, während der Ferien geschlossen

Freizeit und Natur

▸ Sport- und Wellnessbad
Ein Bad der besonderen Art erwartet den Besucher in Kelsterbach. Durch das bewegliche Dach können Jung und Alt im Sommer die Atmosphäre eines Freibads genießen. Verschiedene Schwimmbecken und Saunen laden zum Schwimmen und Entspannen ein. Kinder können sich im Wasserspielpark vergnügen. Das chlorfreie Wasser ist besonders hautfreundlich.
Adresse: Kirschenallee 52–54, 65451 Kelsterbach, ☏ 06107/3089-0, ✉ info@sport-und-wellnessbad-kelsterbach.de

▸ Wandern/Spazierengehen
In und um Kelsterbach bieten sich viele Möglichkeiten zum Wandern und für Spaziergänge. Die Regionalparkroute führt vom Südpark zu einer ehemaligen Kiesgrube, dem Staudenweiher. Eine schöne Aussicht ist vom Aussichtspavillon garantiert. Die Mainanlage lädt mit ihren vielen Ruhebänken zum Entspannen ein. Blumenfreunde werden von den wunderschönen Blumenbeeten begeistert sein. Ein weitläufiges Terrain für ausgedehnte Spaziergänge ist das Mainufer und der Frankfurter Stadtwald.

▸ Radfahren
Um Kelsterbach gibt es viele Waldgebiete, die von Radwanderwegen durchzogen sind. Das ebene Gebiet lädt zu einer Tour mit dem Fahrrad ein. Wer gern größere Strecken zurücklegen möchte, ist mit dem Radfernwanderweg Mainufer-Weg, der auch durch Kelsterbach führt, gut beraten. Die gesamte Strecke führt von Mainz nach Aschaffenburg.

Veranstaltungen und Feste

Jeden ersten Sonntag im September wird die in der ganzen Region bekannte und beliebte **Kelsterbacher Kerb** gefeiert. Das traditionelle Fest lockt viele Menschen an. Eine Woche später ist es dann das **Altstadtfest.**

Königstein im Taunus

(Hochtaunuskreis)

Der Heilklimatische Kurort Königstein liegt im waldreichen Gebiet des Taunus nahe Frankfurt. Neben der Kernstadt gibt es noch die drei Stadtteile Mammolshain, Schneidhain und Falkenstein, das ebenfalls das Prädikat „Heilklimatischer Kurort“ trägt. In Königstein und den Stadtteilen leben etwa 16 000 Menschen. Die Stadt wurde 1215 erstmals urkundlich erwähnt und erhielt 1313 die Stadtrechte.

Kur- und Stadtinformation
Hauptstraße 13 a
61462 Königstein im Taunus
06174/202251
www.koenigstein.de
info@koenigstein.de

Sehenswertes

▸ Burgruine Königstein

Sie ist das Wahrzeichen der Stadt Königstein und eine der größten Burgruinen in ganz Deutschland. Sie soll von den Grafen von Nürings gebaut worden sein. Seit Beginn des 14. Jahrhunderts diente die Burg dazu, die wichtige Handelsstraße zwischen Frankfurt und Köln zu schützen. Sie wurde nach der Stauferzeit stark ausgebaut. Der untere Teil des unbewohnten Hauptturms, der sogenannte Bergfried, stammt aus den Anfängen des 14. Jahrhunderts. Er wurde mehrfach erhöht und misst heute 34 Meter.
Adresse: Burgweg, 61462 Königstein

▸ Villa Andreae

Die Villa Andreae prägt das Stadtbild von Königstein. Die Villa steht auf einer Kuppe des Gaisbergs. Sie wurde 1891 für Albert Andreae de Neufville gebaut und steht heute unter Denkmalschutz. Der Park, der das Haus umgibt, wurde vom Gartenarchitekt Heinrich Siesmayer gestaltet.
Adresse: Johann-Hinrich-Wichern-Straße 4, 61462 Königstein

▸ Burgruine Falkenstein

Die Burgruine steht im Heilklimatischen Kurort Falkenstein und ist weithin sichtbar. Der Besucher wird mit einem tollen Blick auf Frankfurt und die Rhein-Main-Ebene belohnt. Die Anlage ist in vielen Teilen gut erhalten. Der Bergfried – der Hauptturm – ist 18 Meter hoch und entstand im 14. Jahrhundert.

Die Burg Königstein ist ein imposantes Bauwerk.

Die Burgruine Falkenstein liegt auf einer Anhöhe.

Adresse: Aufgang bei der katholischen Kirche, Reichenbachweg, 61462 Königstein

▸ Luxemburgisches Schloss
Im Luxemburgischen Schloss, in dem einst der Herzog Adolph von Nassau residierte, ist heute das Amtsgericht untergebracht.
Adresse: Gerichtstraße 2, 61462 Königstein

▸ Ursulinenkloster St. Angela
Das 1884 gegründete Kloster ist der Heiligen Angela geweiht und befindet sich am Fuß des Burgbergs. Angegliedert an die alten Klostergebäude ist seit 1909 eine Mädchenschule.
Adresse: Gerichtstraße 19, 61462 Königstein

Museen

▸ Burg- und Stadtmuseum
Das Museum ist im Alten Rathaus untergebracht. Viele Ausstellungsstücke, z. B.

Das Luxemburgische Schloss.

Bilder, Gebrauchsgegenstände, Geldmünzen, Werkzeuge, Funde und vieles andere, dokumentieren die Geschichte Königsteins bis heute. Eines der besonderen Exponate des Museums ist ein Modell der Burg Königstein, das die Festung im Originalzustand von 1790 darstellt.

Adresse: Kugelherrnstraße 1, 61462 Königstein, **Information:** Klaus Bordes, 06173/4503, **Öffnungszeiten:** Freitag und Samstag 14–17.30 Uhr und nach Vereinbarung

Freizeit und Natur

Kurpark
Im Kurpark lassen sich bei ausgedehnten Spaziergängen der alte Baumbestand und zahlreiche Pflanzenarten erkunden. Das Kurhaus Königstein dient unter anderem als Standesamt und bietet Brautpaaren ein stilvolles Ambiente.
Adresse: Hauptstraße 21, 61462 Königstein

Kurbad
Als Kurort hat Königstein ein besonderes Kurbad zu bieten: Der Besucher kann hier nicht nur im Innen- und Außenbereich in angenehm warmen Wasser schwimmen, sondern auch den einzigartigen Blick auf Burgruine und Taunus vom Panorama-Außenbecken aus genießen. Ein Whirlpool, Nackenduschen, Massagedüsen, ein Strömungskanal und Sprudelliegen runden das Programm ab.
Adresse: Le-Cannet-Rocheville-Straße 1, 61462 Königstein, 06174/92650, www.kurbad-koenigstein.de, **Öffnungszeiten:** Montag 16–21.30 Uhr, Dienstag und Mittwoch 9–21.30 Uhr, Donnerstag–Samstag 9–23 Uhr, Sonn- und Feiertage 9–20 Uhr

Veranstaltungen und Feste

Die Burgruine Königstein ist Kulisse für das jährlich stattfindende **Burgfest.** Weitere Veranstaltungen auf der Burg sind das **Ritterturnier** im Mai sowie Kino- und Musikveranstaltungen, z. B. die **Konzertreihe „Rock auf der Burg“.** Die Burgruine Königstein wird für Aufführungen von Konzerten, Opern und Musicals genutzt. Jedes Jahr an Pfingsten findet das **Bahnhofsfest Königstein** statt. Hier können die Besucher mit Dampfzügen fahren. Am zweiten Adventswochenende lädt der zauberhafte **Weihnachtsmarkt** im Kurpark und der malerischen Altstadt zu einem Besuch ein.

Kronberg im Taunus

(Hochtaunuskreis)

Kronberg im Taunus, ein staatlich anerkannter Luftkurort, verdankt seinen Namen der Burg Kronberg, die von 1220–1704 Stammsitz der Ritter von Kronberg gewesen war. Heute besteht die Stadt mit fast 17 500 Einwohnern aus den drei Stadtteilen Kronberg, Schönberg und Oberhöchstadt. Kronberg wurde erstmals 1230 urkundlich erwähnt.

Stadtverwaltung Kronberg im Taunus
Katharinenstraße 7
61476 Kronberg im Taunus
06173/703-0
www.kronberg.de
stadt@kronberg.de

Sehenswertes

Burg Kronberg
Durch die Lage der Burg auf einem Felsplateau am Südhang des Taunus hat der Besucher einen wunderschönen Blick auf die Rhein-Main-Ebene. Der Fünfeckturm ist der älteste Teil der Oberburg (erbaut etwa ab 1170). In der Burg befinden sich das Burgmuseum (Mittelburg) und das Museum Stadtgeschichte (Eingangshäuser). Heute ist hier ein Museum untergebracht. Außerdem ist die Burg Austragungsort zahlreicher kultureller Veranstaltungen.

Streitkirche
Die Streitkirche entstand im 18. Jahrhundert und zeugt vom misslungenen Versuch, die Kronberger Bürgerschaft unter kurmainzischer Landesherrschaft wieder zum katholischen Glauben zurückzuführen.
Adresse: Tanzhausstraße, 61476 Kronberg

Museen

Museum Kronberger Malerkolonie
Das Museum der Kronberger Malerkolonie in der Streitkirche zeigt Werke von Mitgliedern der Kronberger Künstlerkolonie, die ab Mitte des 19. Jahrhunderts bis kurz nach dem Zweiten Weltkrieg bestand. Die Exponate umfassen die Zeit vom Spätbiedermeier bis hin zur impressionistischen Freilichtmalerei. Hier finden auch viele Sonderausstellungen und andere kulturelle Veranstaltungen statt.
Adresse: Tanzhausstraße 1 a, 61476 Kronberg im Taunus, www.kronberger-malerkolonie.com, **Öffnungszeiten:** Mittwoch 15–18 Uhr, Samstag, Sonntag und an Feiertagen 11–18 Uhr

Traumhafter Blick auf die Kronberger Burg.

Kronbergs Stadtbild.

▸ Museum Burg Kronberg
Neben dem Leben der Herren von Kronberg wird die Restaurierung der Burg durch Victoria Kaiserin Friedrich – ihr gehörte die Burg seit 1892 – dokumentiert. Einen eindrucksvollen Einblick in das damalige Leben bietet die gotische Küche aus dem 15. Jahrhundert mit Interieur. Besonders interessant für Kinder ist die nachgebaute Rüstung aus dem 14. Jahrhundert.
Adresse: Schlossstraße 10–12, 61476 Kronberg im Taunus, 🌐 www.burgkronberg.de, **Öffnungszeiten:** Besichtigung des Burgmuseums nur mit Führung möglich, Mittwoch, Donnerstag, Samstag 14, 15 und 16 Uhr, Sonn- und Feiertage jede Stunde von 12–17 Uhr. Oberburg, Außengelände und Museum Stadtgeschichte während der Öffnungszeiten zugänglich

▸ Museum Stadtgeschichte Kronberg
Wie sah es damals in Kronberg aus und wie lebten und arbeiteten die Menschen damals? Antwort auf diese Fragen geben die im Museum ausgestellten Exponate und Dokumente.
Adresse: Schlossstraße 10–12, 61476 Kronberg im Taunus, **Öffnungszeiten:** April–Oktober: Samstag, Sonn- und Feiertage 13–17 Uhr

▸ Fritz-Best-Museum
Die Dokumentation über Leben und Werk des in Kronberg geborenen und ansässigen Künstlers Fritz Best (1894–1980) wird in diesem Museum, seinem ehemaligen Atelierhaus, präsentiert. Dem interessierten Besucher werden Bronzeplastiken, vor allem von Tieren, sowie viele Zeichnungen und Gemälde mit Landschafts-, Blumen- und Tiermotiven gezeigt. Auch den Kronberger Schirnbrunnen schmückt ein Werk des Künstlers.
Adresse: Talweg 41, 61476 Kronberg
Informationen: Hermann zur Strassen, ☏ 06173/5263, **Öffnungszeiten:** jeden ersten und dritten Sonntag im Monat 10–12 Uhr, Mittwoch 16–19 Uhr

▸ Braun-Sammlung
Wer kennt sie nicht – die Elektrogeräte der Firma Braun? Die Braun-Sammlung zeigt die Entwicklung im Bereich Technik und Design sowie Design-Objekte in wechselnden Ausstellungen.
Adresse: Westerbachstraße 23 C, 61476 Kronberg, 🌐 www.braunsammlung.info, **Öffnungszeiten:** Dienstag–Freitag 11–17 Uhr, Samstag, Sonntag 11–18 Uhr und nach Vereinbarung

▸ Schloss Friedrichshof
Das Schloss wurde von 1889 bis 1894 als Witwensitz für Victoria Kaiserin Friedrich im Tudor- und Renaissancestil erbaut. Ihr Name und der Name des Schlosses erinnern an ihren 1888 verstorbenen Ehegatten Kaiser Friedrich III. („99-Tage-Kaiser"). Das Gebäude ist umgeben von einem einzigartige Park, der teilweise Golfplatz und nicht öffentlich zugänglich ist. Seit 1954 besteht hier das Schlosshotel Kronberg mit weltweitem Renommee. Hier finden kulturelle Veranstaltungen sowie, nach Anmeldung, Führungen statt.
Adresse: Schlosshotel Kronberg, Hainstraße 25, 61476 Kronberg, ☏ 06173/70101, 🌐 www.schlosshotel-kronberg.de

Freizeit und Natur

▸ Obstwiesen
Kronberg steht für traditionellen Obstbau. Ausgesuchte Obstwiesen, wie z. B. die Erlebnis-Obstwiese und die Jubiläums-Obstwiese, sind mit Schildern versehen, die viele interessante Informationen zum Thema vermitteln.

‣ Quellenpark Kronthal

Im Tal zwischen Kronberg und Mammolshain liegt der Quellenpark Kronthal mit seinen Mineralquellen, die Heilkräfte besitzen sollen. Die älteste Quelle ist die Theodorusquelle aus dem Jahr 1568. Der Quellenpark ist Teil einer Regionalpark-Route.

‣ Waldschwimmbad

Das Waldschwimmbad ist ein Freibad und wird mit Quellwasser betrieben. Neben einem Schwimmer- und einem Nichtschwimmerbecken mit Rutsche gibt es hier einen Mutter-Kind-Bereich, der mit einem Planschbecken ausgestattet ist. Zum Toben ist der Spielplatz bestens geeignet. Wer ausruhen mag, nutzt die angelegten Liegeterrassen. **Adresse:** Am Waldschwimmbad, 61476 Kronberg, ☏ 06173/996860, **Öffnungszeiten:** Mai–Mitte September: Montag–Freitag 7–20 Uhr, Samstag und Sonntag 8–20 Uhr

‣ Opel-Zoo

Das 1956 von Dr. h.c. Georg von Opel gegründete Freigehege für Tierforschung (heute: Von Opel Hessische Zoostiftung) lockt jedes Jahr bis zu 700 000 Besucher aus der gesamten Bundesrepublik an. Zu dem umfangreichen Tierbestand gehören auch die einzigen Elefanten in ganz Hessen. Nach der neuen Afrika-Savanne wird derzeit eine neue Elefanten-Anlage gebaut. Der Zoo bietet auch ein umfangreiches pädagogisches Angebot für Kinder und Schulklassen sowie Sonderführungen und kulturelle Veranstaltungen. **Adresse:** Königsteiner Straße 35, 61476 Kronberg im Taunus, **Öffnungszeiten:** ganzjährig täglich ab 9 Uhr, Schließung je nach Jahreszeit (bis Einbruch der Dunkelheit); 🌐 www.opelzoo.de.

Veranstaltungen und Feste

Die Straßen in der Altstadt Kronbergs sind Veranstaltungsort für die **Thäler Kerb.** Jedes Jahr im Juli wird das Straßenfest gefeiert. Am zweiten Samstag im August findet in Schönberg das **Brunnenfest** statt. Anfang Oktober wird die **Oberhöchstädter Kerb** veranstaltet, ebenfalls im Oktober auf der Burg Kronberg das **Herbstfrüchtefest.** Verschiedene Märkte vervollständigen das Feierjahr. Alle zwei Jahre an Pfingsten wird der **Mittelalterliche Markt** auf der Burg veranstaltet, am ersten Augustwochenende der **Bilder- und Weinmarkt** und der **Apfelmarkt** im September oder Oktober. In der Adventszeit laden die **Weihnachtsmärkte** in Kronberg und Oberhöchstadt (zweites und drittes Wochenende im Dezember) ein. Auch die Musikfreunde kommen nicht zu kurz, z. B. beim **Cello-Festival** der Kronberg Academy (alle zwei Jahre), den **Cello-Meisterkursen** (im Wechsel mit dem Cello-Festival), der internationalen **Pablo-Casals-Cello-Competition** (alle vier Jahre) und beim **Festival Chamber-Music-connects-the-World,** das Mitte/Ende Juni von der Kronberg Academy organisiert wird.

Lampertheim

(Kreis Bergstraße)

Etwa 31 400 Einwohner leben in Lampertheim und seinen Stadtteilen Hofheim, Hüttenfeld, Neuschloß und Rosengarten. Der Stadtteil Hofheim fand im Codex Edelini des Klosters Weißenburg erstmals 991 Erwähnung.

Magistrat der Stadt Lampertheim
Römerstraße 102
68623 Lampertheim
☏ 06206/9350
🌐 www.lampertheim.de
✉ poststelle@lampertheim.de

Sehenswertes

Die Kirche St. Michael im Barockstil.

Katholische Pfarrkirche St. Michael

In Hofheim steht die wohl schönste im Barockstil erbaute Dorfkirche im südhessischen Raum. Sie wurde von 1747–1749 errichtet. Die Baupläne für die Pfarrkirche stammen vom berühmten Barockbaumeister Balthasar Neumann. In der Mitte der dreiteiligen Westfassade tritt der dreigeschossige Turm hervor, dessen Spitze ein eisengeschmiedetes Kreuz schmückt. Die drei asymmetrischen Kartuschen über dem Hauptportal, eine Bildhauerarbeit aus dem 18. Jahrhundert, stellen Inschrift und Wappen des Kurfürsten und Erzbischofs Franz Georg von Schönborn dar. Im Innenraum sind der Hochaltar und die seitlich stehenden Altäre besonders hervorzuheben. Eine Orgel im Barockstil vervollständigt das Bild. Bis 1963 wurde die katholische Pfarrkirche St. Michael von Gläubigen beider Konfessionen genutzt.

Adresse: Pfarrgasse 2, 68623 Lampertheim-Hofheim

Schloss Rennhof

1853 wurde das Schloss in Hüttenfeld von Baron Rothschild erbaut. Auffällig ist der Turm, der vor dem Mittelbau errichtet wurde und dessen Form sich im oberen Teil verändert und mit einer Aussichtsplattform versehen ist. Vervollständigt wird das Schloss durch den ausladenden und herrlich gestalteten Landschaftspark.

Adresse: Lorscher Straße 1, 68623 Lampertheim-Hüttenfeld

Museen

Heimatmuseum

Heimat des Museums ist ein Bauerngehöft von 1737 im Zentrum des alten Ortskerns von Lampertheim. Dieses Gehöft im Fachwerkstil mit seiner Scheune und dem Stallgebäude wird jeden Besucher begeistern. Es verfügt über ein vollständig erhaltenes Backhaus mit Inventar. Im Haupthaus sind viele historische Funde zu sehen. So z. B. Teile von Tierskeletten aus der Eiszeit – von Wildpferd, Mammut, Bison und vielen anderen Tieren.

Adresse: Römerstraße 21, 68623 Lampertheim, ✆ 06206/910539, **Öffnungszeiten:** am ersten und dritten Sonntag im Monat 10–12.30 Uhr, in der Zeit vom 1. April–30. September zusätzlich an den übrigen Sonntagen nachmittags 14–17 Uhr, Führungen nach Vereinbarung, ✆ 06206/51155

Freizeit und Natur

▸ A. Z. Vogelpark

Der Lampertheimer Vogelpark liegt etwa einen Kilometer von Lampertheim in Richtung Neuschloß und bietet rund 250 Vögeln aus aller Welt ein Zuhause. Hier werden Arten durch gezielte Zucht erhalten und somit aktiv geschützt. Für Familien mit Kindern ist insbesondere der Streichelzoo ein besonderer Anziehungspunkt, der Kinderspielplatz lädt zum Toben ein.

Adresse: In den Böllenruthen 40, 68623 Lampertheim, 06241/80189, www.vogelpark-lampertheim.de

▸ Radfahren

Die Umgebung von Lampertheim ist von einem gut ausgebauten Radwegenetz durchzogen. Zwei der neun hessischen Fernradwege treffen sich in der Gemarkung. Jeder Radler findet hier durch die abwechslungsreiche Landschaft für sich das Richtige.

▸ Naturschutzgebiet Lampertheimer Altrhein

Das Naturschutzgebiet Lampertheimer Altrhein ist das fünftgrößte hessische Naturschutzgebiet und steht seit 1937 unter Naturschutz. Es liegt in der Nähe von Lampertheim im Dreiländereck Hessen/Baden-Württemberg/Rheinland-Pfalz.

▸ Freibad Lampertheim

Im Freibad Lampertheim erwartet die Besucher eine für Badeanstalten eher unkonventionelle Attraktion. Zum Bad gehört ein Badesee, der sozusagen das „Hauptbecken“ darstellt. Außerdem gibt es ein Schwimmer-, ein Nichtschwimmer- und ein Kinderplanschbecken. Am Nichtschwimmerbecken sorgt eine 72 m lange Wasserrutsche nicht nur bei Kindern und Jugendlichen für Badevergnügen pur. Große Liegeflächen laden zum Sonnen und Entspannen ein und locken Wasserratten aus nah und fern.

Adresse: Weidweg 21, 68623 Lampertheim, www.biedensand-baeder.de

▸ Hallenbad Lampertheim

Wenn es draußen kühler wird, ist das Hallenbad genau das Richtige. Es befindet sich gleich beim Freibad und verfügt über ein Schwimmer-, ein Nichtschwimmer und ein Kinderplanschbecken.

Adresse: Rheinstraße 90, 68623 Lampertheim, www.biedensand-baeder.de

▸ Pädagogischer Waldlehrpfad

Der im Stadtwald gelegene Waldlehrpfad lädt mit seinen fast zwanzig verschiedenen Stationen ein, sich über die Natur zu informieren. Außerdem gibt es einen Grillplatz, einen Trimmpfad und ein Spielgelände für Jung und Alt.

Veranstaltungen und Feste

Das **Lampertheimer Spargelfest** findet jährlich im Juni statt. Dieses Volks- und Heimatfest, das in der Fußgängerzone Kaiserstraße, den Nebengassen und rund um die Domkirche gefeiert wird, verbindet lokale Kultur mit Rummelatmosphäre. Auf dem Programm stehen Kunst und Musik, kulinarische Genüsse der Region und ein bunter Krammarkt mit mannigfaltigen Buden. Das Spargelfest wird von Stadt und Gewerbetreibenden gemeinsam organisiert und veranstaltet. Jedes Jahr, eine Woche vor dem Lampertheimer Spargelfest, findet zudem der **Lampertheimer Spargellauf** statt. Das ist ein Volkslauf, der vom örtlichen Turnverein veranstaltet wird. Die **Lampertheimer Kerwe** ist ein traditionelles und außerdem das größte Lampertheimer Fest. Die Kerwe wird jedes Jahr am zweiten Septemberwochenende in der Römerstraße und auf dem Platz der Domkirche mit viel Livemusik, Kirmesbuden, Karussells und regionalen Spezialitäten gefeiert.

Langen (Hss.)

(Landkreis Offenbach)

Bereits 834 fand Langen seine erste urkundliche Erwähnung. Heute leben etwa 36 000 Menschen in der Stadt im Landkreis Offenbach. Hier befindet sich das Ausbildungszentrum des Deutschen Wetterdienstes.

Magistrat der Stadt Langen
Südliche Ringstraße 80
63225 Langen
06103/203-0
www.langen.de
magistrat@langen.de

Sehenswertes

▸ Evangelische Stadtkirche
In der Altstadt von Langen steht die neugotische Evangelische Stadtkirche mit ihrem hohen Turm. Einweihung des Baus, der vom Architekten Johann Christian Horst erbaut wurde, ist 1883 gewesen.
Adresse: Frankfurter Straße 3 a, 63225 Langen, 06103/21147

▸ Jagdschloss Wolfsgarten
Dieses Jagdschloss steht am Stadtrand von Langen und diente früher hauptsächlich dazu, Herrscher mit ihrem Hofstaat während der Jagd zu beherbergen.

Museum

▸ Glasmuseum
Das Glasmuseum in der Neuen Stadthalle versammelt eine umfangreiche Kollektion an Glasgemälden, die sogenannten GlasWerke vom Künstler Johannes Schreiter.
Information: www.neue-stadthalle-langen.de

Freizeit und Natur

▸ Waldsee
Der Langener Waldsee wird als das größte Freizeit- und Erholungszentrum des Rhein-Main-Gebiets bezeichnet. Das Strandbad hat einen 900 Meter langen Sandstrand und ist beliebt bei Jung und Alt. Auch einen FKK-Bereich gibt es hier. Liegewiesen und Campingplatz sorgen dafür, dass sich jedes Jahr eine Menge Gäste einfinden. Es gibt hier auch verschiedene Segelvereine, einen Angelverein und einen Surfclub. Jedes Jahr nimmt die deutsche Ausgabe des weltweit populären Triathlonspektakels Ironman am Langener Waldsee seinen Anfang – und über 15 000 Menschen schauen regelmäßig zu. Entlang des Waldsees tummeln sich Spaziergänger, Wanderer, Jogger, Radfahrer und Reiter. Im Wald trifft man auf Jäger und Naturfreunde.
Adresse: Kleinsee-Schneise, Langen

▸ Freizeit- und Familienbad
Wasserspaß für alle bietet das Freizeit- und Familienbad in Langen. Es ist ausgestattet mit einem Schwimm- und einem Sprungbecken, Nichtschwimmerbereich mit Wildwasserkanal und verschiedenen Rutschen, einem Kinderspielplatz, einem Basketball- und einem Baseballplatz, einem Beachvolleyball-Feld und vielem mehr.
Adresse: Teichstraße 28, 63225 Langen, 06103/903120, www.baeder-langen.de

Veranstaltungen und Feste

Jedes Jahr wird am letzten Wochenende in Juni das **Langener Ebbelwoi-Fest** gefeiert, das jedesmal Zehntausende Besucher anlockt. In der Neuen Stadthalle, die Anlaufpunkt für kulturelle Höhepunkte der Region ist, treten namhafte Künstler aus aller Welt auf, zum Beispiel Musiker, Schauspieler, Literaten und Kleinkünstler. Die **Langener**

Sommerspiele vereinen jährlich Langener Künstler, die auch überregionale Bedeutung erlangt haben, beispielsweise den Gitarristen Harry Hamburger und den Songwriter Markus Striegl. Im Schloss Wolfsgarten findet jährlich am 1. Mai ein ökumenischer Gottesdienst statt. Im Mai oder Juni (meist zu Pfingsten) wird der Park zu Beginn der Rhododendronblüte geöffnet. Im September findet dort dann das **fürstliche Gartenfest** statt. **Information:** www.das-fuerstliche-gartenfest.de.

Langenselbold

D2

(Main-Kinzig-Kreis)

Die Hessentagsstadt 2009 wird von der Gründau durchflossen und liegt am Rande des Kinzigtals. Hier leben etwa 13 500 Menschen. Im Jahr 1108 wurde Selbold erstmals urkundlich als Kloster Selbold erwähnt.

Der Kinzigsee mit Langenselbold im Hintergrund.

Stadtverwaltung
Schlosspark 2
63505 Langenselbold
06184/802-0
www.langenselbold.de
info@langenselbold.de

Sehenswertes

▸ Schlossensemble
Dieses Ensemble besteht aus der evangelischen Kirche – die bemerkenswerteste Sehenswürdigkeit Langenselbolds –, dem Barockschloss Langenselbold und dem Schlosspark. Die evangelische Kirche wurde von 1727–1735 erbaut. Das barocke Langenselbolder Schloss besitzt einen wunderschönen Stucksaal und Fürstengemächer, in denen Empfänge und Konzerte klassischer Musik zelebriert werden und Paare sich trauen lassen können.
Adresse: Schlosspark 1, 63505 Langenselbold

Museen

▸ Heimatmuseum im Langenselbolder Schloss
Das Heimatmuseum zeigt Exponate aus der bewegten Vergangenheit Langenselbolds. Auf etwa 300 Quadratmetern präsentiert das Museum ein Stück lebendiger Regionalhistorie und beeindruckt Gäste mit viel Liebe zum Detail.
Adresse: Schlosspark 1, 63505 Langenselbold

Freizeit und Natur

▸ Schlosspark
Im Sommer dient der wunderschön angelegte Schlosspark als Veranstaltungsort, z. B. für das im Dreijahresturnus stattfindende Stadtfest.

Schön anzusehen: das Schloss im Park Langenselbolds.

▸ Freibad
Durch seine reizvolle Lage am Langenselbolder Schloss ist das beheizte Freibad etwas Besonderes. Für Kinder gibt es eine über 70 Meter lange Riesenrutsche.
Adresse: Schwimmbadstraße 7, 63505 Langenselbold, ☏ 06184/61121

▸ Kinzigsee
Der See mit einem Sandstrand bietet Freizeitvergnügen für jeden. Hier kann man baden, angeln, surfen, Badminton, Volleyball oder Fußball spielen. Es gibt Boulefelder und Ausruhen ist auf der gemütlichen Liegewiese angesagt. Für Urlauber, die im Zelt und Caravan unterkommen, gibt es hier einen Campingplatz, der privat betrieben wird.
Adresse: Am Kinzigsee 1, 63505 Langenselbold

▸ Wandern
Die schönen Wälder von Buchberg, Rödelberg und Weinberg durchstreifen – kein Problem, dank der vielen gut ausgebauten Wanderwege. Bei klarem Wetter kann man vom Aussichtsturm auf dem Buchberg den Vogelsberg, Taunus, Spessart und Odenwald sehen.
Information: Stadtverwaltung Langenselbold, ☏ 06184/802-0

▸ Freizeitangebote für Kinder und Jugendliche
Viele über die ganze Stadt verteilte Bolz- und Spielplätze bieten für Kinder und Jugendliche jede Menge Möglichkeiten, den Tag voller Spaß zu verbringen. Ein umfangreiches Jugendprogramm rundet das Ganze ab.
Information: Stadtverwaltung Langenselbold, ☏ 06184/802-0, ✉ info@langenselbold.de

Veranstaltungen und Feste

Alle drei Jahre findet das **Stadtfest** im Schlosspark direkt vor dem Langenselbolder Schloss statt. Die Klosterberghalle ist Veranstaltungsort für kulturelle Veranstaltungen. Wer sich gern gesund und regional ernährt, der ist beim **Langenselbolder Wochenmarkt** genau richtig. Der bietet wöchentlich regionale Spezialitäten ebenso wie ausgesuchte überregionale Waren an. Ende November feiert Langenselbold seinen liebevoll inszenierten **Weihnachtsmarkt.** Im Herbst und im Winter lockt die Klosterberghalle mit kulturellen Veranstaltungen ein Publikum, das sich für Theater und Kabarett, Jazz, Chorgesang und Klassik sowie bildende und darstellende Kunst interessiert.

Lorsch

(Kreis Bergstraße)

Lorsch beherbergt das einzige UNESCO-Weltkulturerbe Hessens, das mitten in einer Stadt liegt. Es ist seit fast 1250 Jahren Teil des dortigen täglichen Lebens: das Kloster Lorsch. Die Stadt liegt, logistisch und touristisch ausgesprochen reizvoll, an der Bergstraße, dem Odenwald vorgelagert, am Schnittpunkt zweier Metropolregionen. Das moderne Mittelzentrum mit 13 000 Einwohnern hat sich mit seinem Fachwerkzentrum den Charme eines Dorfes bewahrt. 2014 wird Lorsch 1250 Jahre alt. Das karolingische Kloster verlieh Lorsch den Titel „Karolingerstadt“.

Magistrat der Stadt Lorsch
Kaiser-Wilhelm-Platz 1
64653 Lorsch
06251/5967-0
www.lorsch.de
info@lorsch.de

Das Kloster Lorsch in der Ansicht von hinten.

Sehenswertes

Kloster Lorsch

Die 764 gegründete Benediktinerabtei war das Reichskloster Karls des Großen. Dem Märtyrer Nazarius geweiht, prosperierte das Kloster Lorsch rasch: Der Lorscher Codex zählt etwa 4000 Besitzungen zwischen Alpen und Nordsee. Baugeschichte, Grundbesitz und Geisteswissenschaft sind die drei Säulen, auf denen die internationale Bedeutung des UNESCO-Weltkulturerbes heute ruht. Ein karolingisches Freilichtmuseum, in dem geforscht wird, ein archäologischer Wissensspeicher und ein stark verändertes Klostergelände werden die Erlebbarkeit der über 1200 Jahre alten Anlage erheblich steigern.

Adresse: Nibelungenstraße 32, 64653 Lorsch

Stadtkern

Das Lorscher Fachwerkrathaus beherbergt im ersten Stock den Nibelungensaal: Hier sind alle Wände mit Motiven aus der alten Sage bemalt. Ebenfalls aus dem Barock stammt

Der Tabakbrunnen ist eine von Lorschs Sehenswürdigkeiten.

das einzige Patrizierhaus der Stadt, das Palais von Hausen, in dem sich ein Restaurant befindet. Tabakbrunnen, Wolfseiche und die beiden Kirchen erzählen von der Stadtgeschichte.
Information: Tourist Information im Alten Rathaus, Marktplatz 1, 64653 Lorsch, ☏ 06251/175260

Museen

▸ Museumszentrum, Zehntscheune, Freilichtlabor Lauresham

Im Museumszentrum, dem UNESCO-Weltkulturerbe benachbart, gibt es eine umfassende klostergeschichtliche Abteilung. Das Haus beherbergt außerdem das größte Tabakmuseum Deutschlands. Dreihundert Jahre lang lebte Lorsch vom Tabak und dessen Verwertung. Die Ausnahmepflanze prägte mit ihren Wachstumszyklen die gesamte dörfliche Kultur. Ab 2013 wird wieder Tabak abgebaut. Die nebenan gelegene Zehntscheune dient ab 2014 als „Wissensspeicher“: Hier findet man die archäologische Sammlung des Klosters Lorsch. Ab 2014 ist auch das „Archäologische Freilichtlabor Lauresham“ eröffnet, der Nachbau eines karolingischen Herrenhofes. Hier sucht man die offenen Fragen der Wissenschaft durch Empirie zu beantworten: Ackerbau, Viehzucht, Handwerk und soziales Leben werden hier stattfinden und können von Besuchern studiert werden. Außerdem verfügt Lorsch über ein sehr sehenswertes Feuerwehrmuseum.
Adresse & Information: Nibelungenstraße 35, 64653 Lorsch, ☏ 06251/10382-0

Freizeit und Natur

▸ Führungen in Lorsch

Allein das Kloster bietet derzeit vier verschiedene Führungen an. Unter anderem eine kostenlose Baustellenführung. Dazu kann man eine Stadtführung buchen, eine, die sich ausschließlich mit dem Thema Tabak befasst und schließlich verschiedene Workshops.
Information: Tourist Information im Alten Rathaus, Marktplatz 1, 64653 Lorsch, ☏ 06251/175260

▸ Waldschwimmbad

Umsäumt von duftenden Kiefern, ist das auf 23 Grad beheizte Waldschwimmbad von Mai–September geöffnet. Vom Sportschwimmer bis zum Planschbeckenkind findet hier jeder seine Sommeroase.
Adresse: Am Birkengarten, 64653 Lorsch, ☏ 06251/57368

▸ Trimm-Dich-Anlage

Die vier angebotenen Laufstrecken sind farblich gekennzeichnet und mit Hinweisschildern ausgestattet. Die längste Laufstrecke ist 16,5 Kilometer, die kürzeste 4 Kilometer lang. Alle Strecken nehmen ihren Anfang auf dem Parkplatz am Clubhaus des SCO Olympia Lorsch im Birkengarten.

▸ ☺ Abenteuerspielplatz

Unsere großzügige Freizeitanlage Birkengarten lädt Kind und Kegel ein zum Spielen und Toben an tollen Spielgeräten, auf dem Matschplatz oder am kleinen Teich, zu einem zünftigen Tischtennis- oder Schach-Match und vielem mehr.
Adresse: Mannheimer Straße 34–36, 64653 Lorsch

Veranstaltungen und Feste

Traditionelle Feste prägen den Jahreslauf in Lorsch: der **Umzug am Fastnachtsdienstag,** der **Frühlingsmarkt** mit Bienen- und Dichterfest (2. Maiwochenende), der **Weltkulturerbetag** mit Pfingstrosenmarkt (1. Sonntag im Juni), das **Johannisfest** (um den Johannistag/Sommeranfang), die **Kerb** (Kirchweih; 3. Wochenende im September) und der **Weihnachtsmarkt** (1. Advent).

Maintal

C 2

(Main-Kinzig-Kreis)

Maintal liegt zwischen Hanau und Frankfurt. Etwa 38 300 Einwohner leben hier. Maintal besteht aus den Stadtteilen Bischofsheim, Dörnigheim, Hochstadt und Wachenbuchen. Die Stadtverwaltung befindet sich in Hochstadt. Mit einer Gebietsreform wurde Maintal 1974 aus den Gemeinden Bischofsheim, Hochstadt und Wachenbuchen zusammengesetzt.

Magistrat der Stadt Maintal
Klosterhofstraße 4–6
63477 Maintal
06181/400-0
06181/400459
www.maintal.de
info@maintal.de

Sehenswertes

▸ Sakralbauwerke
Wer sich für historische Sakralbaukunst interessiert, der kann die Kirchen in den vier Stadtteilen Bischofsheim, Dörnigheim, Hochstadt und Wachenbuchen besichtigen.
Information: www.maintal-kirche.de

▸ Historische Stadt
Vom Obertor aus genießen Besucher den Blick auf die liebevoll restaurierten Häuser, das Historische Rathaus, die alte Stadtmauer und den Turm der alten Wehrkirche neben dem lang gestreckten gotischen Kirchenschiff.

Museen

▸ Heimatmuseum Maintal
Im Heimatmuseum Maintal gibt es zahlreiche Exponate zur Regionalgeschichte.

Das Rathaus in Maintal.

So sind hier unter anderem eine historische Schusterwerkstatt, eine Apfelwein-Gaststube, ein Handwerker-Zimmer, ein Wäsche- und Schlafzimmer sowie die Dörnigheimer Kirchturmspitze, die auch das Symbol des Museums ist.
Adresse: Hauptstraße 9, 63477 Hochstadt, 06181/46695, **Öffnungszeiten:** jeden ersten Sonntag im Monat 15–18 Uhr und zu besonderen Anlässen

Freizeit und Natur

▸ Kunst und Kultur
In Maintal gibt es über hundert Kulturvereine und -gruppen, die sich mit den diversen Ausdrucksformen der Kunst befassen. Daraus resultieren zahlreiche Kulturveranstaltungen, die jährlich im Stadtgebiet veranstaltet werden, z. B. Lesungen, Konzerte, Aufführungen und Vorträge.
Information: www.maintal.de

▸ Freizeit vollendet genießen
Zwischen Bergen-Enkheim, Bischofsheim und Hochstadt erstreckt sich mit den Maintaler Streuobstwiesen ein wahres Naturparadies, das nur darauf wartet, erkundet zu werden. Vom Berger Hang mit seinen Apfelbäumen und der grünen Wiesenlandschaft aus geht man auf kleinen Wegen und

genießt einen faszinierenden Blick auf die Frankfurter Skyline. Hier gedeihen neben Birnen, Pflaumen und Quitten auch die verschiedensten Apfelsorten – allen voran der kleine Speierling – für das hessische „Nationalgetränk“, den „Ebbelwei“.

▸ Radfahren
Wer lieber mit dem Drahtesel die Frankfurter Umgebung erkunden mag, für den ist Maintal ebenfalls ein lohnendes Ziel. Ein gut ausgebauter Radweg führt am südlichen Mainufer entlang über Frankfurt und Offenbach nach Rumpenheim oder Mühlheim, wo das Übersetzen mit der Mainfähre ein besonderes Erlebnis verspricht. Und auch von der Mainkur aus kann man auf der Nordseite des Flusses Maintal mit dem Rad direkt ansteuern.

▸ Schiffstour
Für alle, die Lust auf eine sommerliche Schiffstour auf dem Main haben, ist in Dörnigheim auch eine Zu- und Ausstiegsmöglichkeit für Schiffe vorhanden. Sie wird übrigens mit den Schiffen der Primus-Linie von der Frankfurter Anlegestelle am Eisernen Steg aus direkt angefahren.
Information: 🌐 www.maintal.de

▸ Maintalbad
Schwimmer- und Nichtschwimmerbereiche, Breitwasser-Rutsche, Sonnenterrasse, Kleinkinder-Spielbereich, Beachvolleyball-Feld – hier bleiben keine Wünsche offen. Außerhalb der Sommersaison steht das Hallenbad zur Verfügung.
Adresse: Edmund-Seng-Straße 19, 63477 Maintal, ✆ 06181/9458680, 🌐 www.maintalbad.de, **Öffnungszeiten:** Montag 8–19 Uhr, Dienstag 8–20 Uhr, Mittwoch–Freitag 8–21 Uhr, Samstag 8–20 Uhr, Sonntag 8–19 Uhr; während der Wintersaison gelten andere Öffnungszeiten

▸ Sport
Sportbegeisterten Besuchern bietet sich in Maintal eine Vielzahl von Angeboten. Ob Turnen, Segeln, Squash oder Badminton. Ob Radfahren, Schach spielen, Laufen oder Yoga – hier ist der Sportfan genau richtig.

Veranstaltungen und Feste

In Maintal finden das Jahr über diverse Wochenmärkte, Straßenfeste und Flohmärkte statt. Dabei haben die Straßenfeste im Lauf der Zeit die ehemaligen Jahrmärkte abgelöst. Die **Hochstädter Kerb** Ende Juli und die **Wachenbuchener Kerb** Mitte August sind zwei der Höhepunkte des Festjahres.
Information: 🌐 www.maintal.de

Michelstadt

(Odenwaldkreis)

Michelstadt im Odenwald beheimatet etwa 16 500 Einwohner und ist die größte Stadt im Odenwaldkreis. Zusammen mit Erbach bildet Michelstadt das Zentrum des Kreises. Michelstadt wurde erstmals 741 urkundlich erwähnt.

Gästeinformation Michelstadt
Marktplatz 1
64720 Michelstadt
✆ 06061/9794110
🌐 www.michelstadt.de
✉ touristik@michelstadt.de

Sehenswertes

Das Bild der Michelstädter Altstadt wird durch eine Vielzahl imposanter Fachwerkhäuser sowie zahlreiche Gässchen mit individuellen Läden geprägt.

▸ Historisches Rathaus

Das sogar auf einer Briefmarke verewigte historische Rathaus wurde 1484 im spätgotischen Stil errichtet. Mehrfache bauliche Veränderungen wurden vorgenommen, so war es von 1743–1902 mit Schindeln verkleidet. Das Erdgeschoss diente bei schlechtem Wetter als Markthalle – eine in der Halle angebrachte Waage zeugt hiervon noch heute. Außerdem wurde es als Gerichtssaal genutzt. Besonderer Hingucker ist die Tuchpresse mit Spindel aus dem 16. Jahrhundert. Heute wird das historische Rathaus vornehmlich für Hochzeiten und kulturelle Veranstaltungen wie der Michelstädter Musiknacht genutzt.
Adresse: Marktplatz, 64720 Michelstadt

▸ Kellerei (Burg Michelstadt)

Die Kellerei ist eine fränkische frühmittelalterliche Burganlage, die Teil des Stadtmauerrings um Michelstadt ist. Die Kellerei ging aus einem Meierhaus hervor, das im 14. Jahrhundert zerstört worden war. Die Burg entstand Mitte des 14. Jahrhunderts und wurde im 16. und 17. Jahrhundert erweitert und überbaut. Der Turm, der sich im Westen befindet – der sogenannte Diebsturm – wurde wohl als Gefängnis genutzt. Der Kellereihof bildet seit jeher den Rahmen für zahlreiche Veranstaltungen.

▸ Stadtkirche

Die Stadtkirche im spätgotischen Stil wurde im Jahr 1490 geweiht. Im Jahre 1530 wurde sie nach über 30-jähriger Bauzeit des Turms fertiggestellt. Sie ist der Nachfolger eines Gotteshauses aus karolingischer Zeit. In ihrem Glockenturm war bis in die Siebzigerjahre eine der wertvollsten Bibliotheken Deutschlands untergebracht – eine tausend Bände umfassende Sammlung des Domherren Nicolaus Matz aus Speyer, der ursprünglich aus Michelstadt kam. Diese befindet sich nun in den Räumen der Löwenhofreite am Marktplatz.

Das Rathaus mit seinen Fachwerktürmchen.

Adresse: Obere Pfarrgasse 22, 64720 Michelstadt, **Öffnungszeiten:** Montag–Mittwoch sowie Donnerstag und Freitag 9–12 Uhr

▸ Einhards-Basilika

Die Einhards-Basilika wurde im 9. Jahrhundert erbaut. Sie wurde im Stadtteil Steinbach errichtet und ist bis heute größtenteils gut erhalten. Wer sich für karolingische Baukunst interessiert, der sollte diese Basilika besuchen. Das Bauwerk ist für Gäste zugänglich.
Adresse: Einhards-Basilika, 64720 Michelstadt-Steinbach, **Öffnungszeiten:** April–Oktober: Dienstag–Sonntag 10–17 Uhr, Februar, März, Anfang November: Dienstag–Sonntag 11–15 Uhr, montags geschlossen. Mitte November-Ende Januar: Winterpause

Schloss der Grafen zu Erbach-Fürstenau
Das Schloss im Stadtteil Steinbach ist durch seine verschiedenen baulichen Stile für Historikfreunde ein Muss. Neben kurmainzischen und gotischen Elementen bietet das prachtvolle Bauwerk auch Bereiche im Renaissance- und Barockstil. Der klassizistische Wohnbereich „Neues Palais" und die Orangerie aus dem Spätbarock runden das Bild ab. Das Schloss Fürstenau ist bewohnt und kann nur von außen besichtigt werden.

Römerbad und Kastelle
Reste eines römischen Kastells, das etwa 60 Jahre lang von römischen Truppen benutzt wurde, kann man nahe des Stadtteils Würzberg auf einer Waldlichtung besichtigen. Ein Erdwall gibt mit seinen Umrissen Auskunft über den damaligen Bau. Das in Teilen restaurierte kleine Römerbad gleich nebenan diente den etwa 120 Männern der römischen Armee. Weitere ehemalige Kastelle befinden sich in der Nähe Vielbrunns – nämlich Überreste des Limes-Kastells Hainhaus – und in der Nähe des Eulbacher Parks. Dieser ist durch das Jagdschloss und einen angeschlossenen Wildpark eine weitere Sehenswürdigkeit. Im Stadtteil Vielbrunn gibt es einen eindrucksvollen und historisch korrekten Nachbau eines römischen Limesturmes zu bewundern.

Die Einhards-Basilika in Steinbach.

Museen

Odenwald- und Spielzeug-Museum
Viele interessante und geschichtsträchtige Exponate aus dem Odenwaldkreis sind hier zusammengetragen, z. B. Haus- und Haushaltsgeräte, Möbel und Einrichtungsgegenstände, ganze Zimmerausstattungen, Waffen, Handwerksgeräte und Töpferware, aber auch Kinderspielzeug, Puppen, Puppenstuben- und küchen, Kaufläden sowie künstlerische Arbeiten aus der Region. Das Museum befindet sich inmitten der Kellerei, einem großen und eindrucksvollem Fachwerkkomplex.
Adresse: Speicherbau der Kellerei, 64720 Michelstadt, ☏ 06061/706139, **Öffnungszeiten:** März–September: Freitag 12–17 Uhr, Samstag und Sonntag 10–17 Uhr

Museumsmühle Michelstadt
Diese erstmals im Jahr 1426 urkundlich erwähnte Mühle wurde in das Wirtschaftsgebäude der Kellerei eingebaut. Nach einem Standortwechsel nach Michelstadt 1981, wurde die Getreidemühle wieder aufgebaut. Heute ist sie Museumsmühle.
Information: Förderkreis Historisches Michelstadt e. V., ☏ 06061/72255, **Öffnungszeiten:** auf Anfrage, ☏ 0160/94483951

▸ Landesrabbiner Dr. I. E. Lichtigfeld-Museum, in der Synagoge
Im Museum sind Ausstellungsstücke versammelt, die das jüdische Leben Michelstadts dokumentieren. Die Sammlung, die Archivalien, Kultgegenstände und fotografische Reproduktionen umfasst, erinnert an die frühere jüdische Kultur und das ehemalige jüdische Leben in Michelstadt.
Adresse: Mauerstraße 19, 64720 Michelstadt, **Öffnungszeiten:** ab zwei Wochen vor Ostern–Ende Oktober: Sonntag–Donnerstag 14.30–17.30 Uhr, von November–März geschlossen.

▸ Motorrad-Museum
In diesem Museum dreht sich alles um motorisierte Zweiräder aus den Zwanziger- und Dreißigerjahren, außerdem stehen Motorroller, Motorräder und Mopeds aus den Fünfzigerjahren im Mittelpunkt des Interesses.
Adresse: Hans-Jürgen Künzel, Walther-Rathenau-Allee 17, 64720 Michelstadt, ✆ 06061/73707, **Öffnungszeiten:** Samstag und Sonntag 10–18 Uhr, in der Saison von Mai–Ende September: täglich 10–18 Uhr, außerhalb dieser Zeiten nach telefonischer Vereinbarung

Freizeit und Natur

▸ Stadtführungen
In Michelstadt werden verschiedene Stadtführungen angeboten, z. B. eine kulinarische Stadtführung und ein Altstadtrundgang. Ein Erlebnis der ganz besonderen Art ist die Nachtführung. Jeden Sonntag findet ab 14 Uhr eine offene Stadtführung statt.
Information: Gäste-Information, Marktplatz 1, 64720 Michelstadt, ✆ 06061/97941-10, ✉ touristik@michelstadt.de

▸ Waldschwimmbad
Das zwischen Waldrand und Stadion gelegene, beheizte Bad besticht durch seine beschauliche Atmosphäre. Es gibt ein Sportbecken und ein Nichtschwimmerbecken mit Rutsche. Zur sportlichen Betätigung steht außerdem ein Beachvolleyball-Feld zur Verfügung.
Adresse: Am Stadion, 64720 Michelstadt, **Öffnungszeiten:** Juni–August: täglich 9–20 Uhr, Frühschwimmen: Montag–Freitag 6–8 Uhr

▸ Sport und Bewegung
Zum Schwimmen laden das Waldschwimmbad und das Hallenbad ein. Für Golfer gilt es in Vielbrunn die Golfplätze zu bespielen. Radfahrer können in den Sommermonaten E-Bikes in der Gästeinformation leihen, und für mutige Kletterer bietet der Abenteuerwald Erlebnis-Kletterpark Würzberg eine Herausforderung.

Veranstaltungen und Feste

Besondere Tradition hat das 10-tägige Volksfest **„Bienenmarkt“.** Es findet jedes Jahr an Pfingsten statt. Die Altstadt ist Veranstaltungsort für die ebenfalls jährlich, kurz vor den Sommerferien stattfindende **Musiknacht.** Das **Kirchweihfest** mit Weinbrunnenfest wird jedes Jahr am ersten Wochenende im Oktober gefeiert. Dann wird aus den geschmückten Brunnen der Altstadt ausgeschenkt. Der **Erbach-Michelstädter Theatersommer** lockt seit 2003 jährlich mit seinen Freilichtfestspielen, die im Wechsel mit der Stadt Erbach veranstaltet werden. Am ersten Samstag im November wird in Michelstädter Kneipen und Restaurants Live-Musik geboten. Viele Bands treten beim sogenannten **„Nightgroove“** auf. Start für den **Michelstädter Weihnachtsmarkt** ist der Freitag vor dem ersten Advent. Mittwoch–Freitag ist er von 14–20 Uhr, Samstag und Sonntag von 11–20 Uhr geöffnet.

Mörfelden-Walldorf

C 3

(Kreis Groß-Gerau)

Etwa 32 500 Einwohner leben in der Doppelstadt Mörfelden-Walldorf. Die aus den beiden Stadtteilen Mörfelden und Walldorf bestehende Stadt liegt im Rhein-Main-Gebiet im Dreieck zwischen den Großstädten Frankfurt, Darmstadt und Wiesbaden. Mörfelden wurden zwischen 830 und 850 erstmals urkundlich erwähnt. Seit 1968 besitzt die Gemeinde das Stadtrecht. Walldorf wurde 1699 als Waldenserkolonie am Gundhof gegründet und ab 1715 Walldorf genannt. Stadtrechte besitzt Walldorf seit 1962.

Stadt Mörfelden-Walldorf
Westendstraße 8
64546 Mörfelden-Walldorf
06105/938-0
www.moerfelden-walldorf.de
info@moerfelden-walldorf.de

Sehenswertes

▸ Kunst im öffentlichen Raum

Überall zieren Skulpturen des Walldorfer Bildhauers Otto Schaffner und anderer bekannter Künstler das Stadtbild. Keine andere deutsche Stadt hat dermaßen viel Kunst ins Stadtbild integriert wie Mörfelden-Walldorf. Grund für diese Vielfalt ist der jedes Jahr stattfindende Wettbewerb Skulpturen im Park, den Otto Schaffner 1998 initiiert hat.

Museen

▸ Museum Mörfelden

Im Museum Mörfelden spielt die Geschichte des Alltages eine große Rolle. In allen Abteilungen wird versucht, möglichst anschaulich zu zeigen, wie die sogenannten „kleinen Leute" früher lebten, wie sie sich kleideten, wie sie wohnten und arbeiteten und welches gesellschaftspolitische Engagement sie entwickelten. Dargestellt wird die Entwicklung Mörfeldens vom südhessischen Bauerndorf im 18. Jahrhundert über die Handwerksberufe bis hin zur typischen Arbeiterwohngemeinde des Rhein-Main-Gebietes mit einer außergewöhnlich politischen Arbeitertradition. Ausführlich thematisiert wird auch die NS-Zeit und die Rolle der Frau im Arbeiterhaushalt. In der Ton-Dia-Schau „Wir Frauen – wir haben alles selbst gemacht!" erzählen Zeitzeuginnen ihre eigene Geschichte. Im Museumsgarten haben Schulklassen die Möglichkeit, eigene Beete anzulegen. Dort steht zudem die Schule von 1763.
Adresse: In der Hofreite „Goldener Apfel", Langgasse 45, 64546 Mörfelden-Walldorf, 06105/320141, **Öffnungszeiten:** Sonntag 14–17 Uhr, Dienstag 16–18 Uhr, Gruppenführungen nach Anmeldung möglich

Skulpturen wie diese im Bürgerpark schmücken die ganze Stadt.

Das Heimatmuseum in der Langgasse.

▸ Museum Walldorf

Die Flucht der Waldenser, die Problematik der Neugründung einer eigenen „Colonie" in der damaligen Landgrafschaft Hessen-Darmstadt, die besonderen Rechte („Privilegien"), die sie erhielten um ihre Existenz zu sichern, die internationale Unterstützung, die sie erfuhren – all dies sind Themen, derer sich das Walldorfer Museum intensiv annimmt. In moderner Präsentation unter Einbeziehung von Videofilmen zum religions- und kulturgeschichtlichen Kontext wird hier Geschichte anschaulich vermittelt. Museumsarbeit findet in Walldorf auch „draußen" statt: In den Straßen, am Bahnhof oder auch vor traditionsreichen Gaststätten stehen größere Ausstellungselemente. Sie erzählen jeweils die Geschichte, die einst gerade an diesem Ort geschah.

Adresse: Langstraße 96, 64546 Walldorf, ✆ 06105/320141, **Öffnungszeiten:** Sonntag 15–18 Uhr, Donnerstag 15–18 Uhr, Gruppenführungen nach Anmeldung

Freizeit und Natur

▸ Wandern

Mehr als die Hälfte des Stadtgebietes in Mörfelden-Walldorf ist Wald, den man auf 170 km Rad- und Wanderwegen zu allen Jahreszeiten erleben kann. Seen, Obstwiesen und Felder lockern das Landschaftsbild auf. Der Mönchbruch ist das zweitgrößte Naturschutzgebiet in Hessen und erstreckt sich von Mörfelden-Walldorf bis nach Rüsselsheim. Rad und Wanderwege durchkreuzen das 900 ha große Gebiet, das aus Wald und Feuchtwiesen besteht. Inmitten des Gebiets steht das Jagdschloss Mönchbruch, welches schon um 1730 im Fachwerkstil errichtet wurde und unter Denkmalschutz steht. Am Forsthaus an den Eichen beginnt der sehenswerte Naturlehr- und Erlebnispfad der Stadt Mörfelden-Walldorf. Der als Naturlehr- und Erlebnispfad ausgelegte Weg hat eine Länge von etwa zwei Kilometern.

▸ Badesee Walldorf

Der Badesee ist vor allem für Erwachsene geeignet, da er kaum Flachwasserzonen hat und dadurch nur für geübte Schwimmer geeignet ist. Im Sommer wird er von Rettungsschwimmern bewacht. Angler können am Westufer ihrem Hobby frönen, denn dieser Bereich ist für Schwimmer gesperrt. Obwohl der See verkehrstechnisch gut angebunden ist – er liegt im Autobahndreieck A4/B44 und der Aschaffenburger Straße – wirkt er durch seine Lage im Wald sehr idyllisch.

Adresse: Aschaffenburger Straße, 64546 Walldorf, ✆ 069/693269, **Öffnungszeiten:** täglich 9–21 Uhr

Waldschwimmbad

Hier ist Spaß für die ganze Familie garantiert: Zur Ausstattung des Waldschwimmbads in Mörfelden gehören ein Schwimmerbecken, ein Nichtschwimmerbecken und ein Dreimeter-Sprungturm. Außerhalb des beheizten Wassers stehen ein Bolzplatz, eine Rutsche, ein Spielplatz und ein Matschspielplatz zum Toben zur Verfügung.
Adresse: Am Schwimmbad, 64546 Mörfelden-Walldorf, ✆ 06105/25747, **Öffnungszeiten:** Mai–September: Montag 12–20 Uhr, Dienstag–Freitag 9–21 Uhr, Samstag 8–21 Uhr, Sonn- und Feiertage 8–20 Uhr

Veranstaltungen und Feste

Das **Gickelfest** des Walldorfer Geflügelzuchtvereins findet jährlich statt. Im Zweijahresrhythmus wechseln sich das **Bürgerfest** in Walldorf und das **Altstadtfest** in Mörfelden ab. Das **Weinfest** des Sportvereins Rot-Weiß Walldorf im Juli blickt auf eine lange Tradition zurück, das **städtische Jazzfest** alle zwei Jahre in der Hofreite des Goldenen Apfels Ende Juni ebenso. Auch das **Hüttenfest** des Angelsportvereins am Schnepfensee Anfang August erfreut sich großer Beliebtheit. Nicht zu vergessen sind die beiden Kerbe-Wochenenden in „Merfelle" und Walldorf am dritten bzw. vierten Oktoberwochenende. Den Abschluss bilden die **Rocknacht „Mö-Wa-rockt"** im November und der **Lichter- und Weihnachtsmarkt** im Dezember.

Das Wahrzeichen Mühlheims ist der Wasserturm.

Mühlheim a. M.

C2

(Landkreis Offenbach)

In Mühlheim am Main mit den Stadtteilen Mühlheim, Dietesheim und Lämmerspiel leben etwa 28 000 Menschen. Ihren Namen verdankt die Stadt den Mühlen, die früher an den Ufern der Bieber und Rodau das Landschaftsbild bereicherten.

Stadt Mühlheim am Main
Friedensstraße 20
63165 Mühlheim am Main
✆ 06108/601-0
www.muehlheim.de
pressestelle@stadt-muehlheim.de

Sehenswertes

Mühlheimer Wasserturm

Der Wasserturm, das Wahrzeichen der Stadt, ist über 40 m hoch und befindet sich in der Nähe des Bahnhofs von Mühlheim. Er ist noch immer in Betrieb. Das historische Bauwerk wurde 1912–1914 errichtet und wird nach wie vor zur Versorgung mit Trinkwasser genutzt.

Museen

Stadtmuseum

Das im ehemaligen Rathaus untergebrachte Stadtmuseum zeigt auf etwa 100 Quadratmetern Fundstücke aus der regionalen Vor- und Frühgeschichte, beginnend mit den Neandertalern bis hin zum

Römischen Imperium. Besondere Beachtung findet hier die ältere und jüngere Bronzezeit. Wechselnde Ausstellungen von bekannten Kunstschaffenden und Ausstellungen des Geschichtsvereins Mühlheim erweitern das Angebot des Hauses. Im Obergeschoss werden authentische Alltagsdarstellungen der Siedlungsgeschichte gezeigt. Diese Dauerausstellung wurde von der vor- und frühgeschichtlichen Arbeitsgruppe Mühlheim initiiert und realisiert und umfasst im Rahmen der nachempfundenen Szenen historische Fundstücke von der Altsteinzeit bis zur Eisenzeit aus dem Mühlheimer Raum. Im Frühjahr und Herbst präsentiert der Geschichtsverein jeweils wechselnde Ausstellungen von Exponaten, die von Mühlheimer Bürgern zur Verfügung gestellt werden und das damalige Leben dokumentieren.
Adresse: Marktstraße 2, 63165 Mühlheim am Main, ✆ 06108/601601
Öffnungszeiten: Sonntag 10–16 Uhr und Mittwoch 16–19 Uhr, Sonderführungen für Gruppen sind möglich, während der Ferienzeiten geschlossen.

▸ Auto- und Möbel-Museum

Eine besondere Attraktion ist das private Auto- & Möbel-Museum mit den vielen Renaissance- und Barockschränken des Mühlheimer Unternehmers Hans-Günter Zach. Das Museum beherbergt eine bedeutende private Sammlung von historischen Oldtimern und Antiquitäten.
Information: Hans-Günter Zach, ✆ 06108/73282

Freizeit und Natur

▸ Naturschutzgebiet Dietesheimer Steinbrüche

Im Stadtteil Dietesheim liegt das wunderschöne Naturschutzgebiet, das seit seiner Renaturierung für Spaziergänger zugänglich ist. Die einstigen Basaltsteinbrüche mit ihren Abhängen am Vogelsberger See locken den Besucher für einige Stunden in ein Paradies schier unberührter Natur.

Das Stadtmuseum im ehemaligen Rathaus.

▸ Radfahren/Wandern

Egal, ob man zu Fuß unterwegs ist oder per Rad die Gegend um Mühlheim erkunden will – jeder findet hier das Passende. An der Bieber und der Rodau führt der Mühlenwanderweg entlang, die Radfahrer können zwischen dem Main-Radweg und der Hessischen Apfelwein- und Obstwiesenroute wählen.

▸ Hallenbad

Im Hallenbad in der Ringstraße bietet sich für alle Wasserratten die Möglichkeit zum Planschen, Schwimmen und Entspannen.
Adresse: Ringstraße 1, 63165 Mühlheim, ✆ 06108/600560

▸ Freibad

Wer lieber unter freiem Himmel schwimmt, der ist im Mühlheimer Stadtteil Lämmerspiel bestens aufgehoben. Denn dort befindet sich das Freibad, das von Mitte Mai–Mitte September bei schönem Wetter täglich geöffnet ist.

Adresse: Am Schwimmbad 6, 63165 Mühlheim-Lämmerspiel, 06108/6347
Öffnungszeiten: täglich 9–19 Uhr

Veranstaltungen und Feste

Die über 160 Vereine, Organisationen und Gruppen sorgen mit Ihren Veranstaltungen für ein buntes Jahresprogramm. Darüber hinaus gibt es neben den wöchentlich stattfindenden Veranstaltungen in der Kulturhalle Schanz, „Gerdas kleine Weltbühne", ein Travestieshow-Theater, das sich großer Beliebtheit erfreut. Für größere kulturelle Veranstaltungen steht die Willy-Brandt-Halle zur Verfügung. Dort finden regelmäßig Musik- und Theaterveranstaltungen statt.

Neu-Anspach

B1

(Hochtaunuskreis)

Unter dem Namen Langenansbach wurde Neu-Anspach erstmals im Jahr 1274 erwähnt. Gelegen in einer weiträumigen Senke des Usatals, finden etwa 15 000 Einwohner hier ihr Zuhause.

Stadt Neu-Anspach
Bahnhofstraße 26–28
61267 Neu-Anspach
06081/1025-0
www.neu-anspach.de
info@neu-anspach.de

Neu-Anspach, von oben betrachtet.

Sehenswertes

▸ Römerkastell Saalburg
Die Saalburg – ein Römer- oder Kohortenkastell des römischen Limes in der Gemarkung von Bad Homburg v. d. H. – ist seit 2005 UNESCO-Weltkulturerbe und das wohl bekannteste, am besten erforschte und annähernd vollständig nachempfundene Kastell des Obergarmisch-Raetischen Limes.

Museen

▸ Freilichtmuseum Hessenpark
Das Freilichtmuseum Hessenpark ist ein weithin bekannter Anlaufpunkt Neu-Anspachs. Seit 1974 können hier Exponate aus vier Jahrhunderten unter freiem Himmel und in imposant inszenierter Weise erlebt werden: Über hundert geschichtliche Gebäude sowie viele Ausstellungsstücke aus der Landwirtschaft und dem früheren Handwerk warten im Hessenpark auf die Besucher. Durch Führungen, Vorführungen und viele Ausstellungen erfahren Geschichtsfreunde viel über das damalige Leben und die kulturhistorische Entwicklung des Landes.
Adresse: Laubweg 5, 61267 Neu-Anspach, ☏ 06081/588-0, 🌐 www.hessenpark.de

Freizeit und Natur

▸ Waldschwimmbad Anspach
Das Freibad ist schön und idyllisch im Wald oberhalb von Anspach gelegen. Mit seinem Planschbecken mit Springwasserfontäne und einem Spielplatz ist das Bad für Familien mit Kindern ein besonderes Erlebnis. Ein Schwimmerbecken mit Sprungbrettern und die Tischtennisplatte sprechen gerade sportlich Ambitionierte an. Die schattigen Plätze auf der Liegewiese laden erschöpfte Besucher zum Entspannen ein.

▸ ☺ Naturerlebnispfad für Kinder
In Hausen-Arnsbach ist der Naturerlebnispfad zu finden. Die einzelnen Stationen befassen sich mit diversen Themen, z. B. Fledermäusen, Bachläufen, dem Mischwald, Tierspuren und anderem. Zum Pfad gehört eine Wildschweinroute.
Adresse: Naturpark Hochtaunus, Neu-Anspach-Hausen-Arnsbach

▸ Motorradstraße
Neu-Anspach ist ein perfekter Einstiegspunkt, die Motorradstraße Deutschland zu erleben. Diese rund 10 000 km lange Motorrad-Erlebnisroute führt durch die gesamte Republik, unter anderem durch den Taunus, den Rheingau und den Vogelsberg.

Veranstaltungen

Das legendäre Neu-Anspacher **Seifenkistenrennen** wird seit 2002 veranstaltet und in Rod am Berg ausgetragen. Das Rennen ist weithin bekannt und zieht jedes Jahr viele Besucher von nah und fern an.

Neu-Isenburg

(Landkreis Offenbach)

Im Landkreis Offenbach liegt Neu-Isenburg, auch Hugenottenstadt genannt, mit seiner Kernstadt, dem eingemeindeten Ortsteil Zeppelinheim und der Satellitenstadt Gravenbruch. Insgesamt leben hier etwa 35 500 Menschen. Gegründet wurde Neu-Isenburg, wie der Beiname bereits vermuten lässt, von den Hugenotten. Und zwar im Jahr 1699.

Stadtverwaltung
Hugenottenallee 53
63263 Neu-Isenburg
06102/241-0
www.neu-isenburg.de
info@stadt-neu-isenburg.de

Sehenswertes

Stadtgalerie

Die Stadtgalerie im ersten und zweiten Stock des Alten Stadthauses stellt Arbeiten bekannter Künstler mit besonderem Schwerpunkt auf der aktuellen bildenden Kunst aus. Kunstinteressierte erwartet hier ein Spektrum künstlerischen Schaffens, das sich auf irritierende Perspektiven, das Unerwartete, außergewöhnliche Sichtweisen, Farbenräusche und minimalistischen Ausdruck fokussiert.
Adresse: Schulgasse 1, 63263 Neu-Isenburg, www.hugenottenhalle/stadtgalerie.de, **Öffnungszeiten:** Montag–Freitag 7–18 Uhr, Samstag 9–12 Uhr

Museen

Stadtmuseum Haus zum Löwen

Das Museum der Stadt befindet sich im „Haus zum Löwen", einem ehemaligen Gasthaus aus der Hugenottenzeit. Im Keller des Hauses ist das Steingewölbe von 1702 erhalten, und der urige Raum bietet heute eine wunderbare Kulisse für das Kabarett-Theater „Spottlicht". Auch unter dem Dach im „Haus zum Löwen" wird Kultur geboten: Klassische Konzerte finden hier regelmäßig statt. Das Museum erstreckt sich über zwei Stockwerke. Im Erdgeschoss werden Ausstellungen zu Kunst und Kultur gezeigt. Die Hugenottengeschichte wird in Bild- und Schrifttafeln sowie einer Videoschau dokumentiert. Für Schulkinder ab der 3. Klasse wird von Museumspädagogen eine zweistündige Reise in die Stadtgeschichte geboten.
Anmeldung und Information: Jessica Siebeneich, 06102/5609194 und 069/69595978

Zeppelin-Museum

Das legendäre Luftschiff – erfunden von Ferdinand Graf von Zeppelin im Jahr 1900 – ist Mittelpunkt dieses Museums. Hier wird die interessante Historie der Zeppelin-Luftschifffahrt in verschiedenen Dauerausstellungen dargestellt. Erweiternd gehören Workshops für Kinder und Jugendliche, Führungen und Sonderausstellungen sowie eingestreute Themenabende zum Angebot des Museums.
Adresse: Kapitän-Lehmann-Straße 2, 63263 Neu-Isenburg, **Öffnungszeiten:** Freitag 14–17 Uhr, Samstag, Sonntag und Feiertage 11–17 Uhr, Dienstag–Sonntag sind Gruppenführungen möglich

Freizeit und Natur

Hugenottenhalle

Die Hugenottenhalle ist der Ort für Kultur in Neu-Isenburg. Hier finden große Rockkonzerte statt, gastieren Tourneetheater, werden Tanz und Musik aufgeführt.
Information: www.neu-isenburg.de

Die Hugenottenhalle von außen ...

... und von innen.

▸ Waldschwimmbad und Hallen-Wellenbad
Im Sommer treffen sich alle Wasserratten im Waldschwimmbad, das ein Schwimmerbecken, ein Nichtschwimmerbecken mit Rutsche und Wasserpilz, einen Fünf-Meter-Sprungturm, ein Kinderbecken und einen Kinderspielplatz zu bieten hat. Fitnessbegeisterte können sich an den Tischtennisplatten und auf dem Beachvolleyball-Feld austoben. Werden die Tage wieder kürzer, zieht es Wasserfans ins Hallen-Wellenbad, in dem stündlich warme Wellen erzeugt werden. Wer es besonders warm liebt, besucht die Warmbadetage am Dienstag, Donnerstag und Samstag.
Adresse: Alicestraße 118, 63263 Neu-Isenburg, ☏ 06102/246-271, **Öffnungszeiten:** Freibad: Mai–September, Hallenbad: Oktober–April

▸ Sport- und Bewegungspark
Der Generationenpark lädt nicht nur Anwohner, sondern auch Gäste der Stadt ein, Mobilität in natürlicher Umgebung zu erleben. Der Park verfügt über einen Parcours mit Bewegungsgeräten, z. B. eine Hängelaufbrücke, eine Ballwerfanlage, Klimmzug- und Liegestützgeräte und eine Kletterwand.
Adresse: Alicestraße 118, 63263 Neu-Isenburg, ☏ 06102/367840

Veranstaltungen und Feste

Jedes Jahr im Sommer findet für drei Tage das **Open-Doors-Festival** statt – früher unter dem Namen „Musikspektakel" bekannt. Über die gesamte Stadt und verschiedene Bühnen verteilt, geben 40 Bands und Künstler den zahlreichen Besuchern aus nah und fern eine Kostprobe ihres Könnens. Das Open-Doors-Festival wird stets von etwa 15 000 Gästen besucht.

Nidda

(Wetteraukreis)

Der Fluss Nidda ist Namensgeber der Stadt im Wetteraukreis. Etwa 19 300 Einwohner verteilen sich auf die 19 Stadtteile Bad Salzhausen, Borsdorf, Eichelsdorf, Fauerbach, Geiß-Nidda, Harb, Kohden, Michelnau, Nidda, Ober-Lais, Unter-Lais, Ober-Schmitten, Ober-Widdersheim, Schwickartshausen, Stornfels, Ulfa, Unter-Schmitten, Unter-Widdersheim und Wallernhausen. Nidda wurde erstmals zu Beginn des 9. Jahrhunderts urkundlich erwähnt.

Stadtverwaltung Nidda
Wilhelm-Eckhardt-Platz
63667 Nidda
☏ 06043/8006-0
🌐 www.nidda.de
✉ info@nidda.de

Sehenswertes

▸ Marktplatz mit Brunnen
Mitten auf dem Marktplatz findet man den alten Marktbrunnen mit dem Stadtwappen. Der Brunnen wurde 1650 um den roten Sandsteinaufsatz erweitert. Um den

Marktplatz verteilt stehen viele bemerkenswerte Fachwerkhäuser aus dem 16. und 17. Jahrhundert. Das vermutlich älteste Fachwerkhaus von Nidda – erbaut etwa 1490 – befindet sich in der Mühlstraße 4. Das Dreigiebelhaus stellt mit seinen drei verschieferten Giebeln eine Seltenheit dar.

▸ Stadtkirche Zum Heiligen Geist
Die Saalkirche, die wohl älteste ihrer Art in Hessen, wurde von 1615–1618 erbaut. Das sakrale Bauwerk ist Nachfolgekirche der 1614 abgerissenen Marienkirche und im Renaissancestil gehalten. Das Innere der Kirche ist mit einer Stuckdecke aus dem Jahr 1617 versehen. Die geschnitzte Kanzel aus dem Jahr 1615 ist eine weitere Kostbarkeit. Die fünfeckige Kanzel zieren die vier Evangelisten und der Apostel Paulus. Aus dem 17. Jahrhundert stammt das Kruzifix, das die Inschrift INRI in lateinisch, griechisch und hebräisch trägt. Ebenfalls aus dem 17. Jahrhundert stammen der Steinaltar und das Taufbecken.

▸ Johanniterturm
Der Turm wurde 1491–1492 an das damalige romanische Kirchenschiff der Johanniterkirche angebaut. Diese Kirche wurde bis Anfang des 17. Jahrhunderts genutzt und 1780 abgerissen. Allerdings erklingen im Johanniterturm die drei bis heute vorhandenen Glocken, die alle Zeiten überdauerten.

▸ Kindstein
Der Kindstein ist ein sogenannter Menhir – auch Hinkelstein genannt – und steht im Ortsteil Unter-Widdersheim. Woher er stammt und wie er an seinen Platz kam, bleibt bislang ein Geheimnis. Nähere Informationen finden Interessierte an einer angebrachten Gedenktafel.
Adresse: Zum Kindstein, 63667 Nidda-Unter-Widdersheim

Museen

▸ Heimatmuseum
Das Heimatmuseum Niddas ist im ehemaligen Stadtwirtshaus untergebracht. Viele Ausstellungsstücke zur Geschichte des historischen Lebens werden hier auf lebendige Art und Weise präsentiert. Viele zusätzliche Sonder- und Kunstausstellungen sowie Vorträge vervollständigen das Programm.
Adresse: Raun 1, 63667 Nidda, ☎ 06043/1850, **Öffnungszeiten:** Dienstag 15–17 Uhr, Donnerstag 15–17 Uhr, Sonntag 10–12 Uhr, Gruppenführungen nach Vereinbarung

▸ Zimmermann-Strauss-Museum – Jüdisches Museum Nidda
Das Haus wird vom Verein Jüdisches Museum Nidda e.V. betrieben und versammelt Exponate aus dem Leben der Juden in Nidda. Das florierte im 19. und Anfang des 20. Jahrhunderts ganz besonders – die Sammlung des Museums legt Zeugnis davon ab.
Adresse: Raun 62, 63667b Nidda, ☎ 06043/2474, 🌐 www.niddas-juden.de, **Öffnungszeiten:** Sonntag 14–17 Uhr und nach Vereinbarung

▸ Feuerwehrmuseum
Das Niddaer Feuerwehrmuseum ist im alten Spritzenhaus am Marktplatz zu finden und zeigt alte Uniformen, historische Spritzen, Kippleitern und einiges mehr. Jede Menge Exponate, die über Jahre von den Feuerwehren der Großgemeinde zusammengetragen wurden, sind hier liebevoll arrangiert und ausgestellt.
Adresse: Gerbergasse 2, 63667 Nidda, **Öffnungszeiten:** März–September: jeden 1. Sonntag im Monat 10–12 Uhr und nach Vereinbarung, **Information:** Klaus Dickel, ☎ 06043/3293

Freizeit und Natur

In der Therme können Besucher hervorragend vom Alltag abschalten.

▸ Justus-von-Liebig-Therme

32 Grad warmes Solewasser im Innen-, 28 Grad im Außenbecken und 33 Grad im Therapiebecken sorgen für Wohlbefinden und Gesundheit. Bei rund 50 Prozent Luftfeuchtigkeit ist die Luft der Salzgrotte besonders rein, denn Salz vom toten Meer wird mithilfe von Ultraschall mikrofein vernebelt. Es entsteht so ein Meeresklima, reichhaltig an Mineralien und Spurenelementen. Das Salz- und Soleklima wirkt positiv auf Atemwege und Haut. Die Saunalandschaft verspricht Entspannung pur. Neben verschiedenen Saunatypen wie z. B. der klassischen finnischen Sauna, dem Saunarium, dem Dampfbad, einem Inhalatorium und einem Saunagarten findet der Besucher alles was zu einem entspannenden Saunagang gehört.

Adresse: Kurallee 2, 63667 Nidda-Bad Salzhausen, ✆ 06043/963331

▸ Hallenbad und Freibad

Egal, ob Sommer oder Winter – hier kann man immer schwimmen und sich fit halten. Es gibt ein Schwimmerbecken und Nichtschwimmer-, Springer- und Babybereiche sowie einen Fünf- und einen Dreimeterturm. Wer nicht nur im Wasser bleiben mag, der kann sich auf dem Beachvolleyball-Feld austoben.

Adresse: Hinter dem Brauhaus 21, 63667 Nidda, ✆ 06043/7750

▸ Geocaching

Schnitzeljagd war gestern – heute gibt es Geocaching. Im Kurpark Bad Salzhausen kann man auf eine interessante Erlebnistour gehen. Es gilt Fragen und Aufgaben zu lösen und versteckte Orte mit Hilfe eines GPS-Geräts zu finden. Hierbei werden die Themengebiete Geologie, Natur, Kultur und Umwelt aufgegriffen. Auf etwa drei km Länge erwarten den Geocacher viele Überraschungen.

Kur- und Touristik-Information:
✆ 06043/9633-0

Moderne Schnitzeljagd: Geocaching.

▸ Wandern
Der Naturpark Hoher Vogelsberg wird von vielen Wanderrouten durchzogen – sogar ein mit dem Deutschen Wandersiegel ausgezeichneter Rundwanderweg gehört dazu, und für Historikfreunde gibt es kulturelle Hinterlassenschaften der Römer und Kelten, wie z. B. Reste des Limes, zu sehen. Der etwa 125 km lange Vulkanring Vogelsberg gilt als Hauptwanderweg und verbindet elf Gemeinden und vier Landkreise miteinander. Wegweiser und fortlaufende Markierungen bieten Wanderqualität par excellence.

▸ Tennis und Minigolf
Für Freunde des weißen Sports stehen im Stadtteil Bad Salzhausen mehrere Sandtennisplätze zur Verfügung. Minigolfbegeisterte können sich in der Kleingolfanlage am Parkplatz Ost in Bad Salzhausen vergnügen. **Information:** ✆ 06043/9633-0, **Öffnungszeiten:** Dienstag–Sonntag 14–18 Uhr

Veranstaltungen und Feste

Die Kirmeszeit beginnt in Nidda am zweiten Juniwochenende in Unter-Widdersheim, gefolgt von der **Wallernhausener Kirmes** am ersten Wochenende im Juli. Eine Woche später folgt dann die Kirmes in Fauerbach. Unter dem Motto **„nidda erlesen“** werden hier seit vielen Jahren Lesungen bekannter Autoren und Schauspieler veranstaltet. Damit avancierte Nidda im Laufe der Zeit zum Geheimtipp unter Literaturbegeisterten. So gibt es pro Saison verschiedene Veranstaltungen, zum Teil mit hochkarätigen Gästen aus Kultur und Medien. Beliebt ist auch die Jazzreihe **„Swingin' Parc“.** Der **Frühjahrsmarkt** findet im März statt und umfasst ein Volksfest mit Rummel und einen Krammarkt, genauso wie der im September stattfindende **Herbstmarkt.** Am letzten Wochenende im Juni findet das **Parkfest** in Bad Salzhausen statt. Jährlich zum ersten Novemberwochenende gibt es in Nidda den **Martinimarkt,** wiederum ein Vergnügungspark mit Fahrgeschäften, Krammarkt und jeder Menge guter Laune. Zum Jahresausklang wird dann am zweiten Adventswochenende der **Niddaer Weihnachtsmarkt** gefeiert.

Nidderau

C2

(Main-Kinzig-Kreis)

Im Nordosten des Rhein-Main-Gebiets befindet sich die ehemalige Residenzstadt Nidderau. Heldenbergen, Windecken, Erbstadt, Eichen und Ostheim sind die Stadtteile der nach dem Fluss Nidder benannten Stadt im Main-Kinzig-Kreis. Erstmals urkundlich erwähnt wurde Nidderau im 9. Jahrhundert. Heute leben hier etwa 20 000 Menschen.

Stadtverwaltung Nidderau
Am Steinweg 1
61130 Nidderau
✆ 06187/299-0
www.nidderau.de
✉ info@nidderau.de

Sehenswertes

▸ Schloss Naumburg
Auf einer Erhebung in der Nähe von Erbstadt steht das Schloss Naumburg, das aus einem ehemaligen Kloster der Benediktinerzeit hervorgegangen ist. Das Cyriakuskloster wurde 1035 als Castello Nuwenburg urkundlich erwähnt.

▸ Burg Windecken
Die Burg Windecken steht oberhalb der Altstadt von Windecken. Sie wurde im 30-jährigen Krieg stark beschädigt und ist heute nur noch in Resten erhalten. Aus dem

16. Jahrhundert stammen zwei Torbauten, im 18. Jahrhundert wurden die Schlosskellerei, das Amtshaus und Teile der Ringmauer mit schönem Fachwerk erbaut.

Der Marktplatz in Windecken ist besonders schön – im Hintergrund das alte Rathaus.

Museen

Städtisches Museum im Hospital

Ein historischer Rundgang durch die verschiedenen Epochen der heutigen Nidderauer Region und damit durch die Regionalgeschichte zeigt auf lebendige und anschauliche Weise, wie das Leben der Region sich im Lauf der Zeit entwickelte. Von der Römischen Zeit über das Frühmittelalter, die frühe Neuzeit, das jüdische Leben und das 19. Jahrhundert bis in die Gegenwart. Besonders imposant ist die Nachbildung eines fränkischen Kriegers aus dem 8. Jahrhundert. Exponate, Fundstücke und Fotografien dokumentieren eindrucksvoll den Wandel der Zeit in der Region um Nidderau.

Adresse: Hospitalstr. 1, 61130 Nidderau-Windecken, 06187/27597, **Öffnungszeiten:** Jeden ersten Sonntag im Monat, an Pfingsten und während des Windecker Herbstmarktes jeweils 14–18 Uhr oder nach Vereinbarung, Führungen möglich, freier Eintritt

Freizeit und Natur

Radfahren/Wandern

Fruchtbare Felder, der Regionalpark Hohe Straße und die beiden Fernwanderwege Bonifatiusroute und die hessische Apfelwein- und Obstwiesenroute mit ihrer wunderschönen Umgebung laden zu Spaziergängen, zum Wandern und Erholen ein. Geführte Wanderungen vermitteln Einblicke in die Geschichte der Region. Die Strecken können alle auch mit dem Rad zurückgelegt werden.

Stadtführung in Windecken

Ortskundige Fremdenführer bedenken den Gast mit allerhand interessanten und spannenden Informationen zu den denkmalgeschützten Bauwerken und zur abwechslungsreichen Landschaft und Natur der Region.
Information: 06187/299-140

Nidderbad

Das Nidderbad bietet das ganze Jahr über Wasservergnügen pur. Das Freibad ist mit allem ausgestattet, was das Herz begehrt: mit einem Strömungskanal, Massagestationen, einer Rutschbahn, einer Schwalldusche und vielem mehr. Für Kinder gibt es ein Planschbecken mit Wasserspeier und eine Juniorrutschbahn. Die Wassertemperatur im Hallenbad beträgt 28–31 Grad. Abgerundet wird das Angebot des Freizeitbads durch Saunen und Ruheräume.
Adresse: Konrad-Adenauer-Allee, 61130 Nidderau, 06187/909690

Veranstaltungen und Feste

Jeden Donnerstag ab 14.30 Uhr ist **Nidderauer Markttag.** Neben Fleisch und Wurst, Fisch, Obst, Gemüse, Käse und verschiedenen Brotsorten gibt es auch Kaffee und Kuchen. Das Treiben findet auf dem Parkplatz vor der Willi-Salzmann-Halle statt. Der **Windecker Herbstmarkt** findet jährlich am 1. Wochenende nach dem 10. Oktober statt und lockt Besucher aus der ganzen Umgebung. Das bunte Volksfest mit Krammarkt, Buden und Rummel ist Besuchermagnet für alle Altersgruppen. Zum Auftakt des Volksfests gibt es einen Festumzug.

Die Hammermühle aus dem 17. Jahrhundert.

Ober-Ramstadt

C 3

(Darmstadt-Dieburg)

Die Stadt Ober-Ramstadt, die erstmals 1310 urkundliche Erwähnung fand, hat heute 15 514 Einwohner. Die Gemarkung war allerdings schon in der Jungsteinzeit besiedelt. Die Stadt setzt sich aus der Kernstadt sowie den Stadtteilen Modau, Rohrbach und Wembach-Hahn zusammen.

Magistrat der Stadt Ober-Ramstadt
Darmstädter Straße 29
64372 Ober-Ramstadt
06154/702-0
www.ober-ramstadt.de
magistrat@ober-ramstadt.de

Sehenswertes

▸ Hammermühle

Die aus dem 17. Jahrhundert stammende Hammermühle liegt zentral in der Innenstadt und diente zur Herstellung von Schmiedeeisen. Sie war bis 1817 in Betrieb. Das Anwesen wurde später von Johann Michael Breitwieser gekauft, der daraus eine Getreidemühle mit Wohnhaus, Stallungen und Scheune machte. Die 1984 restaurierte Mühle beherbergt heute neben einem Restaurant die städtische Bibliothek und Veranstaltungsräume.

▸ Petri-Villa

Die unter Denkmalschutz stehende Villa wurde etwa 1850 erbaut. Ihren Namen verdankt sie dem letzten Besitzer. Seit mehr als zwölf Jahren wird die Villa nun als städtische Begegnungsstätte genutzt.
Adresse: Baustraße 41, 64372 Ober-Ramstadt

▸ Hochwasserrückhaltebecken
Im Süden von Ober-Ramstadt gibt es ein Hochwasserrückhaltebecken mit einem Dauerstau. Mit fünf Metern Stauhöhe hat der Stausee eine Größe von etwa drei Hektar.

Museen

▸ Museum Ober-Ramstadt
Das Museum ist im alten Rathaus untergebracht. Im ersten Stock ist dem in Ober-Ramstadt geborenen Schriftsteller, Physiker und Mathematiker Georg Christoph Lichtenberg eine Dauerausstellung gewidmet. Dessen Vater, Johann Conrad Lichtenberg, hatte das alte Rathaus 1732 errichtet. Schon vor dem Museum gibt es interessante Exponate zu sehen, so z. B. eine Dampfmaschine aus dem frühen 20. Jahrhundert. Interessant sind auch die Dauerausstellungen mit zahlreichen Exponaten der seit über 150 Jahren ansässigen Kammindustrie sowie der lokalen Industriegeschichte mit zwei Röhr-Oldtimermodellen, die einst in Ober-Ramstadt gebaut wurden. Sonderausstellungen vervollständigen das reichhaltige und abwechslungsreiche Programm.
Adresse: Grafengasse, 64372 Ober-Ramstadt, ☎ 06154/1797, **Öffnungszeiten:** Sonntag 14.30–17.30 Uhr

Freizeit und Natur

▸ Freibad
Im beheizten Freibad wird einiges geboten: Für die Jüngeren gibt es verschiedene altersgerechte Becken und einen Spielplatz. Die Erwachsenen nutzen gern die Liegewiese zum Sonnenbaden und Entspannen. Sportlich aktive Menschen können sich auf einer Spielwiese mit Fußball- oder Federballspielen austoben.
Adresse: Nieder-Modauer-Weg 2, 64372 Ober-Ramstadt, ☎ 06154/5778618

▸ Radfahren/Wandern
Passionierten Wanderern, aber auch den Spaziergängern bieten die fünf Rundwanderwege rund um Ober-Ramstadt jede Menge Abwechslung. Der etwa 9,5 km lange Geschichtsweg z. B. bringt dem Wanderfreund auf anschauliche Art und Weise die Geschichte Ober-Ramstadts näher. Er beginnt und endet am Parkplatz Kuhfalltor. Daneben sind zahlreiche Radrouten rund um Ober-Ramstadt in das Radroutennetz der Region eingebunden.
Information: Touristinformation Ober-Ramstadt, ☎ 06154/702-0

Veranstaltungen und Feste

Neben den vier Ortsteil-Kerben zwischen Juni und Oktober werden von den ortsansässigen Vereinen übers Jahr zahlreiche Feste veranstaltet, die von Live-Musik, Vorführungen, sportlichen Wettbewerben, regionalen Spezialitäten und vielen Aktionen für Jung und Alt geprägt sind. All diese Veranstaltungen und Feste können auf der Homepage der Stadt 🌐 www.ober-ramstadt.de unter Veranstaltungskalender aufgerufen werden. Der Kalender ist auch gedruckt beim Bürgerservice der Stadt kostenlos erhältlich.

Oberursel

(Hochtaunuskreis)

Die ehemalige Hessentagsstadt Oberursel im Taunus beheimatet etwa 45 000 Menschen und ist damit die zweitgrößte Stadt des Landkreises. Zu Oberursel gehören die Ortsteile Bommersheim, Oberstedten, Stierstadt und Weißkirchen. 791 wurde die damalige Siedlung unter dem Namen „Ursella" erstmals erwähnt.

Der Magistrat
Rathausplatz 1
61440 Oberursel (Taunus)
06171/502-0
www.oberursel.de
info@oberursel.de

Sehenswertes

Kreuzkapelle
Dieses sakrale Bauwerk wurde 1618 aus Dank für eine überstandene Pestepidemie als Sühnekapelle erbaut. Umbauarbeiten, die hundert Jahre später stattfanden, gaben der Kapelle zum Heiligen Kreuz, so ihr vollständiger Name, ihr heutiges Aussehen. Sie wird heute als katholische Friedhofskapelle auf dem Alten Friedhof genutzt.

Kreuzallee
Die Kreuzallee, die an der Frankfurter Landstraße entlangführt, ist mit sieben Kreuzen ausgestattet. Sie stellen die sieben Stationen des Kreuzwegs Jesu dar. Der Weg beginnt mit einem Kreuz aus dem Jahr 1723 und endet mit einem Kreuz von 1739.

Kalvarienberg
Der Kalvarienberg, der wahrscheinlich zur Zeit der Pest im frühen 17. Jahrhundert erbaut wurde, bildet das Zentrum des Friedhofs. Wahrscheinlich sind die Kreuze, die bis heute auf dem Sockel zu sehen sind, um 1802 erneuert worden.

Malerwinkel in Oberursels Altstadt.

Museen

Vortaunusmuseum
Das Vortaunusmuseum präsentiert eine Vielzahl von Exponaten zur Regionalgeschichte Oberursels, insbesondere zur Historie der in Oberursel entstandenen Seifenkistenrennen. Unter dem Motto „Vom Kinderautomobil zur Seifenkiste“ zeigt die Ausstellung originale Seifenkisten, Bausätze für Seifenkisten, Medaillen, Pokale und diverse Schriftstücke zu dieser extravaganten Sportart, die hier für den gesamten deutschsprachigen Raum maßgeblich geprägt wurde. Wechselnde Ausstellungen zu unterschiedlichen Themengebieten runden das Angebot des Museums ab.
Adresse: Marktplatz 1, 61440 Oberursel, 06171/581-434, **Öffnungszeiten:** Mittwoch 10–17 Uhr, Samstag 10–16 Uhr, Sonntag 14–17 Uhr

▸ Turmmuseum
Im Turmmuseum St. Ursula in der Hohen Wacht dokumentiert unter anderem die Historie der St.-Ursula-Kirche und des Kirchturms. Die Ausstellung zeigt Kunst aus 500 Jahren Pfarreigeschichte, den Glockenstuhl mit seinen historischen Glocken, das Türmerzimmer und mehr.
Adresse: St. Ursula Gasse 15, 61440 Oberursel, ☏ 06171/54485, **Öffnungszeiten:** April–Oktober jeweils am ersten Samstag eines Monats 15–17 Uhr oder nach Absprache

Freizeit und Natur

▸ Wandern
Viele Wanderwege und Rundwanderwege laden ein, Oberursel und seine idyllische Umgebung zu erkunden. Die zahlreichen Informationstafeln der liebevoll angelegten heimat- und naturkundlichen Lehrpfade vermitteln reichhaltig interessante Informationen zur regionalen Landschaft und leiten sicher vom Start bis zum Ziel. Die Start- und Endpunkte sind mit dem öffentlichen Nahverkehr bequem zu erreichen.

▸ Radfahren
Oberursel ist gut ausgeschildert und gibt Radfahrern die Möglichkeit, die Stadt und auch die Nachbarschaft per Drahtesel zu erkunden.

▸ Minigolf
Im Putter's Paradise muss der Ball auf einer Zwölf-Loch-Adventure-Anlage über verschiedene Hindernisse gespielt werden, z. B. über Hügel und kleine Felsen und über einen Teich. Die Bahnen sind behindertengerecht angelegt, also auch für Rollstuhlfahrer zu absolvieren.
Adresse: Oberstedter Straße, 61440 Oberursel, **Öffnungszeiten:** Montag–Freitag 14–21 Uhr, Samstag 12–21 Uhr, Sonntag 10–21 Uhr

▸ Freibad
Im Freibad Oberursel gibt's ein Schwimmerbecken, ein großes Kinderplanschbecken, gemütliche und schattige Liegewiesen, einen Spielplatz und ein Beachvolleyball-Feld.
Adresse: Altkönigstraße 99–105, 61440 Oberursel, ☏ 06171/251

Veranstaltungen und Feste

Am Wochenende nach Pfingsten wird seit 1979 jährlich in der Altstadt auf dem Festplatz „Bleiche" und auf dem Marktplatz das **Oberurseler Brunnenfest** gefeiert, ein Volksfest mit Fahrgeschäften, Ausstellern und Kunst- und Handwerkermarkt. Der Verein Kunstgriff e. V. veranstaltet in Kooperation mit der Stadt jeden Sommer das legendäre **Orscheler Seifenkistenrennen,** das der sportlichen Tradition gedenkt, die in Oberursel einst begründet worden war. Das **Rheingauer Weinfest** findet im August auf dem Oberurseler Marktplatz statt und ist Treffpunkt für Gourmets und Weinfreunde. Auch das Theater im Park lockt jedes Jahr viele Besucher zur malerischen **Freilichtbühne im Park.** Dort gibt es von Juli bis August an sechs Wochenenden Aufführungen, immer freitags und samstags ab 20 Uhr. Im Herbst zieht die **Taunuskerb** auf dem Festplatz „Bleiche" und in der Altstadt mit Livemusik, Volksfest und allerlei Aktionen regelmäßig zahlreiche Besucher an. Das erste Adventswochenende steht ganz im Zeichen des **Weihnachtsmarkts.** Jeden Samstagvormittag findet auf dem Marktplatz der **Lebensmittel- und Blumenmarkt** statt, auf dem sich Einheimische und Touristen mit regionaler Qualitätsware eindecken können.

Oestrich-Winkel

(Rheingau-Taunus-Kreis)

In Oestrich-Winkel leben etwa 12 000 Menschen. Die Stadt besteht aus den Stadtteilen Mittelheim, Hallgarten, Oestrich und Winkel. Erstmals urkundlich erwähnt wurde der Oestrich-Winkeler Stadtteil Winkel im Jahr 850. Einer der berühmtesten Besucher der Stadt war Johann Wolfgang von Goethe, der gern das Idyll und den Wein Oestrich-Winkels genossen hat. Die Stadt hat eine geografische Besonderheit zu bieten, liegt doch der Schnittpunkt des 50. nördlichen Breitengrads und des 8. östlichen Längengrads genau im Stadtteil Winkel.

Magistrat der Stadt Oestrich-Winkel
Paul-Gerhardt-Weg 1
65375 Oestrich-Winkel
☏ 06723/992-0
🌐 www.oestrich-winkel.de
✉ info@oestrich-winkel.de

Sehenswertes

▸ Oestricher Kran
Der Oestricher Kran ist ein ehemaliger Weinverladekran und ein Wahrzeichen von Oestrich. Er stammt aus dem 18. Jahrhundert und war bis 1926 in Betrieb. Man nutzte ihn zum Heben von Schiffsladungen. Mehrmals im Jahr können Gäste an einer der Führungen teilnehmen, bei der alle wichtigen Informationen zum Kran vermittelt werden.
Information: Magistrat der Stadt Oestrich-Winkel, ☏ 06723/992-0, ✉ info@oestrich-winkel.de

▸ Schloss Reichartshausen
Das Schloss wurde in der heutigen Form 1737–1740 unter der Anleitung von Abt Hermann Hungringausen neu erbaut. Davor war der Hof Reichartshausen ein Umschlag- und Stapelplatz für Wein aus dem Kloster Eberbach. Das Schloss liegt inmitten von Weinbergen zwischen Oestrich und Hattenheim und ist heute Sitz der EBS (European Business School).
Adresse: Rheingaustraße 1, 65375 Oestrich-Winkel

▸ St.-Aegidius-Basilika
Die Basilika in Mittelheim stammt aus den Anfängen des 12. Jahrhunderts. Sie wird als eine der ältesten Steinkirchen Deutschlands gehandelt. Der dreischiffige romanische Bau ist die älteste Kirche im Rheingau und dem Heiligen Aegidius gewidmet.
Information: 🌐 www.aegidius-basilika.de

▸ Graues Haus
Das Graue Haus in Winkel ist Deutschlands ältestes erhaltenes romanisches Steinhaus. Es stammt aus dem 10. Jahrhundert. Nachdem es 1964 abgebrannt war, wurde es von 1966–1967 rekonstruiert.
Adresse: Graugasse 8, 65357 Winkel

Der Oestricher Kran ist eines der Wahrzeichen der Stadt.

Das Graue Haus gleicht einem verwunschenen Ort.

▸ Brentanohaus

Das Brentanohaus aus dem Jahr 1751 liegt im Herzen Oestrich-Winkels und gilt als Goethe-Gedenkstätte, denn 1814 war der berühmte Schriftsteller bei der Bankiersfamilie Brentano zu Gast. Die Räume des Hauses sind heute noch teilweise mit Originalmöbeln, Tapeten und Raumschmuck aus dem frühen 19. Jahrhundert ausgestattet. Besonders erwähnenswert sind verschiedene Gemälde von Stieler und Tischbein und eine Radierung, die mit einer handschriftlichen Widmung von Goethe versehen ist. Gaben damaliger Berühmtheiten und persönliche Gegenstände von Mitgliedern der Brentano-Familie vervollständigen die Gedenkstätte. Führungen gehören ebenso zum Programm wie Weinproben.

Adresse: Am Lindenplatz 2, 65357 Oestrich-Winkel, ✆ 06723/2068

▸ Schloss Vollrads

Schloss Vollrads ist wohl eines der ältesten Weingüter der Welt. Es liegt außerhalb von Winkel. Urkunden belegen, dass hier bereits im 13. Jahrhundert Weinhandel betrieben wurde. Das Schloss mit dem imposanten alten Wasserturm, seiner goldbedruckten Ledertapete und verschiedenen kunsthistorisch interessanten Schätzen gehört zu den Besonderheiten des Rheingaus.

Adresse: Vollradser Allee, 65357 Oestrich-Winkel, ✆ 06723/6620.

Museen

▸ Rothmühler Heimatmuseum

In diesem, vom Heimatkundeverein Rothmühl betriebenen Museum wird die Historie des Sudetenlands und der Sudeten dokumentiert. Daneben präsentiert das Museum Exponate aus Handwerk und Alltag, alte Trachten, Vereinsfahnen und mehr.

Adresse: Rathaus Hallgarten, Oestrich-Winkel, Heimatkundeverein Rothmühl e. V., ✆ 06723/5165, **Öffnungszeiten:** während der Dienststunden der Verwaltung und nach Vereinbarung

Freizeit und Natur

▸ Radfahren/Wandern

Da die gesamte Gegend um Oestrich-Winkel vom Weinbau geprägt ist, gibt es viele Möglichkeiten, die Weinberge zu erkunden. Für Wanderer, Spaziergänger und Radfahrer bietet der insgesamt 120 km lange Rheingauer Rieslingpfad jede Menge landschaftliche Abwechslung in einer pittoresken Umgebung.

Information: Magistrat der Stadt Oestrich-Winkel, ✆ 06723/992-0, ✉ info@oestrich-winkel.de

Freizeit im Grünen
Für alle, die es gemütlicher mögen, werden Kutschfahrten durch die Stadt und die Umgebung angeboten, für sportlich ambitionierte Gäste bietet sich die Möglichkeit, schöne Stunden auf dem Minigolfplatz zu verbringen.
Information: Magistrat der Stadt Oestrich-Winkel, 06723/992-0, info@oestrich-winkel.de

Freibad
Das in Hallgarten gelegene Freibad lädt zum Baden und Entspannen ein. Neben einem Schwimmerbecken gehören eine Wasserrutsche, ein Babybecken, eine Wasserspielanlage mit Matschtischen und ein Eltern-Kind-Bereich zum Angebot des Bads. Für Behinderte gibt es am Beckenrand einen Lift.
Adresse: Rosenthalstraße, 65375 Hallgarten, 06723/4380, **Öffnungszeiten:** Mitte Mai–Mitte September: täglich 11–20 Uhr, während der Sommerferien ab 10 Uhr

Veranstaltungen und Feste

Im Mai feiert Oestrich-Winkel den **Dippemarkt,** der seit über 450 Jahren, jeweils am Wochenende nach Christi Himmelfahrt, die Stadt vom Marktplatz bis zur Rheinanlage belebt und aus einem Vergnügungspark mit Fahrgeschäften und Buden sowie einem Krammarkt besteht. Mitte/Ende Juli ist Oestrich-Winkel dann ein Mekka für alle Jazzfreunde. Gäste aus der gesamten Bundesrepublik zieht es alljährlich in die Stadt, um für eine Woche in verschiedenen Weingütern den Spielarten dieser vielfältigen Musikrichtung zu lauschen. Ebenfalls im Juli laden Gewerbetreibende Oestrich-Winkels zum **Weinfest,** das seit 2011 das ehemalige Lenchenfest ersetzt. Mitte Dezember findet dann in der historischen Brentanoscheune in Winkel der **Weihnachtsmarkt** statt.

Offenbach

C2

(Kreis Offenbach)

Wetterstadt, Kreativstandort und Heimat für rund 123 000 Menschen vieler Nationen: Offenbach am Main ist bunt und vielfältig. Die Stadt wurde 977 erstmals urkundlich erwähnt, die Hugenotten prägten Offenbach. Hier verliebte sich Goethe in die junge Lili Schönemann. Hier setzte der Jurastudent Alois Senefelder um 1790 erstmals die Lithografie zum Druck Mozart'scher Noten ein, die ab 1800 ihren Siegeszug um die Welt antrat. Drucktechnik und Industrie, Schnupftabak und Ledermanufakturen: Die kleine Großstadt hat viele Facetten.

Stadtverwaltung Offenbach
Berliner Straße 100
63065 Offenbach
069/8065-1
www.offenbach.de

Sehenswertes

Büsingpalais
Das Palais wurde um das Jahr 1775 erbaut und um 1900 im neobarocken Stil restauriert. Einst war es Sitz der Familien Bernard und d'Orville, die in den Seitenflügeln ihre Schnupftabak-Produktion hatten. Heute ist das Haus ein Kongress- und Tagungszentrum und wird darüber hinaus für kulturelle Veranstaltungen genutzt. In den Seitenflügeln haben das Klingspor-Museum und die Stadtbibliothek mit ihrem einzigartigen Bücherturm ihren Sitz.
Adresse: Herrnstraße 82, 63065 Offenbach

Französisch-Reformierte Kirche
Um 1700 ließen sich die ersten Hugenotten in Offenbach nieder und Graf Johann Philipp

Das Büsingpalais in der Herrnstraße.

von Isenburg-Offenbach, selbst dem reformierten Glauben angehörig, sicherte ihnen Rechte und Privilegien zu. 1718 konnten sie ihr eigenes Gotteshaus einweihen, welches auch heute noch Zentrum der Französisch-Reformierten Gemeinde in Offenbach ist. 1874/75 wurde die Kirche renoviert und erhielt ihre noch heute sichtbare neobarocke Fassade.
Adresse: Berliner Straße/Ecke Herrnstraße, 63065 Offenbach

▸ Isenburger Schloss
Heute Bestandteil des Campus der Hochschule für Gestaltung, gilt das 1578 fertiggestellte Isenburger Schloss unter Kunsthistorikern noch immer als bemerkenswertes Renaissanceobjekt: Arkaden, Pfeiler, Figuren und Wappenschmuck zieren das Gebäude, Bogengänge lockern die Südseite des Schlosses auf, während die dem Main zugewandte Nordseite eine streng-sachliche Fassade besitzt.
Adresse: Schlossstraße, 63065 Offenbach

▸ Rumpenheimer Schloss
Aus dem 1678 durch den ehemaligen Regierungschef der Grafschaft Hanau Johann Georg Seifert von Edelsheim errichteten Herrenhaus entstand 90 Jahre später eine dreiflügelige Schlossanlage, die zum Treffpunkt des europäischen Hochadels wurde. Im Zweiten Weltkrieg von Brandbomben stark beschädigt, sollte das Rumpenheimer Schloss in den Siebzigerjahren dem Erdboden gleichgemacht werden. Der Protest der Bürger verhinderte den Abriss der Ruine. Inzwischen ist der Bau weitgehend nach histo-

rischem Vorbild wieder hergestellt worden und beherbergt heute moderne Eigentumswohnungen. Der angrenzende Schlosspark lädt zum gemütlichen Verweilen ein.
Adresse: Rumpenheimer Schlossgasse, 63075 Offenbach

Museen

▸ DLM Deutsches Ledermuseum/ Schuhmuseum Offenbach

Zu Beginn des 20. Jahrhunderts war Offenbach die Lederstadt – in keiner anderen Stadt des Deutschen Reichs wurde so viel Leder produziert und verarbeitet. Für etwa 150 Jahre war der Werkstoff kultureller und wirtschaftlicher Schrittmacher der Stadt, und noch heute werden auf der Internationalen Lederwarenmesse in Offenbach weltweite Trends gesetzt. Das DLM vereinigt drei Museen unter einem Dach: das europaweit größte Schuhmuseum mit internationaler Fußbekleidung aus vier Jahrtausenden und einer Kunstgalerie, das Museum für angewandte Kunst (Schwerpunkt Leder) mit Kunsthandwerk und Design vom Mittelalter bis zur Gegenwart, Schwerpunkt Leder und das Ethnologische Museum mit den Abteilungen Afrika, Amerika, Asien.
Adresse: Frankfurter Straße 86, 63067 Offenbach, ✆ 069/8297980, 🌐 www.ledermuseum.de, **Öffnungszeiten:** Dienstag–Sonntag 10–17 Uhr

Das Isenburger Schloss ist ein imposantes Gebäude.

▸ Klingspor-Museum

Das Klingspor-Museum ist Sammlungs- und Ausstellungsort der internationalen Buch- und Schriftkunst des 20./21. Jahrhunderts. Hier dreht sich alles um Schrift und Buch. Die zahlreichen Exponate verschaffen einen Überblick über die typografischen und buchgestalterischen Kunstformen des 20. und 21. Jahrhunderts. Das Museum verdankt seinen Namen der Offenbacher Schriftgießerei Gebrüder Klingspor, die zu den bedeutendsten Förderern der auf die Typografie spezialisierten Kunstbewegung waren.

Im Klingspor-Museum dreht sich alles um Schrift- und Buchkunst.

Adresse: Herrnstraße 80, 63065 Offenbach, 069/8065-2164, www.klingspor-museum.de und www.offenbach.de/klingspor-museum, **Öffnungszeiten:** Dienstag, Donnerstag, Freitag 10–17 Uhr, Mittwoch 14–19 Uhr, Samstag und Sonntag 11–16 Uhr

Haus der Stadtgeschichte

Im Januar 2004 wurde im Bernardbau, einem 1896 fertiggestellten Gebäudekomplex mit Verwaltungs- und ehemaligen Fabriketagen, das Haus der Stadtgeschichte eröffnet. Als einstiger Produktionsort der 1733 gegründeten Tabakfabrik der Familien Bernard und d'Orville ist die denkmalgeschützte Anlage selbst von stadtgeschichtlicher Bedeutung. In den Ausstellungsräumen an der Herrnstraße sind nach Entwürfen der Offenbacher Hochschule für Gestaltung moderne und anspruchsvolle Präsentationen entstanden, die die Vor- und Frühgeschichte der Stadt und Region sowie die Kultur der seit dem 18. Jahrhundert aufstrebenden Manufakturen und Fabriken dokumentieren. Auch ein Nachbau einer historischen Lithografenpresse von 1796 ist hier zu sehen.
Adresse: Herrnstraße 61, 63065 Offenbach, 069/8065-26 46, www.haus-der-stadtgeschichte.de, **Öffnungszeiten:** Dienstag, Donnerstag, Freitag 10–17 Uhr, Mittwoch 14–19 Uhr, Samstag und Sonntag 11–16 Uhr

Freizeit und Natur

Hafen Offenbach

256 000 qm groß ist eines der größten Entwicklungsgebiete des Rhein-Main-Gebiets: Im Offenbacher Hafen setzt sich fort, was mit dem Umbau der ehemaligen Schraubenfabrik der Gebrüder Heyne zum Kreativstandort für Mode und Werbung begann. 2002 wurde mit der Entwicklung des neuen Stadtteils begonnen, das den 1902 eingeweihten Hafen zu einem neuen urbanen Zentrum für Studenten, Familien und Kreative machen wird. Das Kulturzentrum hafen2, der Kingkamehameha-Beachclub und das Robert Johnson, einer der angesagtesten Clubs in Deutschland, machen das Hafengebiet schon jetzt zu einem beliebten Ziel für Kunst- und Kulturinteressierte, Musikfreunde und Nachtschwärmer.
Information: www.hafen-offenbach.de

Offenbacher Stadtwald

Im Süden der Stadt befindet sich der Offenbacher Stadtwald mit einer Größe von mehr als 1252 Hektar, der von der Bürgern als Naherholungsgebiet und von der Stadt forstwirtschaftlich genutzt wird. Der Offenbacher Wald ist durch die „Waldroute Offenbach" für Fußgänger und Radfahrer bestens ausgeschildert. Auf der Route erfährt man vieles über den Wald und die Siedlungsentwicklung der Stadt.

Parks

Mitte des 18. Jahrhunderts bezeichnete Goethe Offenbach als „gärtenreiche Häufung großzügiger Landsitze" und auch heute finden sich noch viele schöne Parks in der Stadt.
Büsingpark: Inmitten des innerstädtischen Trubels lädt der Büsingpark mit üppigem Grün und gepflegten Blumenbeeten zum gemütlichen Verweilen ein. Auf einer kleinen Anhöhe im hinteren Teil steht der Monopteros, ein offener Rundtempel, schräg gegenüber das Scheintor, das Adolf Büsing 1893 auf der Weltausstellung in New York erworben hat. 2005 wurde am Übergang zum Lili-Park ein großzügiger Lesegarten angelegt. Jedes Jahr im August erfüllt das Lichterfest den Park mit über 70 000 Lichtern und Musik der Neuen Philharmonie Frankfurt.
Dreieich-Park: Unmittelbar an der Stadtgrenze im Westen Offenbachs liegt der erste öffentliche Park der Stadt: Für die hessische Landes-Gewerbeausstellung wurde 1879 am westlichen Stadtrand ein 43 500 Quadratmeter großes Ausstellungsgelände angelegt.

Entlang der Wege, am Springbrunnen und am Rand des Weihers laden Parkbänke zum Verweilen ein, Kinder können sich auf dem Spielplatz vergnügen.

Leonhard-Eißnert-Park: In der 22 Hektar großen Parkanlage auf dem Bieberer Berg befinden sich die Offenbacher Jugendverkehrsschule der hessischen Polizei und ein von der Firma Fun Forest betriebener Kletterpark. Auch der Spielplatz bietet Möglichkeiten zum Klettern und Austoben. Der nahe gelegene Sinnespfad ermöglicht, sich über Fühlen, Tasten und Riechen der Natur zu nähern. Die „Suppenschüssel", eine kreisrunde Senke am Rand des Parkgeländes, wird von lokalen Bands häufig bei Konzerten bespielt und im Winter von Kindern zum Rodeln genutzt.

Lili-Park: Der Lili-Park, zwischen Büsingpalais und Mainstraße gelegen, ist nur noch ein Überrest der berühmten Mainanlagen, die im 18. und 19. Jahrhundert zum großen Teil aus dem gemeinsam genutzten Besitz der Familien Bernard und d'Orville bestanden. Die ausgedehnten Parkanlagen fielen terrassenförmig zum Main hin ab. Den Namen Lili-Park erhielt die Anlage erst 1932, zum 100. Todestag von Johann Wolfgang Goethe, und erinnert an dessen „Offenbacher Sommer" 1775 mit Lili Schönemann, mit der er kurzzeitig verlobt war.

Schlosspark Rumpenheim: Zwischen Monopteros, Schlosskirche und Türkischem Pavillon auf verwunschenen Wegen wandeln und erholsame Stunden verbringen: Ab 1768 ließen die Landgrafen von Hessen-Kassel den malerischen Park am Rumpenheimer Schloss nach dem Vorbild englischer Landschaftsgärten anlegen.

▸ Wetterpark

Alle reden vom Wetter, aber kaum jemand weiß, wie Hagelschauer oder Stürme entstehen und wie man sie vorhersagt. Antworten auf solche und ähnliche Fragen können Spaziergänger im Wetterpark am Buchhügel finden. Das 20 000 Quadratmeter große Areal bietet sowohl Naherholung als auch wissenschaftliche Informationen zum Wettergeschehen in anschaulicher Form. Schließlich ist Offenbach am Main mit dem Hauptsitz des Deutschen Wetterdienstes (DWD) die Wetterstadt Deutschlands. Es besteht die Möglichkeit, den Wetterpark auf eigene Faust zu erkunden oder an öffentlichen Führungen teilzunehmen. Individuelle Führungen sind ebenfalls buchbar.

Adresse: Buchhügelallee 400, 63071 Offenbach, ✆ 069/83836896, 🌐 www.wetterpark-offenbach.de, ✉ wetterpark@ofinfocenter.de, **Öffnungszeiten:** täglich 8–22 Uhr, freier Eintritt

▸ Kletterpark

Offenbach aus luftiger Höhe überblicken – das ermöglicht der Abenteuer-Kletterpark, den die Fun Forest GmbH im Leonhard-Eißnert-Park der Stadt betreibt. Auf dem drei Hektar großen Gelände sind in 5 bis 15 m Höhe mehr als 140 Bäume mit 12 000 m Stahlseil und Stegen verbunden. Gesichert mit Helm und Gurt geht es über die zehn Parcours, von denen einer speziell für Kinder ab fünf Jahren geeignet ist. Für Sicherheit ist selbstverständlich gesorgt. Hinter dem AbenteuerPark steht ein erfahrenes Team professioneller Kletterexperten.

Adresse: Bieberer Straße 271, 63065 Offenbach, ✆ 069/85702000, 🌐 www.abenteuer-park-offenbach.de

▸ Schultheis-Weiher

Der Schultheis-Weiher, ein ehemaliger Kiessee und Herzstück des Mainbogens von Bürgel und Rumpenheim, wird von Wasservögeln und Erholungssuchenden gleichermaßen geliebt. Im öffentlichen Bereich des Naturschutzgebietes darf von Anfang Mai bis Mitte September gebadet werden. Das Nordufer ist tabu, hier wurde eine Zone zum Schutz seltener Tierarten eingerichtet.

Adresse: Lammertstraße 406, 63075 Offenbach

Stadtrundgänge
Wer Offenbach besser kennenlernen will, hat durch Stadtrundgänge und geleitete Ausflüge hierzu Gelegenheit. Orts- und geschichtskundige Gästeführer bringen dem interessierten Besucher die Stadt und ihre Sehenswürdigkeiten näher. Und wer tiefer in die Stadt eintauchen und Nischen, Milieus und Menschen kennenlernen möchte, kann mit dem Team von OFlovesU auf Tour gehen und die Stadt fernab von Postkartenmotiven und Vorzeigebauten entdecken.
Information: OF-InfoCenter, Salzgässchen 1, 63065 Offenbach, 069/8065-2052, www.offenbach.de/fuehrungen

Waldschwimmbad Rosenhöhe
Im Waldschwimmbad Rosenhöhe sind Wasserratten ganzjährig in ihrem Element. Im 50-Meter-Becken zog schon Schwimmweltmeister Michael Groß seine Bahnen. Außerdem gibt es ein Nichtschwimmerbecken, mehrere Planschbecken, eine Liegewiese, einen Spielplatz, ein Beachvolleyball-Feld und Tischtennisplatten und eine Pizzeria mit Kioskangebot.
Adresse: Auf der Rosenhöhe 29, 63069 Offenbach, 069/841169

Radfahren/Wandern
Ein gut ausgebautes Radwegenetz mit einer Länge von 25 km und regionale Rad- sowie Themenrouten laden zu spannenden Erkundungen ein. Die „Route der Industriekultur“, der „Hugenotten- und Waldenserpfad“ und die „Hessische Apfelweinroute“. Mit ihren geringen Höhenunterschieden sind die Strecken für Radler und Wanderer gleichermaßen geeignet. Die verschiedenen Touren sind besonders für Familien interessant, denn sie bieten mit Spielplätzen und Sehenswürdigkeiten Abwechslung für kleine und große Radler.
Information: www.offenbach.de

Veranstaltungen und Feste

Die kleine Großstadt am Main bietet über das gesamte Jahr hinweg ein breites Spektrum an Veranstaltungen, bei denen für jeden Geschmack etwas dabei ist. Sportfreunde kommen im neuen Sparda-Bank-Hessen-Stadion auf dem traditionsreichen Bieberer Berg auf ihre Kosten, in den Veranstaltungshäusern Capitol und Stadthalle gastieren international bekannte Künstler und viele weitere kleine Bühnen sorgen Monat für Monat für ein gutes Programm. Darüber hinaus zieht Offenbach mit der **Biennale „Kunstansichten“,** die im Wechsel mit dem **„Festival junger Talente“** statt-

Zum Mainuferfest kommen jedes Jahr mehrere Zehntausend Besucher.

findet, Kreative, Künstler und Kunstinteressierte aus der gesamten Region an. Strahlkraft besitzt auch der jährlich stattfindende **„Rundgang“** der ansässigen Hochschule für Gestaltung, bei der die Studenten ihre Ideen aus den Bereichen Bühnenbild, Produktgestaltung und Bildender Kunst präsentieren. Gleiches gilt für die 2001 ins Leben gerufene **„Cross Media Night“,** bei der die Absolventen aus dem Bereich Mediengestaltung ihre Multimedia-Installationen und -Produktionen Open Air vor der historischen Kulisse des Isenburger Schlosses zeigen. Eine nicht minder anziehende Leistungsschau ist die **„Offenbacher Woche“** der Gewerbetreibenden, die zu Party, Spaß und Unterhaltung mit vielen Aktionsbühnen, Livemusik und Attraktionen in der Frankfurter Straße zwischen Alice- und Wilhelmsplatz einladen. Auch das **„Mainuferfest“** lockt im Juni jährlich mehrere Zehntausend Menschen. Ein weiteres Highlight ist das **„Lichterfest“** im August, bei dem die Neue Philharmonie Frankfurt zum Freiluftkonzert bei 70 000 Lichtern in den Büsingpark lädt. Auch im September setzt sich der Reigen fort, so ziehen das **„Kulturfest der Nationen“** und das Kinderfest im Leonhard-Eißnert-Park Menschen aus dem gesamten Rhein-Main-Gebiet an. Überregional beliebt ist auch der **Flohmarkt am Mainufer,** bei dem Schnäppchenjäger ganzjährig auf ihre Kosten kommen. Lediglich zu Messezeiten, wie z. B. der **Internationalen Lederwarenmesse,** gibt es keinen Flohmarkt. Ein wöchentlicher Besuch des **Wochenmarktes** auf dem Wilhelmsplatz gehört für Einheimische und Besucher ebenso zum Pflichtprogramm. Seit 1903 gibt es den Erzeugermarkt, der nicht nur Bezugsquelle für frische Spezialitäten aus der Region ist, sondern in Kombination mit dem umliegenden gastronomischen Angebot einen mediterran anmutenden Treffpunkt für unterschiedlichste Menschen und Kulturen bietet.

Pfungstadt

(Darmstadt-Dieburg)

Pfungstadt liegt mitten im Herzen einer der wachstumsstärksten und wirtschaftlich dynamischsten Regionen Deutschlands, dem Rhein-Main-Gebiet, und hat etwa 25 000 Einwohner. Die zentrale Lage ist konkurrenzlos und auch die Nähe zur Wissenschaftsstadt Darmstadt spricht für sich. Mit dem Bahnanschluss und der verkehrsgünstigen Lage zwischen zwei Autobahnen bietet sich Pfungstadt mit seinen Stadtteilen Eschollbrücken/Eich und Hahn als Ausgangspunkt für viele Ausflüge in die Region an.

Magistrat der Stadt Pfungstadt
Kirchstraße 12–14
64319 Pfungstadt
06157/988-0
www.pfungstadt.de
info@pfungstadt.de

Sehenswertes

Altes Rathaus

Das Rathaus wurde von 1614–1618 in barockem Stil errichtet. Das aus zwei Tonnengewölben bestehende Fundament wurde über die Modau gebaut. Der massive Bau besteht aus zwei Geschossen und weist gekrümmte Giebel auf. Besonders schön anzusehen sind die am Ostgiebel und der Südseite befindlichen Sonnenuhren.

Adresse: Kirchstraße 12–14, 64319 Pfungstadt

Die Villa Büchner

Diese Villa wurde im Auftrag von Wilhelm Büchner, dem Bruder des berühmten Dichters Georg Büchner, vor über 140 Jahren gebaut. Der zweigeschossige Bau verfügt über

Das barocke Rathaus in Pfungstadt.

einen Wintergarten, der in den Sommermonaten als Veranda genutzt wurde, und von dem aus man in den Garten gelangte. Das Herrenhaus war seinerzeit das modernste, repräsentativste Gebäude der Stadt.
Adresse: Uhlandstraße 20, 64319 Pfungstadt

▸ Pfungstädter Galgen
Der auf einem kleinen Hügel an der Ortsgrenze Richtung Darmstadt-Eberstadt befindliche Galgen wurde im 14. Jahrhundert als Holzkonstruktion erbaut und als Hinrichtungsort genutzt. Später wurde der Holzbau durch gemauerte Säulen ersetzt. Dass der Galgen tatsächlich genutzt wurde, ist wahrscheinlich, jedoch sind keine Daten von Hingerichteten überliefert. Unter dem Galgen soll sich das Grab des Posträubers Johann Tobias Kiefer, genannt Katzof, befinden, der einige Tage vor dem Hinrichtungsdatum gestorben war.
Adresse: Eberstädter Straße, 64319 Pfungstadt

▸ Pfungstädter Mühlen
Die sieben Pfungstädter Mühlen entlang der Modau gehören zu den Wahrzeichen Pfungstadts und waren ein wichtiger Wirtschaftsfaktor im 15. Jahrhundert.

▸ Süntelbuche
Die Pfungstädter Süntelbuche – eine Variation der Rotbuche – steht an der Straße von Seeheim nach Pfungstadt und ist etwa 200 Jahre alt. Mit einem Umfang von etwa 2,35 m bietet sie zu jeder Jahreszeit einen imposanten Anblick.

Museen

Städtisches Museum
Das städtische Museum umfasst zwei auch räumlich voneinander getrennte Bereiche. Das Hauptgebäude – die 1837 erbaute ehemalige Borngass-Schule, Borngasse 7 – und die Alte Remise in der Rügener Straße 35 a. In der Borngass-Schule sind Exponate aus der Vor- und Frühgeschichte ausgestellt. Hier sind unter anderem ein aus der Zwischeneiszeit stammender Unterkiefer eines Waldnashorns und ein aus einem Eichenstamm gefertigter römischer Brunnen aus dem 1.–2. Jahrhundert zu sehen. Die Egerländer Heimatstube bietet Raum für Ausstellungsstücke, die an Nordböhmens Heimatvertriebene erinnern. Aus 1900 stammt eine Drogerie und verschiedene Räume mit Inneneinrichtung aus dem damaligen Berufs- und Alltagsleben, wie eine Küche, ein Tante-Emma-Laden, ein Klassenraum, eine Zahnarztpraxis und die Werkstatt eines Schuhmachers.
Adresse: Borngasse 7, 64319 Pfungstadt, ✆ 06157/988-1510, ✉ museum@pfungstadt.de

▸ Alte Remise
Das Museum Alte Remise ist in einem Teilgebäude der ehemaligen Zündholzfabrik untergebracht. Hier geht es überwiegend um das vergangene wirtschaftliche Schaffen

Pfungstadts wie die Zündholzfabrikation, die Ziegelei und die Tabakindustrie. Auch wird über die Stoffproduktion mit dem natürlichen Rohstoff Flachs Auskunft gegeben. Jedes Jahr rundet eine Sonderausstellung das Angebot ab.
Adresse: Rügener Straße 35 a, 64319 Pfungstadt, **Öffnungszeiten:** am ersten Sonntag im April bis zum ersten Sonntag im November: jeweils am ersten Sonntag des Monats 14–17 Uhr geöffnet und nach Vereinbarung
Kontakt: Rudolf Lang, Eberstädter Straße 191, Pfungstadt, 06157/86104

Freizeit und Natur

Pfungstädter Moor

Im Pfungstädter Moor, das seit etwa zehntausend Jahren existiert, wurde Torf abgebaut. Das Schilf wurde zudem zum Decken der Dächer genutzt. Seit mehr als 55 Jahren steht es unter Naturschutz. Mittlerweile haben sich hier verschiedene Vogelarten angesiedelt, darunter auch seltene Arten wie der Teichrohrsänger und die Zwergrohrdommel. Pflanzenfreunde und botanisch Interessierte haben hier Gelegenheit, auf ausgewiesenen Wegen seltene Pflanzen wie den Sumpflappenfarn und die Scheinzypergras-Segge zu sehen.

Badespaß pur – im Bade SaunaPark.

Radfahren/Wandern

Viele gut ausgeschilderte Rad- und Wanderwege bieten rund um Pfungstadt vielfältige Möglichkeiten, die Umgebung Pfungstadts zu erkunden. Auf dem Drahtesel oder zu Fuß lässt sich auf einem der zahlreichen ausgebauten Rad- und Wanderwege in und um Pfungstadt herrlich abschalten.

Der große Moorsee.

Skatepark

Für Freunde des flotten Bretts, aber auch für BMX-Fans, hält Pfungstadt eine besondere Attraktion bereit. Der Skatepark ist ausgestattet mit einer Minirampe, eine Quarter Pipe, Fundboxen und Kicker.
Adresse: Schillerstraße 65, 64319 Pfungstadt

Bade SaunaPark

Im Hallenbad (Saison 1.9.–31.5.) bekommen Sie stündlich durch unseren Wellensimulator ein Gefühl von Urlaub. Das weitläufige Freibadgelände (Saison 1.6.–31.8.) bietet neben einem Sportschwimmbecken, eine Sprunganlage mit einem 5-Meter-, 3-Meter- und 1-Meter-Sprungbrett. Außerdem gibt es ein Nichtschwimmerbecken und ein Babybecken mit angrenzendem Spielplatz.
Adresse: Dr.-Horst-Schmidt-Straße 12, 64319 Pfungstadt, 06157/988-1552, schwimmbad@pfungstadt.de,

www.badesaunapark.de, **Öffnungszeiten:** Hallenbad: Montag geschlossen, Dienstag 6.30–8 Uhr, Mittwoch (Warmbadetag) 6.30–16 Uhr, Donnerstag und Freitag 6.30–21 Uhr, Samstag und Sonntag 6.30–18 Uhr. Freibad: täglich 9–20 Uhr.

Veranstaltungen und Feste

Jedes Jahr im Juli veranstaltet die deutschlandweit bekannte Pfungstädter Brauerei ihr **Brauereifest,** das viele Besucher von nah und fern anzieht. Das zweite Wochenende im September steht dann ganz im Zeichen der größten Pfungstädter Festivität, der **Pfungstädter Kerb,** die ein buntes Programm aus Livemusik, Aktion und Markttreiben bietet. Die Kerb endet mit einem prachtvollen Höhenfeuerwerk.

Raunheim

(Groß-Gerau)

Die Stadt Raunheim liegt im Rhein-Main-Gebiet zwischen Frankfurt und Mainz. Seit der ersten urkundlichen Erwähnung im Jahr 910 ist die Stadt auf etwa 14 750 Einwohner angewachsen.

Magistrat der Stadt Raunheim
Am Stadtzentrum 1
65479 Raunheim
06142/4020
www.raunheim.de

Sehenswertes

Martin-Luther-Kirche

Die Martin-Luther-Kirche wurde 1751/52 erbaut und trägt barocke Züge, zu erkennen am Ochsenauge über dem Portal und an den Rundbogenfenstern. Das Gotteshaus ist das Nachfolgebauwerk einer anderen Kirche, die 1275 erstmals in den Urkunden auftauchte. Neben dem ehemaligen Pfarrhaus, in dem heute das Heimatmuseum untergebracht ist, und einem Privathaus ist die Martin-Luther-Kirche das drittälteste Haus Raunheims. **Adresse:** Wilhelm-Leuschner-Straße 10, 65479 Raunheim, 06142/21411

Mönchhofkapelle

Die schlichte Mönchhofkapelle wurde im Barockstil erbaut. Im Inneren der Kapelle entdeckte man während Sanierungsarbeiten im Jahr 2008 Wandmalereien, nämlich elf Weihekreuze. Die Kapelle befindet sich am linken Mainufer, etwa zweieinhalb Kilometern nordöstlich von Raunheim.

Museen

Heimatmuseum

Das Raunheimer Heimatmuseum ist im ehemaligen Pfarrhaus untergebracht. Es wurde um 1750 gebaut und steht heute unter Denkmalschutz. Im Museum werden Ausstellungsstücke aus der Frühgeschichte, der Bronze- und Römerzeit gezeigt. Auch die Kir-

Das Museum in Raunheim im ehemaligen Pfarrhaus.

chen- und Stadtgeschichte wird beleuchtet. Eine Schul- und Rathausuhr von 1870, eine Küche und ein Schulzimmer aus dem 19.–20. Jahrhundert sowie eine Waschküche aus den 20er-Jahren gibt es ebenfalls zu sehen. **Adresse:** Mainstraße, 65479 Raunheim, **Öffnungszeiten:** jeden ersten Sonntag im Monat 10–12 und 14–17 Uhr

Freizeit und Natur

▸ Hallenbad
Das Bad wurde saniert und auf den neuesten Stand gebracht. Es bietet mit seinen sechs 25-Meter-Bahnen Schwimmvergnügen für alle.
Adresse: Forsthausstraße 13, 65479 Raunheim, **Öffnungszeiten:** Freitag 17–21 Uhr, Samstag 14–18 Uhr, Sonntag 8–11.30 Uhr, Dienstag und Donnerstag Frühschwimmen 6–7.30 (außer zu Ferienzeiten)

▸ Raunheimer Waldsee
Nichtschwimmer, Schwimmer und Surfer kommen in dem weitläufigen Naturstrandbad auf ihre Kosten. Für Nichtschwimmer steht ein abgetrennter Bereich zur Verfügung. Seit Juli 2012 gibt es eine Wakeboard- und eine Wasserskianlage. Außerdem stehen zahlreiche Spielgeräte, ein Beachvolleyball-Feld und eine Ballspielwiese zur Verfügung. Anhänger der Freikörperkultur sind auf einem abgetrennten Gelände ganz unter sich.
Adresse: Aschaffenburger Straße, 65479 Raunheim, **Öffnungszeiten:** Montag–Freitag 10–20 Uhr, Samstag, Sonntag, Feiertag 8–20 Uhr, Badesaison: Mitte Mai–Ende Mitte September

Veranstaltungen und Feste

Die Gewerbetreibenden Raunheims laden Ende Juni zum **Bahnhofstraßenfest** ein. Jedes Jahr Ende August wird die **Kerb** auf dem Festplatz Mainzer Straße gefeiert. Besonderer Besuchermagnet ist der Kerweumzug am Sonntag. Die **Strandbar Raunheim** öffnet jedes Jahr im Sommer für vier Monate und bietet ein reichhaltiges Programm aus Partys, Frühschoppen, Konzerten, Aufführungen, Kanu- und Tanzkursen, Yoga und vielem mehr. Die Strandbar ist am Main zu finden, direkt an der Regional-Park-Route Nähe Mainstraße. Auf dem **Raunheimer Wochenmarkt,** der jeden Samstag von 8–12 Uhr Ecke Starkenburger Straße/Forsthausstraße stattfindet, bieten Bauern und Produzenten aus der Region ihre Produkte an. Der **Raunheimer Weihnachtsmarkt** im Stadtzentrum findet jährlich am zweiten Dezemberwochenende statt und beschließt das Jahr.

Reichelsheim (Odenwald)

(Odenwaldkreis)

Die Gemeinde Reichelsheim liegt mitten im Geo-Naturpark Bergstraße-Odenwald. In Reichelsheim und seinen dreizehn Ortsteilen Beerfurth, Bockenrod, Eberbach, Erzbach, Frohnhofen, Gersprenz, Gumpen, Klein-Gumpen, Laudenau, Ober-Kainsbach, Ober-Ostern, Rohrbach und Unter-Ostern leben etwa 9000 Menschen. Die Gemeinde wurde 1303 erstmals urkundlich erwähnt.

Gemeindeverwaltung Reichelsheim
Bismarckstraße 43
64385 Reichelsheim
☎ 06164/508-0
Fax 06164/508-33
www.reichelsheim.de
✉ gemeinde@reichelsheim.de

Mitten im Grünen liegt Reichelsheim.

Sehenswertes

▸ Schloss Reichenberg

im 13. Jahrhundert wurde aus der Burg Rickenburg das Schloss Reichenberg, dessen Herrenhaus durch seinen gebogenen Grundriss hervorsticht. Das Schloss war Geburtsort des Naturforschers Christian Gottfried Daniel Neues von Esenbeck, einem Freund Goethes. Es wechselte bis Mitte des 19. Jahrhunderts mehrfach seine adligen Besitzer. Seit 1979 ist das zu einer Tagungs- und Begegnungsstätte umgebaute Gebäude mit seinem Schlosscafé für Besucher geöffnet.
Adresse: 64385 Reichelsheim, ☎ 06164/9306109, **Information:** 🌐 www.ojc.de/schloss-reichenberg

▸ Ruine Rodenstein

Diese typische Hangburg liegt etwa drei Kilometer nordwestlich von Reichelsheim. Der Mittelpunkt der Anlage besteht aus einem rechteckigen Gebäude mit abgerundeten Ecken, der an der Südwestseite zum Berghang hin durch eine hohe und starke Burgmauer verstärkt ist, die der Sicherung diente, der sogenannten Schildmauer. Die nördliche Abgrenzung bildet ein ansehnlicher Saalbau.
Information: 🌐 www.reichelsheim.de

Museen

▸ Regionalmuseum

Das Regionalmuseum Reichelsheim ist im ehemaligen Rathaus untergebracht. Dieses älteste Fachwerkhaus Deutschlands wird genutzt, um Exponate aus dem Bergbau und Handwerksberufen damaliger Zeit, wie z. B. Gäulchesmacher (Holzpferdeschnitzer), Schuhmacher und Schindler, in passender Atmosphäre zu präsentieren. Auch werden Einblicke in das Leben der früheren Dorfschule und die Reinheim-Reichelsheimer Eisenbahn gegeben.

Adresse: Rathausplatz 7, 64385 Reichelsheim, **Öffnungszeiten:** Sonntag 15–17 Uhr und nach Absprache, Führungen möglich, ✆ 06164/50826

▸ Freilandmuseum Keilvelterhof
Der Keilvelterhof liegt ganz idyllisch am Ortsausgang des Ortsteils Unter-Ostern und verdankt seinen Namen seinen ehemaligen Besitzern Johann Valentin Keil und dessen Sohn Valentin. Das Freilandmuseum vermittelt einen Einblick in das Leben der Bauern der damaligen Zeit. Dem Besucher werden Einsichten in die kulturelle und sozialgeschichtliche Entwicklung, in die allgemeine Regionalhistorie und in den landwirtschaftlichen und gesellschaftlichen Wandel geboten.
Öffnungszeiten: Montag–Donnerstag 8–16 Uhr, Freitag 8–14 Uhr, Samstag und Sonntag nach Vereinbarung

Freizeit und Natur

▸ Schwimmbad Reichelsheim
Das Schwimmbad in Reichelsheim wird mit Sonnenenergie beheizt und bietet Badespaß

Reichelsheim hat auch Wasserfreunden einiges zu bieten.

für Wasserratten aller Altersgruppen. Es hat eine 45 Meter lange Rutsche und ein Beachvolleyball-Feld.
Adresse: Konrad-Adenauer-Alle 15, 64385 Reichelsheim, ✆ 06164/54387, **Öffnungszeiten:** täglich 8–20 Uhr

▸ Schwimmbad Beerfurth
Auch in diesem familiären Bad im Ortsteil Beerfurth lässt sich wunderbar abschalten.
Adresse: Schwimmbadstraße 42, 64385 Beerfurth, ✆ 06164/1693, **Öffnungszeiten:** täglich 10–20 Uhr

▸ Radfahren/Wandern
Im Gersprenztal rund um Reichelsheim findet sich eine der reizvollsten Wanderregionen des Odenwaldes. Fahrradfahrer nutzen gern den 15 km langen Radwanderweg R2, um das Tal zu erkunden oder brechen zum Rundkurs Rodensteiner Land auf.
Information: 🌐 www.reichelsheim.de

Veranstaltungen und Feste

In Ober-Osterner findet jedes Jahr zu Ostern der **Ostermarkt** statt. Am Ostersamstag wird das Osterfeuer entzündet. Ganz in der Nähe des Markts können Besucher dann den größten Hampelmann-Osterhasen der Welt bewundern. Am ersten Wochenende im Juli veranstaltet der Reit- und Fahrverein seine jährlichen **Ponyspiele** mit großem Schauabend, Unterhaltungsprogramm, Ponyturnier und Feuerwerk. Das letzte Wochenende im Oktober steht ganz im Zeichen der ☺ **Reichelsheimer Märchen- und Sagentage,** bei denen Aufbauten und Kostüme aus dem Mittelalter zu bewundern sind. Im Rahmen dieser Veranstaltung wird jedes Jahr der Wildweibchenpreis ausgelobt. Dieser Literaturpreis für Kinder- und Jugendliteratur wurde unter anderem schon an Ottfried Preußler und Cornelia Funke verliehen.

Reinheim

(Darmstadt-Dieburg)

Reinheim ist eine Stadt am Rand des Rhein-Main-Gebiets, sie wird als „Tor zum Odenwald“ bezeichnet. Reinheim war 1260 von den Grafen von Katzenelnbogen gegründet worden, der Hof und die Burg Reinheim wurden um 1276/77 erstmalig urkundlich erwähnt. Etwa 17 000 Einwohner leben in Reinheim und den Stadtteilen Georgenhausen, Spachbrücken, Ueberau und Zeilhard.

Stadtverwaltung Reinheim
Cestasplatz 1
64354 Reinheim
06162/805-0
06162/805-65
www.reinheim.de
stadtverwaltung@reinheim.de

Sehenswertes

Galerie im Hofgut

In der Galerie gibt es wechselnde Ausstellungen von verschiedenen Künstlern und Künstlergruppen, z. B. Malereien und Zeichnungen, aber auch Fotografien. **Adresse:** Kirchstraße 24, 64354 Reinheim, 06162/805-68, **Öffnungszeiten:** Sonntag 14–18 Uhr und nach Vereinbarung

Museen

Heimatmuseum

Hier werden zahlreiche Exponate aus dem früheren Leben der Region dargeboten, unter anderem eine Puppensammlung, Herrenzimmer aus den dreißiger Jahren, ein Luftschutzkeller und mehr.

Das Rathaus im Stadtteil Spachbrücken.

Adresse: Kirchstraße 41, 64354 Reinheim, /Fax 06162/2014, www.museum-reinheim.de, **Öffnungszeiten:** Sonntag 14.30–17.00 Uhr oder nach Absprache

Odenwald-Mineralien

Seit 1991 verfügt die Stadt über diese Sammlung an Odenwaldmineralien, die vom ehemaligen Bürgermeister Herrmann Steuck zusammengetragen wurde. Die Sammlung ist im historischen Herrenhaus im Kulturzen-

Die Reinheimer Musiktage ziehen alle zwei Jahre viele Besucher an.

trum untergebracht, Führungen sind nach Vereinbarung möglich.
Information: 06162/805-61, **Öffnungszeiten:** an jedem ersten Mittwoch im Monat 19–20 Uhr und nach Vereinbarung

Freizeit und Natur

▸ Freibad
Im Reinheimer Freibad gibt es einen Schwimmer- und Nichtschwimmerbereich, eine Sprunganlage, eine Rutsche und einen Babybereich. Die Liegewiese lädt zum Relaxen ein.
Adresse: Am Schwimmbad 1, 64354 Reinheim, 06162/1656, **Öffnungszeiten:** Montag–Mittwoch 8–20 Uhr, Donnerstag (bis Mitte August) 8–21 Uhr, Freitag 9–20 Uhr Samstag und Sonntag 8–20 Uhr, Saison: 1.6.–31.8. (bei gutem Wetter 14 Tage früher bzw. länger)

▸ Grillen
Wer gern im Freien ein Stück Fleisch oder Gemüse brutzelt, der kann sich in Reinheim eine von vier Grillhütten aussuchen, in Reinheims Kernstadt nämlich sowie in Spachbrücken, Ueberau und Zeilhard.
Information: www.reinheim.de

Veranstaltungen und Feste

Anfang Juni lockt der **Reinheimer Markt** zahlreiche Besucher mit annähernd hundert Marktbeschickern und guter Stimmung. Die **Reinheimer Satirewochen** von Mitte/Ende September sind weit über die Region hinaus bekannt. Im zweijährigen Rhythmus finden die **Reinheimer Musiktage** statt. Dann verwandelt sich das Georgenhäuser Freizeitzentrum in ein Festivalgelände mit drei Livebühnen und zahlreichen Gastro-Ständen, die internationale Genüsse für alle Besucher bereithalten.

Riedstadt

B 3

(Groß-Gerau)

Riedstadt liegt im Hessischen Ried und entstand 1977 im Zuge einer Gebietsreform aus den Gemeinden Crumstadt, Erfelden Goddelau, Leeheim und Wolfskehlen. Flächenmäßig ist Riedstadt die größte Stadt im Landkreis Groß-Gerau. Etwa 22 000 Einwohner leben hier. Riedstadt wird auch die Büchnerstadt genannt, weil der Dichter Georg Büchner hier geboren wurde.

Stadtverwaltung Riedstadt
Rathausplatz 1
64560 Riedstadt
info@riedstadt.de
www.riedstadt.de

Sehenswertes

▸ Büchnerhaus
Das Büchnerhaus ist das Geburtshaus des weltberühmten Dichters und Naturwissenschaftlers Georg Büchner. Dem Künstler ist die Ausstellung „Von Goddelau zur Weltbühne“ gewidmet, die sich mit dem Leben des

Das Rathaus von Riedstadt.

Schriftstellers beschäftigt und einmalige Exponate zu Büchners Werk versammelt. Im ersten Stock befindet sich eine Bibliothek.
Adresse: Weidstraße 9, 64560 Riedstadt-Goddelau, 🌐 www.riedstadt.de, **Öffnungszeiten:** Donnerstag 14–18 Uhr, Sonntag 14–18 Uhr, Schulklassen/Gruppen nach Voranmeldung

Museen

▸ Heimatmuseum Wolfskehlen

In der ehemaligen Ölmühle ist das Wolfskehlener Heimatmuseum untergebracht. Unter anderem gibt es hier Exponate aus Handwerk, Gewerbe, Haus- und Landwirtschaft.
Adresse: Groß-Gerauer-Straße 1, 64560 Riedstadt-Wolfskehlen, 🌐 www.hgv-wolfskehlen.de, **Öffnungszeiten:** jeden ersten Sonntag im Monat 10–12 Uhr und nach Vereinbarung

▸ Museum Crumstadt

Hier wird die Geschichte des Stadtteils in einer umfassenden Sammlung eindrucksvoll dokumentiert. Ein Raum des Hauses ist für die Dauerausstellung reserviert, ein zweiter dient für Sonderausstellungen und Veranstaltungen.
Adresse: Poppenheimer Straße 1, 64560 Riedstadt-Crumstadt, **Öffnungszeiten:** jeden zweiten Sonntag im Monat 10–12 Uhr und nach Vereinbarung

▸ Heimatmuseum Erfelden (Phil. Schäfer II. Museum)

Hier gibt es vorgeschichtliche Funde und solche aus der Jungsteinzeit, außerdem präparierte Tiere der Region und Literatur zur Heimat zu sehen. Ferner präsentiert das Museum eine Sammlung von Exponaten aus Handwerk, Haushalt, Fischerei und Landwirtschaft.
Adresse: Wilhelm Leuschner-Straße 28, 64560 Riedstadt Erfelden, 🌐 www.museum-erfelden.npage.de, **Öffnungszeiten:** jeden ersten und dritten Sonntag im Monat 10–11.45 Uhr und nach Vereinbarung

▸ Heimatmuseum Leeheim

Das Heimatmuseum Leeheim präsentiert Ausstellungsstücke aus der Regionalhistorie, z. B. Exponate aus Handwerk, Landwirtschaft, Alltag und Haushalt.
Adresse: Backhausstraße 8, 64560 Riedstadt-Leeheim, 🌐 www.hgl-leeheim.de, **Öffnungszeiten:** jeden ersten und dritten Sonntag im Monat 10–12 Uhr und nach Vereinbarung

▸ Psychiatriemuseum

Das Psychiatriemuseum befindet sich im Stadtteil Philippshospital und zeigt eine Auswahl von Exponaten aus der viele Jahrhunderte alten Tradition der Psychiatrie im Ried, z. B. Badezuber für Zwangsbäder sowie Dokumente aus der Psychiatriegeschichte.
Adresse: Philippshospital (heute: Vitos Riedstadt), Philippsanlage 101, 64560 Riedstadt
Information: telefonische Anmeldung erforderlich, ✆ 06158/183-203

Freizeit und Natur

▸ Riedlandschaft

Rings um Riedstadt befindet sich großflächige Riedlandschaft und unberührte Natur. Es handelt sich um ehemaliges Überschwemmungsgebiet des Rheins. Später wurden die sumpfigen Flächen für die Landwirtschaft nutzbar gemacht. Die Umgebung lässt sich herrlich nutzen, um Tiere und Pflanzen zu beobachten.
Information: 🌐 www.riedstadt.de

▸ Ehemalige Synagoge Erfelden

Diese ehemalige Synagoge ist heute Begegnungsstätte und kultureller Veranstaltungsort. Hier werden Lesungen, Aufführungen und Vorträge angeboten. Außerdem ist sie Dokumentationszentrum für das jüdische Leben im Kreis Groß-Gerau.

Adresse: Neugasse 43, 64560 Riedstadt-Erfelden, **Öffnungszeiten:** zu Veranstaltungen oder nach Vereinbarung

▸ Büchnerbühne
Im Stadtteil Leeheim befindet sich die Büchnerbühne. Professionelle Schauspieler spielen natürlich Stücke von Georg Büchner, aber auch von anderen Autoren.
Adresse: Kirchstraße 16, 64560 Riedstadt-Leeheim, 06158/188854, www.buechnerbuehne.de

▸ Schwimmen
Wasserratten dürfte es entweder in eines der Freibäder in Goddelau und Crumstadt oder an den Leeheimer Badesee Riedsee ziehen.
Adressen: Freibad Goddelau: Weidstraße 35, Goddelau/Freibad Crumstadt: Nibelungenstraße 43, Crumstadt, www.riedstadt.de, www.riedsee.de, **Öffnungszeiten:** für beide Bäder: Montag 11–20 Uhr, Dienstag–Sonntag 10–20 Uhr,

▸ Radfahren/Wandern
Wer gern zu Fuß oder per Drahtesel die Landschaft in und um Riedstadt entdecken möchte, der kann einen der Wanderwege nehmen, z. B. den Elisabeth-Langgässer-Wanderweg, den Lehrpfad Stromtalwiesen, den Goller Erlebnispfad Altes Neckarbett oder einen der anderen zahlreichen ausgeschilderten Wander- und Radwege. Über die Martin-Roth-Brücke in Erfelden gelangt man auf die Altrheininsel Kühkopf, die zusammen mit der Knoblochsaue zum größten hessischen Naturschutzgebiet gehört. Das Europareservat ist ein Paradies für Wanderer und Radfahrer.
Information: www.riedstadt.de

▸ Geopark Bergstraße-Odenwald
3500 qm Fläche umfasst der Geopark Bergstraße-Odenwald, der sowohl europäischer wie nationaler als auch UNESCO-Geopark ist. Hier haben sich zahlreiche seltene Tier- und Pflanzenarten angesiedelt, und auch Mineralogen kommen wegen des Gesteinsuntergrunds auf ihre Kosten.
Information: www.geo-naturpark.net/daten/pfade/riedstadt.php

Veranstaltungen und Feste

In Riedstadt gibt es das Jahr über jede Menge Veranstaltungen, so die Aufführungen der Büchnerbühne, Open-Air-Konzerte, Lesungen und Vorträge im Büchnerhaus. Regelmäßige Veranstaltungen sind unter anderem das **„Wutzdog Festival“**, das Anfang September am Riedsee in Leeheim stattfindet, sowie die diversen Kerwen (= Kirchweihfeste) in allen Stadtteilen, die stets viele Besucher anlocken. Einen umfangreichen Veranstaltungskalender gibt es auf www.riedstadt.de.

Rodgau

(Landkreis Offenbach)

Rodgau besteht aus den Stadtteilen Weiskirchen, Hainhausen, Jügesheim, Dudenhofen und Nieder-Roden mit dem dazugehörenden Ortsteil Rollwald. Die Stadt liegt im Landkreis Offenbach und wurde durch die Hits der Rodgau Monotones in den 80er-Jahren bekannt. Die ersten urkundlichen Erwähnungen fanden 1189–1220 statt.

Magistrat der Stadt Rodgau
Hintergasse 15
63110 Rodgau
www.rodgau.de
stadt@rodgau.de

Sehenswertes

Dorfkirchen
Die fünf alten Ortskerne werden bis heute von den ehemaligen Dorfkirchen aus dem 13.–19. Jahrhundert geprägt. Die historischen Bauwerke sind in den Neunzigerjahren umfangreich saniert und wiederhergestellt worden. Das älteste erhaltene Gebäude der Stadt Rodgau ist der zu Beginn des 14. Jahrhunderts errichtete gotische Turm der Matthias-Kirche. Interessant für die Freunde der Sakralkunst ist der spätgotische Marienaltar in der katholischen St. Matthiaskirche Nieder-Rodens. Er wird auf die Zeit um 1520 datiert.

Fachwerkhäuser
In der ganzen Stadt verteilen sich Fachwerkhäuser, die vom 16.–19. Jahrhundert gebaut und inzwischen partiell saniert wurden. Das alte Backhaus in Dudenhofen, von den Rodgauern „Backes" genannt, ist nach den Originalplänen neu aufgebaut worden.

Wasserturm
Der Wasserturm in Jügesheim wurde bis 1979 genutzt und inzwischen wegen seiner Konstruktion in den Stand eines Industriedenkmals versetzt.

Der Wasserturm in Jügesheim ist ein Industriedenkmal.

Museen

Heimatmuseum Nieder-Roden
Ecke Turmstraße/Schulstraße befindet sich das ehemalige Lehrerhaus. Hier befindet sich das Heimatmuseum. Der Arbeitskreis für Heimatkunde hat eine erkleckliche Anzahl von Exponaten zusammengetragen, die über den Alltag und das Leben der Region um 1900 informieren. Außerdem befindet sich in dem Museum eine Sammlung frühzeitlicher Grabfunde. Wechselnde Ausstellungen runden das Angebot des Hauses ab.
Adresse: Schulstraße 32, 63110 Rodgau-Nieder-Roden, www.heimatverein-nieder-roden.de, 01578/9544844

DDR-Museum
Das private DDR-Museum versammelt zahlreiche Exponate aus dem DDR-Alltag und erklärt auf anschauliche Art und Weise die Konsequenzen der deutsch-deutschen Trennung.
Adresse: Friedensstraße 11, 63110 Rodgau-Nieder-Roden, 06106/16743

Museum Weiskirchen
Im alten Spritzenhaus Weiskirchens hat der Heimat- und Geschichtsverein sein Heimatmuseum untergebracht. Im Museum sind Exponate aus der Ortshistorie, alte Landkarten und viele interessante Bilder zu sehen, die das historische Leben der Menschen darstellen.

Adresse: Bahnhofstraße 8, 63110 Rodgau-Weiskirchen, 06106/15643

▸ Museum Jügesheim
Der Heimatverein Jügesheim betreibt im alten Schwesternhaus (Eingang Feuerwehrparkplatz Ostring) ein eigenes Museum, das sich in zwei Ausstellungen aufteilt. Zum einen wird der Ortsgeschichte Jügesheims Rechnung getragen. Außerdem locken eine Mineralienausstellung, eine Fossiliensammlung sowie weitere Exponate der Erdgeschichte auch naturkundlich interessierte Besucher an.
Adresse: Ostring, 63110 Rodgau-Jügesheim, 06106/13300

▸ Museum Dudenhofen
Geschichte, mal anders – das könnte das Motto des heimatkundlichen Kreises Dudenhofen sein. Der kulturelle Förderkreis pflegt seine Ortsgeschichte ganz besonders. So restaurieren die Mitglieder des Vereins Zeugnisse der Ortsgeschichte und empfinden historische Bauwerke nach. So ist z. B. das alte Backhaus vom Verein wieder aufgebaut worden und kann seit 2002 wieder betrieben werden.
Information: www.rodgau.de

Freizeit und Natur

▸ Radfahren
Die Stadt hat in Kooperation mit dem Allgemeinen Deutschen Fahrrad-Club (ADFC) ein dies- und jenseits der S-Bahn gelegenes Netz von Radwegen und Radwanderwegen ausgebaut, das die fünf Ortsteile verbindet. An S-Bahn-Haltestellen gibt es Parkplätze für Fahrräder.

▸ Wandern
Durch Feld, Wald und Wiesen rings um Rodgau führt der über 42 km lange Rodgau-Rundweg. Die beschilderte, seit 2005 nutzbare Strecke ist ein schöner Anlaufpunkt für Wanderer. Überhaupt erstrecken sich durch die Rodgauer Gemarkung zahlreiche beschilderte Wanderwege. In der zum Teil parkähnlich angelegten Rodau-Aue in Dudenhofen und Jügesheim können Spaziergänger abschalten.

▸ Strandbad Rodgau-See
Das Strandbad Rodgau-See ist weithin bekannt, aus dem Stück „St. Tropez am Baggersee" der Rodgau Monotones nämlich. Das rollstuhlgerecht eingerichtete Strandbad liegt zwischen den Stadtteilen Nieder-Roden und Dudenhofen und bietet mit Liegewiesen, Sandstrand und Wasserspielplatz, Schwimmer- und Nichtschwimmerzonen sowie einer Beachvolleyball-, einer Skateanlage und anderen Attraktionen für jeden etwas. So ist die FKK-Zone ein Bereich, den nicht jede Badeanstalt vorweisen kann. Das

Hier baden Alt und Jung: am Rodgauer Badesee.

Strandbad Rodgau-See zieht im Jahr bis zu 370 000 Besucher an. Das Besondere: Jeder ein-, zwei- und dreihunderttausendste Besucher einer Saison sowie jeder millionste Besucher wird von der Stadt Rodgau mit einer Saisonkarte für die ganze Familie beschenkt.
Adresse: Rodgau-Ring-Straße, 63110 Rodgau
Öffnungszeiten: April–September: täglich 8–20 Uhr

Veranstaltungen und Feste

Ende September veranstaltet der Rodgauer Drachenclub Aiolos das populäre **Rodgauer Familiendrachenfest** am Badesee in Nieder-Roden. Der Ortsteil steht dann zwei Tage ganz im Zeichen der beliebten Flugobjekte. Zahlreiche Aktionen rund um das Hobby Drachenfliegen sowie jede Menge Partylaune und gute Stimmung unterhalten die Besucher des Drachenfests bis spät in die Nacht.

Rüsselsheim

(Groß-Gerau)

Mit über 61 000 Menschen ist Rüsselsheim die Stadt mit den meisten Einwohnern im Kreis Groß-Gerau. Die verteilen sich auf die Innenstadt und die Stadtteile Haßloch, Königstädten und Bauschheim. Bekannt ist Rüsselsheim vor allem durch das Opel-Werk. Unter dem Namen „Rucilesheim" wurde die Stadt erstmals um 840 urkundlich erwähnt.

Magistrat der Stadt Rüsselsheim
Marktplatz 4
65428 Rüsselsheim
06142/83-0
www.stadt-ruesselsheim.de
stadtverwaltung@ruesselsheim.de

Sehenswertes

Opelvillen
Das Herrenhaus, der Zwischenbau (dritte Villa) und die Villa Wenske bilden zusammen die sogenannten Opelvillen. Im Herrenhaus und der dritten Villa ist das Zentrum für Kunst untergebracht. Im international renommierten Kunstzentrum Opelvillen werden Ausstellungen zur zeitgenössischen Kunst und zur klassischen Moderne entwickelt und präsentiert. Das Herrenhaus und die Villa Wenkse wurden Anfang des 20. Jahrhunderts zwischen Verna-Park (Stadtpark) und Festung gebaut. Es werden Führungen und Veranstaltungen angeboten.
Adresse: Ludwig-Dörffler-Alle 8, 65428 Rüsselsheim, 06142/835907, www.opelvillen.de

Museen

Museum für Stadt- und Industriegeschichte
Das Stadt- und Industriemuseum Rüsselsheim zeigt Sozial-, Kultur- und Technikgeschichte von der Urzeit bis heute. Das Museum ist in einer der bedeutendsten hessischen Festungsanlagen untergebracht. Ein Schwerpunkt des Museums liegt bei der Geschichte der Industrialisierung. Anschau-

Rüsselsheim, vom Main aus betrachtet.

In den Opelvillen ist das Zentrum für Kunst beherbergt.

lich wird die Geschichte des Wandels vom Bauerndorf zur Industriestadt dargestellt. Das Museum präsentiert darüber hinaus wechselnde Sonderausstellungen. Jährlich findet hier z. B. die illust_ratio (www.illust-ratio.de), eine deutschlandweit beachtete Ausstellung zur illustrativen Kunst, statt.
Adresse: Hauptmann-Scheuermann-Weg 4 (In der Festung), 65428 Rüsselsheim, ✉ museum@ruesselsheim.de, **Öffnungszeiten:** Dienstag–Freitag 9–13 und 14–17 Uhr, Samstag, Sonntag, Feiertag 10–17 Uhr, Karfreitag–Ostermontag 10–17 Uhr, Führungen nach Anmeldung, 🌐 www.museum-ruesselsheim.de

Freizeit und Natur

▸ Hallen- und Freizeitbad An der Lache
Im Hallen- und Freizeitbad Rüsselsheim gibt es eine umfangreiche Ausstattung, z. B. ein Schwimmbecken mit Sprunganlage, einen Strömungskanal, Schwallwasserduschen, Massage- und Sprudeldüsen und vieles mehr. Ein Planschbecken mit Spielfiguren steht für die Kinder bereit. Die Erwachsenen finden Entspannung in der Sauna, bei Massagen und auf der Sonnenbank. Das beheizte Freibad ist mit einem Schwimmerbecken, einem Nichtschwimmerbecken mit Wasserpilz, einer Rutsche und einer Wasserkanone ausgestattet.
Adresse: Hans-Sachs-Straße 57, 65428 Rüsselsheim, ✆ 06142/176090

▸ Waldschwimmbad
Wer es naturnaher mag, ist im Rüsselsheimer Waldschwimmbad bestens aufgehoben. Ausgedehnte Liegeflächen und Strandabschnitte mit Sand sorgen für Entspannung pur. Es gibt Tischtennisplatten, Kinderspielgeräte und ein Beachvolleyball-Feld. Im Winter, wenn das Eis dick genug ist, kann man hier auch Schlittschuh laufen.
Adresse: Am Waldschwimmbad, 65428 Rüsselsheim, ✆ 06142/52900

Gut zu Fuß
Für Wanderer und Spaziergänger stehen viele Strecken zur Verfügung, z. B. die lokale Route der Industriekultur. Ein Faltblatt mit den wichtigsten Stätten der Industriekultur ist im Museum erhältlich. Hier gibt es ebenfalls ein Audio-Guide, mit dem Besucher auf eigene Faust die Industriekultur in Rüsselsheim entdecken können. Start ist der Bahnhof, denn hier befindet sich das Hauptportal der Adam Opel GmbH, eine von 19 Stationen der Route. Das „Opel-Denkwerk" markiert den Grundriss des Kuhstalls, in dem Adam Opel mit dem Bau der ersten Nähmaschine begann. Eine weitere Station ist das Leinreiter-Denkmal, das an die Zeit erinnert, als Pferde die Schiffe flussaufwärts zogen. Ganz in der Nähe des Leinreiter-Denkmals ist der neue Schiffssteg. Von hier aus kann der Besucher eine Schifffahrt in den Rheingau oder in Richtung Frankfurt starten. Ein weiterer Punkt des Rundgangs sind die Opelvillen, in deren Nähe die Festung steht. Die Festung ist das älteste Rüsselsheimer Gebäude. Der Besucher kann auf dem Wall und im äußeren Festungsgraben rund um die gesamte Anlage flanieren. Am Ostrondell gewinnt man einen Eindruck von den massiven Mauern der Befestigungstürme. An verschiedenen Stellen gelingt ein Blick in die Kasematten, die als gesicherte Laufwege und Aufenthaltsorte für die Landsknechte in die Wälle gebaut wurden. Nach einem Besuch der Festung bietet sich ein Spaziergang durch den benachbarten spätromantischen Landschaftsgarten Verna-Park an. Von dort ist es durch die Bahnhofstraße nur ein Katzensprung zurück zum Rüsselsheimer Bahnhof.

Radfahren/Wandern
Die Regionalparkroute ist für Spaziergänger, Wanderer und Radfahrfreunde gleichermaßen geeignet. Die mit Informationstafeln versehenen Wege geben Auskunft über die Lokalhistorie und Naturphänomene.

Stadtführungen
Beginnend an der Festung, zu den Opelvillen, in den spätromantischen Verna-Park (Stadtpark) und zum Opel-Hauptportal führt die Stadtführung durch die Innenstadt. Sie ist gespickt mit Informationen über die Entstehungsgeschichte und Entwicklung der Stadt sowie über die Arbeit des Unternehmers Adam Opel. Im Sommer führen Stadtteilrundgänge durch die Ortsteile Bauschheim, Königstädten und Haßloch. Wer es bequemer mag, kann Rüsselsheim bei einer Stadtrundfahrt erleben oder von Rüsselsheim aus eine Schiffstour auf dem Main unternehmen.
Information: 06142/83/2372, www.stadt-ruesselsheim.de

Veranstaltungen und Feste

Jeden Sommer steht Rüsselsheim ganz im Zeichen des **Kultursommers,** unter dessen Flagge eine Vielzahl hochkarätiger Veranstaltungen veranstaltet wird. Die „Kultur im Sommer" präsentiert Theateraufführungen, Musik, Führungen, Literarisches und viele Aktionen und Attraktionen. Am Mainstrand gibt's im Sommer Strand-Feeling pur. Mitte August findet außerdem die **Rüsselsheimer Kerb** am Mainvorland und rund um das Rathaus statt. Mit dem **Mainfest** gedenkt die Stadt Adam Opel, der der Legende nach von Schneidergesellen verjagt wurde, als er mit einer Nähmaschine in Flörsheim an Land gehen wollte. Eine Fähre verkehrt während des Festes zwischen Flörsheim und Rüsselsheim, zahlreiche Schausteller, der Mainuferlauf und ein abwechslungsreiches Programm laden zum Verweilen am Rüsselsheimer Mainvorland ein. Im Juni finden zudem die **Filmtage** statt.

Schwalbach am Taunus

(Main-Taunus-Kreis)

Das im Vortaunus liegende Schwalbach wurde erstmals 781 unter dem Namen „villa Sualebach“ erwähnt. In Schwalbach (nicht zu verwechseln mit Bad Schwalbach im Rheingau-Taunus-Kreis) haben etwa 15 000 Menschen ein Zuhause. Die Stadt besteht aus Alt-Schwalbach und der Wohnstadt Limes, die in den Sechzigerjahren nach der Idee der „organischen Stadtlandschaft“ errichtet wurde. Diese städtebauliche Gestaltung nimmt Rücksicht auf die Bedürfnisse von Mensch und Natur.

Magistrat der Stadt Schwalbach am Taunus, Haupt- und Personalamt
Marktplatz 1–2
65824 Schwalbach am Taunus
06196/804-0
www.schwalbach.de
info@schwalbach.de

Sehenswertes

▸ Alt-Schwalbach
Der Ortskern bezeugt die lange Geschichte Schwalbachs als kleines Dorf an der alten Handelsstraße Frankfurt–Köln: Das Historische Rathaus, die Pfarrkirche St. Pankratius, das kürzlich restaurierte Schulgebäude und viele Gasthäuser mit Tradition laden zum Spazieren und Verweilen ein.

▸ Platz am Viergötterstein
Der Viergötterstein, die Nachbildung des Fundaments einer in der Nähe gefundenen römischen Jupitersäule, ist im Zentrum des Platzes. Vom Aussichtspunkt am alten Birnbaum kann man den Ausblick auf die Frankfurter Skyline und den Altkönig genießen.

Freizeit und Natur

▸ Baumpark Arboretum
In zwei Stunden von Nordamerika nach Südeuropa, vorbei an chinesischen und sibirischen Gehölzen – das Arboretum macht es möglich. In dem rund 75 Hektar großen Baumpark auf Sulzbacher und Schwalbacher Flächen, der 1981 als Ersatzaufforstung für

Die Wohnstadt Limes in Schwalbach.

die Erweiterung des Flughafens angelegt wurde, wachsen rund 600 unterschiedliche Baum- und Straucharten. Verschiedene Waldgebiete der Erde sind jeweils durch eine Gruppe von Bäumen und Sträuchern repräsentiert, so, wie sie auch in der Natur vorkommen. Zwischen den 36 einzelnen kleinen „Wäldern“ gibt es auch Streuobst- und Blumenwiesen sowie Lehrpfade für Gesteine und einheimische Bäume.
Adresse: Am weißen Stein, 65824 Schwalbach

Veranstaltungen und Feste

Die Kulturkreis Schwalbach am Taunus GmbH organisiert das ganze Jahr über Veranstaltungen wie Theater, Konzerte, Lesungen, Kleinkunst, Vorträge und Feste. Die bekannteste Veranstaltung ist der **Zulu's Ball,** der **Faschingsball** der Jazzer der Rhein-Main-Region. Das **Altstadtfest** und ein **Weihnachtsmarkt** finden in Alt-Schwalbach statt.
Information: 🌐 www.kulturkreis-schwalbach.de

Seeheim-Jugenheim

(Darmstadt-Dieburg)

Die Gemeinde Seeheim-Jugenheim liegt an der Bergstraße im Süden Hessens. Sie hat etwa 16 000 Einwohner. Die Gemeinden Seeheim und Jugenheim wurden 1977 zusammengelegt und bestehen seitdem aus den Ortsteilen Jugenheim, Malchen, Balkhausen, Seeheim, Ober-Beerbach, Stettbach und Steigerts. Seeheim wurde 874 erstmals schriftlich erwähnt.

Gemeindeverwaltung Seeheim-Jugenheim
Schulstraße 12 und Georg-Kaiser-Platz 3
64342 Seeheim-Jugenheim
☎ 06257/990-0
🌐 www.seeheim-jugenheim.de
✉ gemeindeverwaltung@seeheim-jugenheim.de

Sehenswertes

▸ Schloss Heiligenberg
Wer den Weg über die Serpentinen von Jugenheim auf sich nimmt, kommt nach etwa einem Kilometer auf dem Heiligenberg an und erblickt das Goldene Kreuz – Wahrzeichen Seeheim-Jugenheims, das zu Ehren der Großherzogin Wilhelmine errichtet wurde. Außerdem steht auf dem Heiligenberg das Schloss Heiligenberg, das der Architekt Georg Moller 1827 auf Geheiß Wilhelmines als Landgut errichtete. Das Schloss wurde im Lauf der Jahre immer weiter ausgebaut, und von 1980–1990 restauriert. So erhielten viele geschichtlich wichtige Gebäudeteile ihr ursprüngliches Aussehen. Z. B. der stuckverzierte Gartensalon. Im Salon sowie im idyllischen Innenhof finden immer wieder Veranstaltungen des Vereins Kultur im Schloss Heiligenberg statt. Der angrenzende Park wird von der Deutschen Stiftung Denkmalschutz betreut.

▸ Goldschmidtsche Villa
Die 1870 erbaute Villa gehörte von 1913–1969 der Familie Dr. Karl Goldschmidt. Heute befindet sich die Villa wieder in Privatbesitz. Zu der Villa gehört ein wunderschöner, sehr aufwendig und interessant gestalteter Park, dessen Gestaltung etwa zehn Jahre nach dem Bau der Villa begann. Der Wormser Lederfabrikant Friedrich Schön sorgte für die Bewässerung, die bekannten Architekten Gabriel von Seidl aus München und Professor Fritz Schumacher aus Dresden für die

Planung. 1903 wurden dann geometrische Aspekte integriert. Hervorstechend sind die Allee am Eingang mit ihren Säuleneichen, ein Wasserbecken unterhalb der Villa und ein Ziergarten mit prächtigen Balustraden. Der Park avancierte zum Kulturdenkmal. Heute ist in der Villa das Restaurant „Goldschmidts Park“ untergebracht.

‣ Burg Tannenberg

Die Burg Tannenberg ist die Ruine einer Burg, die durch Kanonenkugeln zerstört wurde. Sie befindet sich oberhalb von Seeheim auf dem Gipfel des Tannenbergs im Stettbacher Tal. Besonders erwähnenswert ist die Tatsache, dass hier die wohl älteste bekannte Handfeuerwaffe, die Tannenbergbüchse, gefunden wurde.

‣ Burgruine Jossa auf dem Dagsberg

Von der Burg Jossa sind heute ebenfalls nur noch Teilstücke zu sehen. Die ehemalige Höhenburg steht zwischen Alsbach und Jugenheim, sie wurde 1290–1300 von den Brüdern Jossa erbaut. Kurz darauf wurde die Anlage aufgrund ihrer geringen Größe aber schon wieder verlassen und verfiel ab 1360 zusehends.

‣ Altes Rathaus

Mitten in Seeheims altem Ortskern können Historikfreunde das 1599 erbaute Alte Rathaus bewundern. In diesem Gebäude befindet sich heute das Heimatmuseum. Der alte Brunnen, der vor dem Rathaus steht, wird jedes Jahr zu Ostern festlich geschmückt.
Adresse: Ober-Beerbacher Straße 1, 64342 Seeheim-Jugenheim

‣ Altes Amtshaus

Das Alte Amtshaus war bis 1714 Amtshaus des Erbacher Hof- und Zehntverwalters und wurde dann an Hessen verkauft. Im Alten Amtshaus hielt sich zeitweilig der berühmte Satiriker und Physikprofessor Georg Christoph Lichtenberg auf, an den eine Gedenktafel noch heute erinnert.
Adresse: Villastraße 2, 64342 Seeheim-Jugenheim

‣ Schuldorf Bergstraße

1954 wurde das Schuldorf Bergstraße eröffnet. Es war tatsächlich die erste Gesamtschule in Deutschland. Für architektonisch Interessierte gibt es hier einzigartige Konstruktionen zu bewundern, z. B. die Freilichtbühne und die Wabenbauten. Die Ursprungsbauwerke aus den Anfängen des Schuldorfs stehen unter Denkmalschutz.
Adresse: Bergstraße 5, 64342 Seeheim-Jugenheim

‣ Freilichtbühne Seeheim-Jugenheim

Auf dem Gelände des Schuldorfs Bergstraße, inmitten eines idyllischen Waldabschnitts,

Das historische Rathaus im alten Ortskern.

befindet sich das denkmalgeschütze Amphitheater, in dem jährlich mehr als 10 000 Besucher eine der zahlreichen Open-Air-Kinoveranstaltungen erleben.

▸ **Kunst im öffentlichen Raum**
„Stau in Seeheim-Jugenheim" nennt Bildhauer Peter Lenk seine Skulptur, die aus mehreren Steinfiguren besteht, die auf Bänken sitzen und in den Himmel schauen. Das Werk ist in der Nähe der Gemeindeverwaltung zu finden. **Adresse:** Schulpädche, 64342 Seeheim-Jugenheim

Museen

▸ **Bergsträßer Museum Seeheim-Jugenheim**
Das historische Rathaus im Fachwerkstil beherbergt das Heimatmuseum. In einer Dauerausstellung wird die Historie der Burg Tannenberg gezeigt. In der Nähe der Burg wurde der sogenannte Tannenbergkrug, ein besonderes Trinkgefäß, gefunden. Besondere Beachtung werden der Vernichtung und der Ausgrabung der Burg geschenkt. Vom mittelalterlichen Leben zeugen Kleidung, Geräte und Musikinstrumente. Das Museumsprogramm wird durch Sonderausstellungen, Führungen und Vorträge vervollständigt. **Adresse:** Ober-Beerbacher Straße 1, 64342 Seeheim-Jugenheim, ☏ 06257/84750, **Öffnungszeiten:** Sonntag 15–17 Uhr, Führungen nach Vereinbarung

Freizeit und Natur

▸ **Freizeitbad**
Das Wasser im Freibad ist beheizt und hat 24 Grad. Ausgestattet ist es mit einem Nichtschwimmer- und einem Schwimmerbecken, einem Planschbecken, mehreren Sprungbrettern und Liegewiesen, auf denen Bäume Schatten spenden. Für die Aktiven gibt es einen Spielplatz, eine Tischtennisplatte sowie ein Schachspielfeld. **Adresse:** Burkhardtstraße 21, 64342 Seeheim-Jugenheim, ☏ 06257/20 23, **Öffnungszeiten:** Montag–Freitag 6.30–20 Uhr, Samstag, Sonntag, Feiertage 8–20 Uhr

Veranstaltungen und Feste

Der Mai ist der Monat der Kulturtage in Seeheim-Jugenheim. Dann stehen Theatervorstellungen, Vorträge, Konzerte und Vorträge auf dem Programm. Jedes Jahr im Sommer ist die Freilichtbühne Veranstaltungsort für exquisite kulturelle Veranstaltungen und Open-Air-Kino-Vorführungen.

Seligenstadt

(Landkreis Offenbach)

Seligenstadt im Landkreis Offenbach hat etwa 14 800 Einwohner, die in den Stadtteilen Seligenstadt, Froschhausen und Klein-Welzheim leben. Unter dem Namen „Obermühlheim" wurde Seligenstadt im Januar 815 in einer Schenkungsurkunde erstmals urkundlich erwähnt.

Stadt Seligenstadt
Tourist-Information
Aschaffenburger Straße 1
63500 Seligenstadt
☏ 06182/87/177
📠 06182/87/170
🌐 www.seligenstadt.de
✉ touristinfo@seligenstadt.de

Sehenswertes

▸ **Einhard-Basilika**
Die Einhard-Basilika wird als das bedeutendste Gebäude Seligenstadts bezeichnet. Hier werden Reliquien des Heiligen Marcellinus und Petrus – der Schutzpatrone

Seligenstadts – aufbewahrt. Ihre Gebeine wurden 828 von Einhard, dem Erbauer der Basilika, nach Seligenstadt gebracht. Aufbewahrt werden sie in einem Schrein unter dem Hauptaltar. 1925 bekam die Basilika den Ehrentitel einer Basilica minor. Sie ist eine der imposantesten Basiliken Mitteleuropas mit karolingischer Bausubstanz. Im Süden kann man die 1803 aufgehobene Benediktiner-Klosteranlage mit Barockflügelbauten und großen Garten- und Hofanlagen bewundern. Sie wurde komplett restauriert.

Blick auf die Basilika mit Konventgarten.

Adresse: Aschaffenburger Straße 79, 63500 Seligenstadt

▸ Barbarossa-Relikte

Aus der Zeit Barbarossa Rotbarts, Friedrich I., sind bis heute zwei Relikte erhalten, und zwar die Mainfront des Roten Schlosses, des Palatiums, einer ehemaligen Kaiserpfalz, die am Mainufer zu sehen ist, und das Romanische Haus im Rathausinnenhof, das als Vogtei diente und in dem Barbarossas Hoftag abgehalten wurde.

▸ Rathaus

Als einziges Gebäude wurde das Rathaus nicht im Fachwerkstil, sondern in klassizistischer Bauweise errichtet. Vom Vorgängergebäude stammen zwei Wappensteine mit Drachenköpfen sowie der quadratische Turm von der ehemaligen Pfarrkirche.
Adresse: Marktplatz 1, 63500 Seligenstadt

▸ Wasserturm

Der knapp 52 Meter hohe Wasserturm wurde 1838 gebaut und ist zum Kulturdenkmal avanciert. Der Turm fällt durch seine außergewöhnliche Dachkonstruktion auf, die einem barocken Schlossturm ähnelt. Im Wasserhochbehälter sind heute Nistkästen für Turmfalken untergebracht. Im Wassertank wurde noch bis vor einigen Jahren Löschwasser gespeichert.
Adresse: Am Wasserturm, 63500 Seligenstadt

▸ Fachwerkarchitektur

Einige der historischen Gebäude in Seligenstadt stehen unter Denkmalschutz. Ein Großteil der Fachwerkhäuser ist am Marktplatz und in dessen Umgebung zu finden, z. B. die historische Apotheke und die Alte Schmiede.

▸ Fachwerk-Viertel

Das Fachwerk-Viertel „Klaa-Frankreich" in der Rosengasse erzählt seine ganz eigene Geschichte: Nach Ende des 30-jährigen Kriegs siedelte Abt Leonhard Colchon hier Menschen aus seiner Heimat Wallonien an, da die ursprüngliche Bevölkerung Seligenstadts durch Krankheit und Kampfgeschehen deutlich dezimiert worden war.
Adresse: Rosengasse, 63500 Seligenstadt

Museen

▸ Landschaftsmuseum Seligenstadt
Im Erdgeschoss erwarten den Besucher wechselnde Ausstellungen. Außerdem wird eine Sammlung von Exponaten der traditionellen regionalen Perlenhäkeleien präsentiert.
Im Obergeschoss gibt es viel über die Historie der Region, der Stadt und der Abtei zu erfahren. Weitere Ausstellungen zeigen sakrale Volkskunst, Teile einer alten Apotheke, Alltagsgegenstände und Handwerkszeug aus dem Leben in der Region. Neben dem Landschaftsmuseum ist hier auch das Kreismuseum der Heimatvertriebenen untergebracht. Hier werden Ausstellungsstücke präsentiert, die über das Leben der aus Osteuropa vertriebenen Deutschen nach dem Zweiten Weltkrieg berichten.
Adresse: Klosterhof 2, 63500 Seligenstadt, ✆ 06182/20455, 🌐 www.kreis-offenbach.de/landschaftsmuseum-seligenstadt, **Öffnungszeiten:** März–Ende Oktober: Dienstag–Sonntag 10–18 Uhr, November–Ende Februar: Dienstag–Sonntag 10–17 Uhr

▸ Fastnachtsmuseum
Kostüme vergangener Zeiten, eine Vielzahl von Bildern, die die Vergangenheit dokumentieren, Orden sowie Modelle von Motivwagen aus den letzten Jahrzehnten sind im Fastnachtsmuseum Seligenstadt zu sehen.
Adresse: Frankfurter Straße 9, 63500 Seligenstadt, ✆ 06182/24644

Freizeit und Natur

▸ Freibad Seligenstadt
Eine Solaranlage wärmt das Wasser auf 23 Grad und sorgt damit auch an kühleren Tagen für Badespaß pur. Wasserratten stehen ein Schwimmerbecken, ein Nichtschwimmerbereich mit Bodensprudlern, Wasserspeier und vieles mehr zur Verfügung. Eine besondere Attraktion ist die Riesenrutsche. Außerdem gibt es ein Rasenvolleyballfeld, einen Platz zum Fußballspielen, Tischtennisplatten und einen Streetballkorb. In der Nähe des Schwimmbads befindet sich eine Freizeit- und Minigolfanlage.
Adresse: Zellhäuser Straße, 63500 Seligenstadt, **Öffnungszeiten:** Mitte Mai–Mitte September: täglich 9–20 Uhr, letzter Einlass ist 19.30 Uhr

▸ Historische Entdeckungsreisen
Kleine Gassen, verträumte Winkel, farbenprächtige Fachwerkhäuser und eindrucksvolle Sehenswürdigkeiten aus verschiedenen Epochen dokumentieren die Geschichte des idyllischen Kleinods am Main. An diesem Ort, an dem die Römer 100 n. Chr. ein Kastell errichteten, begann Einhard, der Biograf Karls des Großen, um 830 mit dem Bau einer karolingischen Basilika, die bis heute das Wahrzeichen der Stadt ist. Aus der Gründung Einhards entwickelte sich ein blühendes Benediktinerkloster mit malerischen Konventgärten. Handwerk und Handel ließen Seligenstadt im Mittelalter erblühen. So entstand eine historische Altstadt, der zahlreiche umsichtig restaurierte Fachwerkhäuser ein ganz besonderes Gepräge geben. Historische Entdeckungsreisen unterschiedlicher Art und Dauer können über die Tourist-Information individuell vereinbart und gebucht werden. Speziell für Gruppen werden günstige Pauschalpreise angeboten.
Information: Tourist-Information, ✆ 06182/87/177

Veranstaltungen und Feste

In Seligenstadt findet alle zwei Jahre im Klosterhof der **Zunft- und Handwerkermarkt** statt. Dort präsentieren die Anhänger der alten Zünfte einen breiten Überblick über die traditionellen Handwerkskünste. Im Turnus von vier Jahren wird in Seligenstadt das

Geleitsfest gefeiert. Der historische Geleitszug, der zu diesem Fest durch die Straßen zieht, wird mit prächtigen Rokoko-Verkleidungen ausgestaltet und erinnert an die Kaufmannszüge, die im Mittelalter zur Frankfurter Messe gezogen waren. Auch der traditionelle Löffeltrunk wird bis heute im Rahmen des Fests praktiziert – eine alte Sitte, bei der hohe Gäste Seligenstadts einen Willkommenstrunk in einem speziell geschnitzten Löffel gereicht bekamen – in einem Löffel mit einem Liter Fassungsvermögen!

Spessart, Gutsbezirk

(Main-Kinzig-Kreis)

Im Osten des Main-Kinzig-Kreises, nämlich im Naturpark Hessischer Spessart, liegt der etwa 90 qm große Gutsbezirk Spessart, ein gemeindefreies Gebiet in Süd-Osthessen.

Gutsbezirk Spessart
Tourismus Main-Kinzig-Kreis
✉ tourismus@mkk.de

Sehenswertes

▸ Zentgrafenstein
Der aus dem Jahr 1710 stammende Zentgrafenstein, ein Gedenkstein, erinnert an den verunglückten Salzfahrer Johann Christoph Centgraf aus Suhl. Salzfahrer waren Männer, die Salz von Orb auf alten Sälzerwegen in alle Himmelsrichtungen transportierten. Das Unglück geschah auf dem sogenannten Sälzerweg. Ob der Salzfahrer jedoch einen Unfall erlitt oder getötet wurde, ist bis heute nicht geklärt. Der Zentgrafenstein liegt oberhalb des Orts Mernes und ist ein fast vollständig erhaltenes, barockes Steinkreuz mit Inschrift, dem der linke Arm abgebrochen ist.

Freizeit und Natur

Der Gutsbezirk Spessart umfasst mehrere Vogelschutzgebiete sowie Flora-Fauna-Habitate, die dem Erhalt der natürlichen Lebensräume dienen, so z. B. die Hirschkäfergebiete in der Nähe des Ortes Jossa, das Rohrbachquellgebiet und der Biberlebensraum Hessischer Spessart. Sowohl Wanderer als auch Spaziergänger werden im Gutsbezirk Spessart jede Menge Raum zur Erholung finden. Naturkundlich interessierten Menschen bietet der Gutsbezirk mannigfaltige Möglichkeiten, das Leben der Pflanzen und Tiere genauestens unter die Lupe zu nehmen.

Steinau an der Straße

(Main-Kinzig-Kreis)

In der Brüder-Grimm-Stadt, wie sich Steinau an der Straße seit 2006 nennt, leben ca. 11 000 Einwohner. Die weltberühmten Märchensammler Jacob und Wilhelm Grimm wohnten hier von 1791–1798, ein Umstand, der sich bis heute auf das kulturelle Leben der Stadt auswirkt. Um Steinau von anderen namensgleichen Orten zu unterscheiden, erhielt die Stadt den Zusatz „an der Straße". Dieser Zusatz bezieht sich auf die alte Handelsstraße von Frankfurt am Main nach Leipzig, die Via Regia, an der Steinau liegt. Zu Steinau gehören die Stadtteile Bellings, Klesberg, Hintersteinau, Marjoß, Marborn, Sarrod, Neustall, Rebsdorf, Rabenstein, Seidenroth, Ulmbach und Uerzell. Steinau wurde um 950 erstmals urkundlich erwähnt.

Magistrat der Stadt Steinau an der Straße
Brüder-Grimm-Straße 47
36396 Steinau an der Straße
06663/973-0
www.steinau.de
magistrat@Steinau.de

Sehenswertes

Schloss Steinau
Das Schloss Steinau gilt als älteste Schlossanlage Hessens im Stil der Frührenaissance. Das Schloss wurde im Auftrag von Philipp II. und Philipp III. von Hanau-Münzenberg von 1528–1560 errichtet und ist wohl die am besten erhaltene und größte Anlage aus dieser Zeit. Das fünfeckige Bauwerk wurde von den Herren und Grafen von Hanau als Landsitz genutzt. Ursprünglich handelte es sich bei dem Bauwerk um eine Burg bzw. Festung, die später zum Wohnschloss umgebaut wurde. Zum Schloss gehören das Schlossmuseum, eine Brüder-Grimm-Gedenkstätte und eine Puppentheater-Ausstellung.
Adresse: Im Schloss 1, 36396 Steinau an der Straße, 06663/6843

Das Schloss Steinau aus dem 16. Jahrhundert.

Katharinenkirche
Die Katharinenkirche wurde erstmals 1273 urkundlich erwähnt. Seit 1981 wird sie hauptsächlich für kulturelle Zwecke genutzt. Erbaut wurde die Kirche im 13. Jahrhundert und ist somit das älteste Bauwerk Steinaus. Hier wurden einst Familienmitglieder der Familie Grimm bestattet – nämlich Christine Elisabeth Grimm, die Großmütter der Brüder Grimm, und fünf Grimm-Kinder. Bis 1965 wurde der Sakralbau als evangelische Stadtpfarrkirche genutzt.
Adresse: Marktplatz „Am Kumpen", 36396 Steinau an der Straße

Reinhardskirche
Die Reinhardskirche wurde 1725–1731 im Barockstil erbaut. Sie diente der lutherischen Minderheit der Grafschaft Hanau-Münzenberg als Gotteshaus. Heute wird sie als evangelisches Gotteshaus genutzt. Auf dem Friedhof der Reinhardskirche befindet sich die 1616 erbaute Von-Welsberg-Kapelle.
Adresse: Ziegelgasse, 36396 Steinau an der Straße

Historische Bauwerke
Steinau liegt sowohl an der Deutschen Märchen- als auch an der Deutschen Fachwerkstraße. Die ganze Altstadt Steinaus ist durchzogen von historisch bedeutsamen Fachwerkhäusern. Die alte Stadtmauer mit

den Wehrtürmen und die Bellinger und Marborner Warten zeugen von längst vergangenen Zeiten.

Das Grimmhaus von innen.

Museen

▸ Brüder-Grimm-Haus Steinau

1998 wurde das Museum von der Brüder-Grimm-Gesellschaft und der Stadt Steinau gegründet. Zu Ehren der Brüder Grimm wurde das ehemalige Amtshaus in ein Museum umgebaut, dessen Ausstellungsstücke detailliert über das Leben und Wirken von Jacob und Wilhelm Grimm Zeugnis ablegen. Das Brüder-Grimm-Haus gilt als eines der umfassendsten Museen über die Grimm-Brüder und ist aktuell die einzige authentische zu besichtigende Wohnstätte der Brüder Grimm.
Adresse: Brüder-Grimm-Haus und Museum Steinau, Brüder-Grimm-Straße 80, 36396 Steinau an der Straße, ✆ 06663/7605, ✉ brueder-grimm-haus@steinau.de, **Öffnungszeiten:** täglich 10–17 Uhr

▸ Museum Steinau

Das Museum befindet sich in der ehemaligen Amtshofscheune. Das Amtshaus (heute Brüder-Grimm-Haus) war Verwaltungssitz für die Ämter Steinau und Schlüchtern. Hier wirkte der Amtmann und Jurist Philipp Wilhelm Grimm von 1791–1796. Die Bedeutung Steinaus wuchs mit dem Reiseaufkommen der Handelsstraße Frankfurt–Leipzig. Schon um von Frankfurt nach Steinau zu kommen, war es notwendig, viele Grenzen zu überqueren. Davon erzählen die historischen Grenzsteine. Im 16. Jahrhundert wurde aus der kleinen Burg zur Sicherung der Straße ein stattliches Schloss. Die Straße von Frankfurt nach Leipzig wurde von fast allen Menschen genutzt, die durch das Reich zogen: Kaiser und Könige, Bettler und Huren, Künstler und Denker waren genauso dabei wie mancher Kaufmann und Pilger. Heute kann man die Strecke bequem in drei Stunden mit dem Zug zurücklegen.
Adresse: Brüder-Grimm-Straße 80, 36396 Steinau an der Straße, ✆ 06663/7605, **Öffnungszeiten:** vom 2. Januar bis vierten Adventssonntag täglich 10–17 Uhr

▸ Privatmuseum Steinau

In diesem Museum ist eine Sammlung von historischen Haushaltswaren und landwirtschaftlichen Geräten aus der Region sowie Musikinstrumente zu sehen.
Adresse: Manfred und Hildegard Zimmer, Brüder-Grimm-Straße 31, 36396 Steinau, ✆ 06663/5376, **Öffnungszeiten:** Montag–Freitag 10–18 Uhr, Samstag, Sonntag 10–17 Uhr

▸ Schlossmuseum

Dieses Museum ist im Schloss Steinau beheimatet. Hier werden schöne alte Möbel

und Gobelins präsentiert. Daneben befindet sich im Museum eine Brüder-Grimm-Gedenkstätte. Außerdem stellt das Steinauer Marionettentheater „Die Holzköppe" seine Puppentheater-Sammlung hier aus.
Adresse: Im Schloss 1, 36396 Steinau an der Straße, 06663/6843, **Öffnungszeiten:** März–Mitte Dezember: Dienstag–Sonntag und an Feiertagen 10–17 Uhr

Freizeit und Natur

▸ Freibad Steinau

Im Steinauer Freibad gibt's nicht nur Schwimmer-, Nichtschwimmer- und Planschbecken. Ein Sprungturm, eine ausladende Liegewiese mit vielen Bäumen und zwei große Rutschen mit 44 und 22 Metern Länge gehören außerdem zur Ausstattung.
Adresse: Sportzentrum Am Steines, 36396 Steinau an der Straße, 06663/6849, **Öffnungszeiten:** ab 31. Mai: 9.30–20 Uhr, Juni–August: 9–20 Uhr, 1. September bis Saisonende 9.30–19 Uhr

▸ Freibad Ulmbach

Das Freibad Ulmbach verfügt ebenfalls über ein Schwimmbecken, eine 1-m-Sprunganlage, ein Planschbecken, eine Kinderrutsche und einen Spielplatz.
Adresse: Alte Steinauer Straße, 36396 Steinau an der Straße, **Öffnungszeiten:** ab 31. Mai: 11–19 Uhr, Juni–August: täglich 10–20 Uhr, 1. September bis Saisonende: täglich 11–19 Uhr

▸ Erlebnispark Steinau an der Straße

Dieser Freizeit- und Vergnügungspark ist weit über die Region hinaus bekannt. Hier gibt es über 50 Fahrgeschäfte, Spielgeräte und Karussells und darüber hinaus die Sommerrodelbahn Spessart-Flitzer, einen Streichelzoo mit heimischen Tieren und das größte private Landwirtschaftsmuseum Hessens. Der Erlebnispark war früher übrigens ein Tier- und Botanikpark mit exotischen Tier- und Pflanzenarten.
Adresse: Thalhof 1, 36396 Steinau an der Straße, 06663/6889, www.erlebnispark-steinau.de, **Öffnungszeiten:** während der Saison täglich 9–18 Uhr geöffnet

▸ Teufelshöhle

In Hessen gibt es zwei Tropfsteinhöhlen. Eine davon befindet sich in Steinau. Die Höhle liegt etwa drei Kilometer nördlich der Stadt in Richtung Freiensteinau. Sie ist ca. zweieinhalb Millionen Jahre alt, seit 1905 ist sie erschlossen worden. Die Teufelshöhle gilt als geologisches Natur- und Kulturdenkmal und kann im Rahmen einer Führung besucht werden.
Information: Verkehrsbüro Steinau, 06663/9631-0, **Öffnungszeiten:** während der Saison: Montag–Freitag 13–17 Uhr, Samstag 13–18 Uhr, Sonntag und an Feiertagen von 10–18 Uhr

▸ Kletterwald Steinau

Im Kletterwald bieten sich zahlreiche Möglichkeiten, die Kletterfertigkeiten unter Beweis zu stellen. Z. B. hoch oben in einem Netz oder auf wackeligen Brücken. Besonderer Höhepunkt des Kletterparks ist die Europaseilbahn, die längste Seilbahn Deutschlands! Bis zu 800 Meter können damit zurückgelegt werden, mit Aussicht ins Tal.
Adresse: Krugbau 2, 36396 Steinau an der Straße, 0171/4561765, www.kletterwald-steinau.de, **Öffnungszeiten:** März–Mai: 10–18 Uhr, Juni–August: 10–19 Uhr, September–November: 10–18 Uhr

▸ Radfahren

Der Hessische Radfernweg R3, der Rhein-Main-Kinzig-Radweg, führt direkt durch die Stadt. Weitere Radwege, die selbstverständlich auch von Inline-Skatern, Rollskiläufern, Wanderern und Nordic-Walkern genutzt werden können, sind der Vulkanradweg, der auf der ehemaligen Trasse der Oberwaldbahn verläuft, der Radweg „Perlen der Jossa" sowie die Spessart-Nord-Ost-Passage, die am Steinauer Stadtteil Marjoß entlangführt.

▸ Wandern
Auch für Wanderfreunde bietet sich eine Vielfalt an Strecken: So z. B. der Eselsweg, eine 111 km lange Altstraße oder die Hessische Apfelwein- und Obstwiesenroute, an deren Strecke sich Apfelweinlokale und -keltereien sowie herrliche Obstwiesen befinden. Der Jakobsweg führt von Fulda nach Frankfurt und berührt auch Steinau. Eine Besonderheit ist der Wartenwanderweg, der etwa 24 km rund um Steinau führt und auch in einzelnen Etappen erwandert werden kann.

▸ Märchen-Stadtführungen
Wer sich die Stadt erklären lassen möchte, der kann an einer der Stadtführungen teilnehmen, die zu diversen Themen angeboten werden. So gibt es eine Märchen-Stadtführung, die sich der Grimm'schen Welt annimmt, zudem werden unter anderem eine Kinderstadtführung und eine Töpferstadtführung sowie eine Tour „Steinau zum Kennenlernen" angeboten.
Information: Touristinformation, Brüder-Grimm-Straße 70, 36396 Steinau an der Straße, ✆ 06663/96310

▸ Marionetten-Theater „Die Holzköppe"
Die Holzköppe präsentieren im ehemaligen Marstall des Schlosses Märchen der Brüder Grimm, und zwar immer samstags und sonntags ab 15 Uhr. Auch Gruppenvorstellungen können gebucht werden.
Information: 🌐 www.die-holzkoeppe.de

Veranstaltungen und Feste

Der **Steinauer Jockes-Markt** wird seit 1988 jährlich im Juni oder Juli veranstaltet. Am ersten Sonntag im August findet in Steinaus Altstadt der **Märchensonntag** statt – zu Ehren der Brüder Grimm. Von Ende September bis Mitte Oktober sind **Puppenspieltage** in Steinau, die seit 1993 auf dem kulturellen Programm der Stadt stehen. Ende Oktober findet in Steinau jährlich der **Katharinenmarkt,** am dritten Adventswochenende der **Weihnachtsmarkt** statt. Der Steinauer Weihnachtsmarkt ist einer der schönsten in Hessen.

Sulzbach

(Main-Taunus-Kreis)

Das erstmalig 1035 erwähnte Sulzbach liegt zwischen dem südlichen Rand des Taunus und der Mainebene. Die Gemeinde hat ca. 8900 Einwohner.

Gemeinde Sulzbach (Taunus)
Hauptstraße 11
65843 Sulzbach (Taunus)
✆ 06196/7021-0
🌐 www.sulzbach-taunus.de
✉ info@sulzbach-taunus.de

Sehenswertes

▸ Käsfraa
Das Mittelalter war die Zeit, da in Sulzbach Handkäse hergestellt wurde, weswegen die Gemeinde auch Käsbach genannt wurde. Die Sulzbacher Bauersfrauen verkauften den sogenannten „Handkäs" dann in Frankfurt auf dem Markt. Bei der 1985 begangenen 950-Jahr-Feier des Ortes wurde eine Bronzestatue namens „Käsefraa" zu Ehren der Käsefrauen aufgestellt. Seit einigen Jahren wird neben der Weinkönigin auch die Käsfraa gekürt.
Adresse: Hauptstraße, 65843 Sulzbach

‣ Weihnachtspyramide auf dem Dalles
Wunderschön anzusehen ist die große Weihnachtspyramide, die seit 1990 auf dem zentral gelegenen Platz, dem Dalles, steht. Sie wurde anlässlich der Städtepartnerschaft zwischen Sulzbach und der Gemeinde Schönheide im Erzgebirge dort aufgestellt.

‣ Bürgerbrunnen
Der Bürgerbrunnen am Platz an der Linde wurde 1989 gebaut und besteht aus einem Bronzering, der Szenen aus dem dörflichen Leben von Sulzbach darstellt.
Adresse: Platz an der Linde, 65843 Sulzbach

‣ Evangelische Kirche
Die Evangelische Kirche Sulzbach geht auf eine Holzkirche aus dem 8. Jahrhundert zurück, die ehemals am selben Ort gestanden hat. Der Kirchturm wurde 1031 gebaut – er gilt heutzutage als ältester Teil des Gotteshauses. Das Bauwerk setzt sich architektonisch aus barocken, gotischen und romanischen Elementen zusammen.
Adresse: Platz an der Linde, 65843 Sulzbach

‣ Herrenhaus
Mit dem Herrenhaus wurde das Gesamtensemble „Frankfurter Hof" komplettiert – dieser ist mit 3300 qm die größte Hofreite Sulzbachs. Er hatte als ehemalige Schultheißerei und Gastwirtschaft für das Gemeinwesen stets eine herausragende Bedeutung. Ab 1996 wurde mit der Sanierung und dem Neubau diverser Gebäude begonnen. Jetzt befinden sich auf diesem Areal das Bürgerzentrum mit Bücherei und Gewölbekeller, das Ausstellungsgebäude und das Standesamt sowie das Herrenhaus. Dieses wurde ursprünglich 1820 errichtet und steht unter Denkmalschutz.
Adresse: Cretzschmarstraße, 65843 Sulzbach

Die berühmte Sulzbacher Käsfraa.

Im Winter kommt die Pyramide besonders schön zu Geltung.

Freizeit und Natur

‣ Arboretum Main-Taunus
Naturfreunde zieht es in den Baumpark Arboretum, der sich auf einer Fläche der Kommunen Sulzbach und Schwalbach verteilt. Hier finden sich die unterschiedlichsten Baum- und Straucharten, etwa 600 verschiedene Arten, zum Beispiel aus Südeuropa, China, Nordamerika oder Sibirien. Blumen- und Streuobstwiesen, ein Gesteinslehrpfad, ein Feuchtbiotop und ein Lehrpfad, auf dem über heimische Bäume aufgeklärt wird, vervollständigen das Spektrum.
Information: 🌐 www.arboretum-main-taunus.de

Das Herrenhaus in der Cretzschmarstraße.

▸ Heinrich-Kleber-Park
Der Park erstreckt sich durch weite Teile von Sulzbach entlang der Eisenbahnstrecke. Er ist ein ideales Areal für Spaziergänger und Naturfreunde. Mitten in der Anlage befindet sich ein Teich, der mit Wasser des Sulzbachs gespeist wird. Auch Geocacher können im Park ihrem Hobby frönen.

▸ Sport- und Freizeitanlagen
In Sulzbach gibt es die Eichwaldhallen (zwei große und eine kleine Sport- und Trainingshalle), die Sportanlage „Am Eichwald" (Kunststofflaufbahn und separater Werferplatz), zwei Kunstrasen-Fußballplätze, einen Hartplatz und ein Kleinspielfeld, acht Tennis-Sandplätze, diverse Kegelbahnen, Möglichkeiten zum Reiten, eine Schießsportanlage, Kleingartenanlagen und eine Bücherei.

▸ Einkaufen
Bereits 1964 wurde in Sulzbach mit dem Main-Taunus-Zentrum das erste Einkaufszentrum Deutschlands „auf der grünen Wiese" eröffnet. Nach diversen Erweiterungen sind aktuell auf 91 000 qm Shoppingfläche 170 Geschäfte beheimatet. Darüber hinaus stehen 4500 kostenlose Parkplätze zur Verfügung. Auf dem Areal befindet sich auch das Kinopolis – eines der modernsten Multiplex-Cinemas der Region.

Veranstaltungen und Feste

Das Radrennen **„Rund um den Finanzplatz Eschborn-Frankfurt",** das jährlich am 1. Mai stattfindet, führt stets durch Sulzbach. Der Dalles ist Veranstaltungsort für das **Sulzbacher Straßenfest,** das jedes Jahr am letzten Juniwochenende gefeiert wird. Anfang August veranstaltet der Kulturkreis Sulzbach den beliebten und stets gut besuchten **Jazz-Dämmerschoppen** im Heinrich-Kleber-Park. Am ersten Sonntag im September wird am Platz an der Linde das **Folklorefest** mit nationalen und internationalen Tanz- und Musikgruppen veranstaltet. Ein weiterer Höhepunkt in Sulzbach ist die im Oktober stattfindende **Kerb.** Beschlossen wird das Veranstaltungsjahr mit dem **Weihnachtsmarkt,** zu dem sich die Sulzbacher am Samstag vor dem ersten Advent am Platz an der Linde treffen.

Dieser Affenbrotbaum ist Teil des Arboretums.

Taunusstein

B2

(Rheingau-Taunus-Kreis)

Etwa 30 000 Einwohner leben in Taunusstein, das damit größte Stadt im Rheingau-Taunus-Kreis ist. Zu Taunusstein gehören die zehn Stadtteile Bleidenstadt, Hahn, Hambach, Neuhof, Niederlibbach, Orlen, Seitzenhahn, Watzhahn, Wehen und Wingsbach. Anfang der Siebzigerjahre war Taunusstein noch gar keine Stadt, sondern eine Gruppe von zehn autonomen Gemeinden. Deshalb hat jeder der Orte seine ureigene Historie, allein der Stadtteil Bleidenstadt ist mehr als 1200 Jahre alt.

Stadtverwaltung
Aarstraße 150
65232 Taunusstein
06128/241-0
www.taunusstein.de
info@taunusstein.de

Sehenswertes

▸ Ortsteil Wehen
Der Stadtteil Wehen besaß einst eigene Stadtrechte. Dafür hatte 1323 Graf Gerlach I. von Nassau-Weilburg gesorgt und sogar eine Stadtmauer errichten lassen. Das Wehener Schloss wurde urkundlich erstmals 1227 erwähnt und geht auf das Adelsgeschlecht der Wehena zurück. 1599 war im Ort die erste Schule errichtet worden. Nach dem Ende des Dreißigjährigen Kriegs bewegte sich in Wehen mehr als anderswo: So hatte Wehen 1744 eine eigene Poststation der Post derer von Thurn- und Taxis bekommen und 1815 wurde Wehen wieder Verwaltungs- und Amtszentrale. 1942 beendete das Naziregime die mehr als 600 Jahre alte Historie Wehens als jüdische Kultusgemeinde. Im Wehener Schloss, das im Lauf der Zeit unter anderem als Jagdschloss und Witwensitz gedient hat, ist heutzutage das Taunussteiner Museum untergebracht.

▸ Evangelische Kirche Wehen
Die Evangelische Kirche Wehen wurde aus Steinen der historischen Stadtmauer und des Obertorturms erbaut. Der schwarze Marmoraltar war 1722 von der Schlosskirche Idstein nach Wehen gebracht und dort übernommen worden. Die Voigt-Orgel des Wiesbadener Orgelbauers Heinrich Voigt, war 1890 gebaut worden – und zwar eigentlich für die Wiesbadener altkatholische Gemeinde. Neun Jahre später kaufte die Wehener Kirchengemeinde das Instrument und ließ es gründlich restaurieren.
Adresse: Mainzer Allee 15, Taunusstein-Wehen

▸ Ehemalige Wehener Schule
Diese Nachfolgeschule der ersten Bildungsstätte von 1599 wurde um 1900 errichtet.

Die evangelische Kirche in Wehen.

Sie dokumentiert den architektonischen Übergang von der Gründerzeit zum Jugendstil.

‣ Jüdischer Friedhof in Wehen
Am Halberg in Wehen befindet sich der jüdische Friedhof, der etwa so alt ist wie die Ortschaft selbst. Im Jahr 1329 hatte Graf Gerlach hier Juden angesiedelt. Der älteste bis heute erhaltene Grabstein stammt aus dem Jahr 1694. Bis 1749 wurden auf dem Friedhof Wiesbadener Juden beerdigt. Nach Beginn des Zweiten Weltkriegs durften sie auf dem jüdischen Friedhof zwar noch beigesetzt werden, Grabsteine jedoch nicht mehr aufgestellt werden.
Adresse: Neuer Weg, 65232 Taunusstein-Wehen

‣ Klosterkirche Bleidenstadt
Die Klosterkirche im Stadtteil Bleidenstadt, ein ehemaliges Benediktinerkloster, wurde erstmals im Jahr 812 urkundlich erwähnt. 1495 in ein Ritterstift gewandelt, war die Kirche 1803 verweltlicht worden.

‣ Ehemaliges Kloster mit Kirche Bleidenstadt
Dieses frühere Kloster dient heutzutage als Pfarrkirche der katholischen Pfarrei St. Ferrutius, wobei der Heilige Ferrutuis der Schutzpatron des Ortes ist. Besonders interessant ist der Taufstein von 1696, eine barock umbaute Orgel und eine Madonnengötze aus dem Spätbarock. Im Kirchturm befinden sich zwei Glocken aus den Jahren 1309 und 1411.
Adresse: Aarstraße 46, 65232 Taunusstein-Bleidenstadt

‣ Evangelische Kirche Bleidenstadt
Die Kirche beherbergt das älteste Steindenkmal Bleidenstadts, nämlich eine Grabplatte des Pfarrers Johannes von Spangenberg, der 1363 verstarb. Der obere Teil des Turms ist im romanischen Stil errichtet worden. Über dem Osteingang ist ein ornamentales Rosenfenster aus Sandstein zu sehen.
Adresse: Kirchstraße, 65232 Taunusstein-Bleidenstadt

‣ Orlener Limes
Der Orlener Limes war 1339 erstmals urkundlich erwähnt worden. Er geht auf das um das Jahr 90 errichtete römische Kastell Zugmantel zurück.

Das Wehener Schloss mit Innenhof.

Museen

‣ Museum im Wehener Schloss
Seit 1995 befindet sich im Wehener Schloss das Taunussteiner Heimatmuseum. In einer Dauerausstellung präsentiert das Museum Exponate zur jüngeren Regionalhistorie. Vor allem die Entwicklung des alltäglichen Lebens in der ersten Hälfte des 20. Jahrhunderts wird hier dokumentiert, außerdem finden im Museum unter dem Motto „Kunst im Schloss“ wechselnde Ausstellungen zeitgenössischer Kunst der Region statt.
Adresse: Weiherstr. 6, 65232 Taunusstein,
☏ 06128/968696

Freizeit und Natur

▸ Aartal

Wanderern, Radfahrern, Inline-Skatern und Nordic-Walkern eröffnet sich im Aartal eine vielgestaltige Umgebung, die immer wieder neu erlebt werden kann.
Information: Stadtverwaltung Taunusstein, ☎ 06128/241-0

▸ Freibad Taunusstein

Zur Ausstattung gehören neben Schwimmer- und Nichtschwimmerzonen unter anderem ein 5-Meter-Sprungturm, eine Breitrutsche, ein Wasserfall, eine Wasserschaukel, ein Kletternetz und Schwallduschen. Das Bad ist behindertengerecht.
Adresse: Zum Schwimmbad, 65232 Taunusstein, ☎ 06128/934695, **Öffnungszeiten:** täglich 8–20 Uhr

▸ Wintersport

Im Naturpark Rhein-Taunus gibt es drei Loipen, die eine Gesamtlänge von 15,5 km aufweisen. Die Loipe Altenstein gehört zur Stadt Taunusstein und ist über elf km lang.
Information: Stadtverwaltung Taunusstein, ☎ 06128/241-0

▸ Reiten

Auch wer die Gegend am liebsten hoch zu Ross erkunden mag, ist in der gesamten Umgegend von Taunusstein bestens aufgehoben.
Information: Stadtverwaltung Taunusstein, ☎ 06128/241-0

Veranstaltungen und Feste

In Taunusstein und seinen Ortsteilen finden jährlich sechs Kerben statt: Die **Bleischter Kerb** im August am Wochenende nach dem Wiesbadener Weinfest, die **Neuhofer Kerb** am dritten Wochenende im September, die **Hahner Kerb,** die am zweiten Sonntag im Oktober beginnt und vier Tage dauert, die **Wingsbacher Kerb** am ersten Oktoberwochenende, die **Orlener Kerb** am vorletzten Wochenende im Oktober sowie die **Wehener Kerb** am dritten Wochenende im Oktober. Weitere Volksfeste der Stadt sind der **Wehener Markt,** der am Mittwoch vor Fronleichnam stattfindet und der **Orler Markt** am zweitletzten Donnerstag im Juli. Am ersten Wochenende im Juni feiert der Ortsteil Hahn das **Hahner Zentrumsfest** mit Livemusik, Party und vielen Aktionen. Zum Jahresausklang ist dann am ersten Adventsamstag in Orlen, jeweils am zweiten Adventswochenende in Bleidenstadt, Hahn und Hambach sowie am dritten Adventswochenende in Wehen und Wingsbach **Weihnachtsmarkt.**

Trebur

(Groß-Gerau)

Trebur liegt im Hessischen Ried. Zur Gemeinde Trebur gehören die Ortsteile Trebur, Astheim, Geinsheim mit Kornsand und Hessenaue. Trebur hat rund 13 000 Einwohner und wurde im Jahr 829 erstmals urkundlich in einer Urkunde des Königs Ludwig des Frommen erwähnt. Im Mittelalter spielte Trebur eine wichtige Rolle als Kaiserpfalz.

Gemeindeverwaltung
Herrngasse 3
65468 Trebur
☎ 06147/208-0
www.trebur.de
gemeinde@trebur.de

Sehenswertes

▸ Evangelische Laurentiuskirche

Diese Kirche ist vermutlich aus einer ehemaligen Pfalzkapelle hervorgegangen. Der

Das alte Rathaus von Trebur.

Westbau des Gebäudes und das östliche Querschiff wurden im 9. Jahrhundert errichtet. Somit ist die Evangelische Laurentiuskirche einer der wenigen, bis heute erhaltenen karolingischen Sakralbauten.
Adresse: Obere Pforte, 65468 Trebur

▸ Katholische Pfarrkirche St. Petrus
1651 errichtete Kirche in barockem Stil. Beachtenswert sind hier vor allem die Deckenmalereien, der barocke Hochaltar, eine spätgotische Skulptur des Heiligen Martin von Tours und das Kleinod St. Petrus in Ketten.
Adresse: Pfarrgasse 4, 65468 Trebur-Astheim, ☎ 06147/421

▸ Deutsche Fachwerkstraße
Der hessische Teil der Deutschen Fachwerkstraße nimmt in Trebur seinen Anfang.

▸ Zeppelindenkmal
Im Ortsteil Geinsheim steht am Kornsand das Zeppelindenkmal. Es erinnert an die Notlandung eines Luftschiffs des Grafen von Zeppelin im Jahr 1908.

Museen

▸ Museum Trebur
Das Museum in Trebur ist eine ehemalige Hofreite, die zwischen 1680 und 1700 erbaut worden war. Mittlerweile ist das Gebäude im Besitz der Gemeinde und bietet Platz für wechselnde Themenausstellungen zur Historie der Region, zu Land und Leuten, zu Kunst, Gewerbe und Handwerk.
Adresse: Nauheimer Straße 14, 65468 Trebur, ☎ 06147/8417, 🌐 www.museum-trebur.de,
Öffnungszeiten: Sonntag 14–17 Uhr und nach Vereinbarung

Das Museum aus dem 17. Jahrhundert.

▸ Eugen-Schenkel-Stiftung
Archäologie in Trebur – das ist für den Geschichtsforscher Eugen Schenkel aus dem Ortsteil Astheim zur Lebensaufgabe geworden. Die nach dem Sammler und Autodidakten benannte Stiftung mit För-

derverein präsentiert in Ausstellungen die Funde Schenkels von der Steinzeit bis zum Mittelalter.
Adresse: Pfarrgasse 2, 65468 Trebur-Astheim, 06147/502215, www.eugen-schenkel-stiftung.de

Freizeit und Natur

‣ Freibad Trebur
Das Treburer Fritz-Becker-Bad liegt am Ortsausgang in Richtung Astheim. Es ist besonders für Familien mit Kindern geeignet und umfasst ein Schwimmbecken, einen Kinderspielplatz, Wasser- und Massagedüsen, einen Matschplatz, Planschbecken und große Liegewiesen. Die sanitären Einrichtungen sind behindertengerecht.
Adresse: Astheimer Straße, 65468 Trebur, 06147/7217, **Öffnungszeiten:** 15. Mai–15. September: Montag geschlossen, Dienstag 8–12 Uhr und 14–18 Uhr, Mittwoch 8–12 Uhr, Donnerstag 14–18 Uhr und Freitag 8–12 Uhr.

‣ Radfahren/Wandern
In und um Trebur eröffnen sich Wanderern und Radlern zahlreiche Möglichkeiten, die Umgebung und Landschaft zu erkunden. Ob durch alte Fachwerkgassen oder inmitten der lebendigen Natur – hier findet sich für jeden die passende Strecke.

‣ Michael-Adrian-Observatorium
Mit dem Treburer Teleskop T1T, das einen Spiegeldurchmesser von 1,20 m aufweist, steht in Trebur eines der größten für die Öffentlichkeit nutzbaren Teleskope Europas. Hier können Mond und Planeten und sogar ferne kosmische Phänomene und andere Galaxien entdeckt werden.
Adresse: Fichtenstraße 7, 65468 Trebur, 06147/50000, www.t1t-trebur.de
Öffnungszeiten und Führungen: im Winter: Mittwoch, 19 Uhr, im Sommer: Mittwoch 21 Uhr, Gruppen nur nach Voranmeldung

Veranstaltungen und Feste

Anfang August lädt Trebur zum weithin bekannten und beliebten **Trebur Open Air-Festival,** das seit 1992 jährlich im Kulturprogramm des Orts einen festen Platz hat. Etwa 4000 Menschen kommen jedes Jahr, um sich das bunte Stelldichein von etwa 30 Bands und Solokünstlern zu erleben. Ebenfalls im August, immer am Sonntag nach dem Todestag des Heiligen Laurentius, findet die **Treburer Kerb** statt, im Volksmund „Trewwerer Kerb" genannt. Auch die anderen Ortsteile feiern jährlich Kerb. Ende September richtet der örtliche Gewerbeverein das **Straßenfest „Spass uff de Gass"** aus. Das Fest bietet bei verkaufsoffenem Sonntag neben Tanzaufführungen, Livemusik und Modenschauen Essen und Trinken für jeden Geschmack und Unterhaltung für die ganze Familie. Mitte Dezember ist im und ums Rathaus **Weihnachtsmarkt.**

Usingen

(Hochtaunuskreis)

Die ehemalige Residenz- und Kreisstadt Usingen wird auch Buchfinkenstadt genannt, was auf das 1938 von Theo Geisel verfasste Buchfinkenlied zurückgeht. Sie wurde um 802 erstmals urkundlich erwähnt und besteht aus den Stadtteilen Usingen, Eschbach, Kransberg, Merzhausen, Michelbach, Wernborn und Wilhelmsdorf. Etwa 13 700 Menschen leben in Usingen.

Stadtverwaltung
Wilhelmjstraße 1
61250 Usingen
06081/1024-0
www.usingen.de
stadt@usingen.de

Sehenswertes

Usinger Schloss

Auf dem Gelände der heutigen Christian-Wirth-Schule stand früher das Residenzschloss der Nassau-Usinger Fürsten, das zuletzt als Lehrerschule genutzt wurde. Es wurde bei einem Brand im Jahr 1873 vollständig zerstört. Nur der schmiedeeiserne Zaun stammt noch aus dieser Zeit. Bereits im 14. Jahrhundert stand an der Stelle des Schlosses ein burgartiger Bau, der im 16. Jahrhundert zu einem Renaissanceschloss umgebaut und erweitert wurde.
Adresse: Schlossplatz 1, 61250 Usingen,
06081/9134-0

Evangelische Laurentiuskirche

Am Rand der Usinger Altstadt ist die Evangelische Laurentiuskirche zu finden. Ihr Turm ist das Wahrzeichen der Stadt und deshalb fester Bestandteil des Usinger Logos. Gegründet wurde die Kirche vermutlich im Jahre 1490 – diese Jahreszahl findet sich eingemeißelt am Fuß des Bauwerks. Bei einem Brand im Jahre 1635 wurde die Kirche erheblich beschädigt und nach Jahren wieder aufgebaut. Hier erhielt sie den typischen Turm. Die Kirche war die Hof- und Grabeskirche der Nassau-Usinger Fürsten. In der Gruft ist der letzte Usinger Fürst und 1. Nassauer Herzog Friedrich August beerdigt. Heute finden in der Laurentiuskirche neben den Gottesdiensten auch regelmäßig Konzerte statt. Ab und

Blick von oben auf den Schlossplatz.

zu gibt es Turmführungen, so z. B. während des Usinger Weihnachtsmarktes zum ersten Advent. Man hat dann einen herrlichen Blick über die Stadt.
Adresse: Kirchgasse 10, 61250 Usingen, ☏ 06081/3022

▸ Hugenottenkirche
Die um 1700 gebaute Hugenottenkirche befindet sich in der Neustadt. Zu Beginn des 19. Jahrhunderts wurde die Kirche zu einer Schule umgestaltet, heute beherbergt das ehemalige Gotteshaus die Usinger Stadtbibliothek. Außerdem werden im Obergeschoss des Gebäudes Veranstaltungen abgehalten und Brautpaare können sich in der Hugenottenkirche das Jawort geben.
Adresse: Marktplatz 23, 61250 Usingen

▸ Rathaus
Das Usinger Rathaus, ein barocker Fachwerkbau, stammt aus dem Jahr 1687 und befindet sich gegenüber dem Schloss. Ursprünglich stand an derselben Stelle ein kleineres Rathaus in gotischer Bauweise, von dem jedoch nur die Gewölbekeller erhalten geblieben sind.
Adresse: Wilhelmjstraße 1, 61250 Usingen, ☏ 06081/1024-0

▸ Prinzenpalais
Am Usinger Obertor in der Obergasse befindet sich das Prinzenpalais, ein Baudenkmal, das ab 1768 im Auftrag von Friedrich August von Nassau-Usingen errichtet worden war. Später diente es als Landratsamt.
Adresse: Obergasse 23, 61250 Usingen

Museen

▸ Stadtmuseum
Das Usinger Stadtmuseum ist im Kavalierhaus zu finden und befasst sich mit der Regionalhistorie Usingens und der Umgebung. Das Stadtmuseum agiert in enger Zusammenarbeit mit dem Museum für Vor- und Frühgeschichte, das im Rathaus-Gewölbekeller untergebracht ist.
Adresse: Untergasse, 61250 Usingen, ☏ 06081/1024-0, **Öffnungszeiten:** 14-tägig im Wechsel mit dem Museum im Usinger Rathaus: Sonntag 14–17 Uhr

▸ Museum für Vor- und Frühgeschichte
Wer sich für die Vor- und Frühgeschichte der Stadt und Region interessiert, ist im gleichnamigen Museum im Rathauskeller der Stadt gut aufgehoben. Archäologische Funde beweisen, dass die Gegend um Usingen schon in der Mittelsteinzeit als Lagerstätte der Jäger und Sammler diente.
Adresse: Wilhelmjstraße 1, 61250 Usingen, ☏ 06081/1024-0, **Öffnungszeiten:** 14-tägig im Wechsel mit dem Stadtmuseum: Sonntag 14–17 Uhr

Freizeit und Natur

▸ Eschbacher Klippen
Im Stadtteil Eschbach finden Besucher die bis zu zwölf Meter hohen Felsen aus Quarzstein, die in den Himmel ragen und deshalb den Namen Eschbacher Klippen erhalten haben. Sportlich ambitionierte Gäste können hier an einer Klettertour teilnehmen.

▸ Hattensteinweiher
Der Hattensteinweiher ist der einzige Badesee, den das Usinger Land zu bieten hat. Hier kann während der Sommermonate geschwommen werden, im Winter, wenn das Eis dick genug ist, dürfen sich Schlittschuhfahrer auf dem Weiher austoben.
Adresse: Am Hattensteinweiher, 61250 Usingen

▸ Schlossgarten
Der in Terrassen angelegte Schlossgarten lädt Spaziergänger und Touristen zum Entspannen ein. Im Sommer findet hier das Usinger

Die Eschbacher Klippen sind ein beeindruckendes Werk der Natur.

Veranstaltungen und Feste

Ende Juni findet der **Usinger Flohmarkt** statt. Das **Familienfest** Ende Juli und das **Schlossgartenfest** werden Anfang bis Mitte August im Garten des Usinger Schlosses gefeiert. Jährlich am zweiten Wochenende im September wird in Usingen der **Laurentiusmarkt** mit Kreistierschau veranstaltet. Am ersten Adventswochenende ergänzt der **Usinger Weihnachtsmarkt** das Veranstaltungsangebot.

Schlossgarten- und das Familienfest statt.
Adresse: Schlossgarten, 61250 Usingen

▸ Taunusbad

Unterhalb des Schlossgartens befindet sich das Taunusbad, ein Hallenbad, das über einen 3-Meter-Sprungturm, Bodenbrodler, Nackenduschen und vieles mehr verfügt. Das Bad wurde 2005 komplett saniert.
Adresse: Mozartstraße 5 a, 61250 Usingen, ☏ 06081/688930, **Öffnungszeiten:** Montag 7–13 Uhr, Dienstag–Freitag 7–21 Uhr

▸ Wandern/Radfahren

Die Strecken und Wege rund um die Stadt sind sowohl für sportlich ambitionierte Besucher geeignet als auch für Familien mit Kindern. Einen Stadtplan mit Rad- und Wanderwegen erhält man beim Bürgerbüro der Stadt Usingen.
Adresse: Wilhelmjstraße 1, 61250 Usingen, ☏ 06081/1024-0

Viernheim

C 4

(Kreis Bergstraße)

Die Wohn-, Industrie- und Brundtlandstadt Viernheim (Hessens 1. Energiesparstadt) liegt in der Metropolregion Rhein-Neckar in unmittelbarer Nähe zu Mannheim. Viernheim hatte sich einst aus einem karolingischen Königshof entwickelt und wurde erstmals 777 urkundlich erwähnt. Die Stadt beheimatet etwa 33 000 Einwohner.

Stadt Viernheim
Kettelerstraße 3
68519 Viernheim
☏ 06204/988-0
www.viernheim.de
✉ buergermeister@viernheim.de

Sehenswertes

▸ Sakralbauten

In Viernheim gibt es mehrere historisch bedeutsame Sakralbauten. So beispielsweise die von 1896–1899 erbaute katholische St.-Apostel-Kirche, die mitten in der Stadt zu finden ist. Außerdem sind die um 1660 eingeweihte St.-Marienkirche, die Pfarrkirche St. Hildegard, die katholische Kirche St. Michael, die evangelische Friedenskirche, die evangelische Auferstehungskirche am Berliner Ring, die evangelische Christuskirche an der Saarlandstraße, die Neuapostolische Kirche an der Maria-Mandel-Straße sowie die Kapelle St. Josef in der Bürgermeister-Neff-Straße einen Besuch wert.

Information: www.viernheim.de, www.sankt-himi.de; www.pfarrei-johannesXXIII.de

Die St.-Apostel-Kirche aus dem 19. Jahrhundert.

Museen

▸ Museum Viernheim

Das Museum Viernheim präsentiert in einer dauerhaften Ausstellung Exponate zum historischen Leben in der Region. Ein Klostergarten und ein naturkundlicher Lehrpfad runden das Angebot des Museums ab. Einmal im Jahr wird das Museumsfest gefeiert. „Heiraten unter der Linde“ im Museumsgarten wird immer beliebter.

Adresse: Berliner Ring 28, 68519 Viernheim, 06204/929207-3, www.viernheim.de,

Öffnungszeiten: Sonntag 14–17 Uhr und nach Vereinbarung (außer in den Sommerferien)

Freizeit und Natur

▸ Tivolipark

In Viernheims Weststadt wartet der Tivolipark auf seine Gäste. Er wurde in den Fünfzigerjahren angelegt und lädt zum Entspannen ein.

Adresse: Am Tivoli, 68519 Viernheim, 06204/78586

▸ Viernheimer Vogelpark

Nahe des Waldstadions, am Rande des Erholungswaldes, befindet sich der Viernheimer Vogelpark, der besonders für Familien mit Kindern ein beliebtes Ausflugsziel ist. Hier gibt es insgesamt etwa 80 Vogelarten, unter anderem auch Seltenheiten wie zum Beispiel den Flötenvogel und den Weißnacken-Blauraben.

Adresse: Industriestr. 32, 68519 Viernheim, **Öffnungszeiten:** das ganze Jahr über ab ca. 9.00 Uhr bis zum Einbruch der Dunkelheit, Eintritt frei

▸ Waldsee

Der Waldsee ist ein künstlich angelegter Teich inmitten des Viernheimer Naherholungsgebiets. Ob Spaziergänger oder Naturkundler, Familien mit Kindern oder passioniert Wandersleute – hier gibt es für jeden das Richtige. Die Wege und der Waldlehrpfad rings um den Waldsee laden zu einem Spaziergang ein. Für Kinder gibt es einen Spielplatz. Es kann auch geangelt werden. **Adresse:** gegenüber dem Waldschwimmbad, über die L 3111 zu erreichen

▸ Bonanza-Spielplatz

Am Ende der Lorscher Straße lockt ein Spiel- und Sportgebiet die eher abenteuerlustigen Besucher. Mannigfaltige Kletter- und Spielmöglichkeiten sowie ein Naturlaufpfad stehen hier zur Verfügung. Aber auch, wer es lieber beschaulich mag, kommt hier zu seinem Recht. Das angrenzende Waldgebiet eignet sich hervorragend für ausgedehnte Spaziergänge.
Adresse: Lorscher Straße, im Viernheimer Erholungswald am Ende der Kirschenstraße

▸ Familiensportpark West

Am Sandhöfer Weg befindet sich der Familiensportpark West. Hier gibt's allerhand zu entdecken: einen Minigolfplatz, einen Generationen-Bewegungsparcours, eine Kneipp-Anlage, ein Grillhaus, den Ski-Stadl des Ski-Clubs, eine Rollschuhbahn, eine Gymnastikwiese und eine Rollkunstlaufbahn. Und wer einfach nur spazieren gehen mag, ist ebenfalls herzlich willkommen.
Adresse: Am Sandhöfer Weg, Viernheim, ☏ 06204/9880

▸ Kletterwald Rhein Neckar

Deutschlands höchster Kletterwald liegt in Viernheim. Das im Jahre 2007 eröffnete Kletterparadies im Erholungswald (am Ende der Kirschenstraße gelegen) erfreut sich zunehmender Beliebtheit. Parken kann man bequem auf dem Waldparkplatz (Lorscher Straße).
Information: kletterwald-rhein-neckar.de, **Öffnungszeiten:** täglich ab 10 Uhr

Veranstaltungen und Feste

Anfang Juni führt der **Brundtland-Citylauf** sportbegeisterte Besucher genau zehn Kilometer durch die Viernheimer Innenstadt und Fußgängerzone. Vorher werden wie immer die populären Schüler- und Jugendläufe ausgetragen. Ebenfalls im Juni steigt das **4nheimer Stadtfest,** das mit Kunsthandwerkermarkt, Mini-Soccer-Turnier, Livemusik und vielen Aktionen und Attraktionen aufwartet. Am ersten Wochenende im Juli feiert man für drei Tage das traditionelle **Siedlerfest** der Siedlergemeinschaft, das es bereits seit vielen Jahrzehnten gibt. Mitte August ist dann in Viernheim wieder ein großes Sportereignis angesagt: denn dann findet der **Triathlon** statt, eine Veranstaltung, die weit über die Stadtgrenzen hinaus bekannt ist. Ebenfalls Mitte August begeht man am Viernheimer Museum das **Museumsfest.** Im September laden die **Südhessischen Akkordeontage** ein, die allerdings in unregelmäßigen Abständen veranstaltet werden. Anfang November lockt die **Kerwe** zahlreiche Besucher von nah und fern. Dieses beliebte Volksfest besteht aus einem Rummel mit Krammarkt und Fahrgeschäften und vielen Nebenveranstaltungen. Der Dezember steht in Vierheim dann ganz im Zeichen des **Weihnachtsmarkts,** der an drei Wochenenden in der Innenstadt auf dem Apostelplatz stattfindet.

Wächtersbach

(Main-Kinzig-Kreis)

Die Kleinstadt Wächtersbach liegt im mittleren Kinzigtal zwischen dem Spessart und dem Vogelsberg. Etwa 12 500 Menschen leben in Wächtersbach und den Ortsteilen Aufenau, Neudorf mit Kinzighausen, Wächtersbach, Weilers, Hesseldorf, Wittgenborn, Waldensberg und Leisenwald. Wächtersbach wurde 1236 als „Weichirsbach" erstmals urkundlich erwähnt – der Name bedeutet ursprünglich „Bach, der die Weiher speist".

Stadtverwaltung
Main-Kinzig-Straße 31
63607 Wächtersbach
06053/802-0
www.stadt-waechtersbach.de

Sehenswertes

Schloss Wächtersbach mit Schlosspark
Das imposante Schloss Wächtersbach, das pittoresk am Rand der Wächtersbacher Altstadt liegt, wird von Historikern auf eine staufische, romanische Wasserburg zurückgeführt. Die Grafen zu Ysenburg-Büdingen nutzten das Schloss von 1687 an als Residenz. Anfang des 19. Jahrhunderts wurde der Schlosspark angelegt. Die Gartenanlage wird von der Stadt in Zusammenarbeit mit interessierten Bürgern und dem Hessen-Forst gepflegt. Das Schloss selbst befindet sich in Privatbesitz. Auf dem Gelände des Schlosses steht ein mehr als zweihundert Jahre alter Ginkgobaum.

Museen

Wächtersbacher Heimatmuseum
Das Museum befindet sich im Alten Rathaus. In einer Dauerausstellung präsentiert das Museum z. B. landwirtschaftliche Geräte, eine Schmiede und eine Schusterwerkstatt sowie Töpfereiarbeiten aus alter Zeit.
Adresse: Am Markt 12, 63607 Wächtersbach, 06053/3883, www.hgv-waechtersbach.de **Öffnungszeiten:** 1. April–31. Oktober: jeden ersten Sonntag im Monat 14–17 Uhr

Das Museum im Alten Rathaus.

Blick auf Schloss und Altstadt.

▸ Töpfermuseum Altes Backhaus
Im Stadtteil Wittgenborn ist das Töpfermuseum zu finden, das die Töpferkunst der Region vom 18. bis zum 20. Jahrhundert dokumentiert. Ergänzend sind Zeichnungen und Skizzen aus den Jahren 1893–1908 zu sehen. **Adresse:** Dorfplatzstraße, 63607 Wächtersbach-Wittgenborn, ✆ 06053/1200 oder 7410, **Öffnungszeiten:** April–Dezember: jeden ersten Sonntag im Monat 14–17 Uhr und nach Vereinbarung

Freizeit und Natur

▸ Freibad Wächtersbach
Das mit erneuerbarer Energie beheizte Freibad Wächtersbach hat ein Schwimmbecken, Wasserdüsen, eine Rutsche, einen Spielplatz und eine große Liegewiese zu bieten. **Adresse:** Am Rosengarten, 63607 Wächtersbach, **Öffnungszeiten:** Montag –Freitag 9–20 Uhr, Samstag, Sonntag 8–20 Uhr

▸ Radfahren/Wandern
In und um Wächtersbach kommen Radler und Wanderer voll auf ihre Kosten. So führt der Hessische Radfernweg R3 durch Wächtersbach hindurch. Auch der Vogelsberger Südbahnradweg ist von hier aus leicht zu erreichen. Insgesamt verfügt die Gemeinde über mehrere Kilometer ausgeschilderter Wanderwege.

▸ Kartbahn
Auf dem Vogelsbergring im Ortsteil Wittgenborn, einer etwa einen Kilometer langen Freiluft-Kartbahn, können sich Kartfans austoben. **Adresse:** Töpferstraße, 63607 Wächtersbach-Wittgenborn, 🌐 www.msc-wittgenborn.de **Öffnungszeiten:** März–Mitte November

Veranstaltungen und Feste

Jedes Jahr in der Himmelfahrtswoche wird in Wächtersbach die **Messe** veranstaltet, eine Verbraucherschau mit etwa 440 Ausstellern aus Industrie, Gewerbe und Handwerk. Über Pfingsten lockt der **Wächtersbacher Heiratsmarkt,** ein ländlich gehaltenes Volksfest im Ortsteil Leisenwald. Am Samstag vor dem 1. Advent taucht dann der **Weihnachtsmarkt** in Wächtersbach den Marktplatz und den Schlosshof in ein stimmungsvolles Licht.

Wald-Michelbach

(Kreis Bergstraße)

Die Gemeinde Wald-Michelbach im Odenwald beheimatet etwa 11 100 Menschen. Flächenmäßig ist Wald-Michelbach die größte Gemeinde im Kreis Bergstraße. Waldmichelbach wurde 1238 erstmals urkundlich erwähnt. Zur Gemeinde gehören die Ortsteile Affolterbach, Aschbach, Gadern, Hartenrod, Kocherbach, Kreidach, Ober-Schönmattenwag, Siedelsbrunn und Unter-Schönmattenwag.

Der Gemeindevorstand
In der Gass 17
69483 Wald-Michelbach
✆ 06207/947-0
🌐 www.wald-michelbach.de
✉ rathaus@gemeinde-wald-michelbach.de

Sehenswertes

▸ Katholische Pfarrkirche St. Laurentius
Diese Pfarrkirche zählt zu den historisch bedeutsamsten Bauwerken Wald-Michelbachs. Die in spätbarockem Baustil gestaltete Kirche wurde ab 1775 errichtet. Entworfen hatte sie der Mainzer Architekt Jakob Schneider. **Adresse:** Adam-Karrillon-Straße 4, 69483 Wald-Michelbach, ✆ 06201/9916-0

Der Bücherbrunnen des Künstlers Martin Hintenlang.

▸ Evangelische Pfarrkirche
Die evangelische Pfarrkirche umfasst einen Glockenturm in romanischem Baustil, der vermutlich der älteste Teil des Sakralbaus ist, und ein barockes Kirchenschiff, das im Jahr 1755 fertiggestellt war.
Adresse: Kirchbergstraße 3, 69483 Wald-Michelbach, 🌐 www.ev-kirche-wald-michelbach.de

▸ Pfarrkirche St. Johannes Baptist
Im Ortsteil Unter-Schönmattenwag befindet sich die im frühen 15. Jahrhundert errichtete Barockkirche. Von besonderer Bedeutung sind die gotischen Fresken, die in der Vergangenheit freigelegt wurden und die nach Terminvereinbarung besichtigt werden können.
Adresse: Hauptstraße 72, 69483 Wald-Michelbach-Unter-Schönmattenwag

▸ St. Maria Lichtenklingen
Diese Ruine einer Marienkultstätte befindet sich zwischen dem Hardberg und der Stiefelhöhe nahe der Ortsteile Siedelsbrunn und Unter-Abtsteinach. Möglicherweise befand sich hier ein aus heidnischen Zeiten stammendes Quellheiligtum der Kelten oder Germanen. Die Ruine des noch vor dem 14. Jahrhundert errichteten Bauwerks ist zum Teil gut erhalten und restauriert worden.

▸ Bücherbrunnen Wald-Michelbach
Der Brunnen Wald-Michelbachs ist Schauplatz für eine Arbeit des Künstlers Martin Hintenlang. Die im und um den Brunnen installierten Bronzebücher enthalten gewichtige Zitate der Weltliteratur.
Adresse: Adam-Karillon-Straße, 69483 Wald-Michelbach

Museen

▸ Überwälder Heimatmuseum
Im historischen Fachwerkrathaus Wald-Michelbachs ist das Heimatmuseum der Gemeinde untergebracht. Hier werden in einer Dauerausstellung Exponate der Regionalgeschichte präsentiert. Der Schwerpunkt des Museums liegt auf dem Thema: Der Wald als Lebensgrundlage im Überwald.

Herausragend ist die in Deutschland wohl einmalige Sammlung von Kleiderbügeln.
Adresse: In der Gass 17, 69483 Wald-Michelbach, 06207/947111, **Öffnungszeiten:** 1. April–31. Oktober: Donnerstag 15–17 Uhr, Sonntag 14–17 Uhr, Gruppenführungen nach Absprache

Stoewer-Museum
Seit 2002 gibt es in Wald-Michelbach dieses Museum, das eine Kollektion von Exponaten der Stoewer-Eisenwerke in Stettin beherbergt. So gibt es alte Automobile zu sehen, Nähmaschinen, Schreibmaschinen und Fahrräder.
Adresse: Michelstraße 2, 69483 Wald-Michelbach, 06207/923620, info@stoewer-museum.de, **Öffnungszeiten:** erster Sonntag im Monat 14–17 Uhr und Besuchstermine nach Absprache

Besucherstollen „Grube Ludwig"
Im Hauptstollen kann man bis auf 83 Meter in den Berg „einfahren" und dabei erkennen, wie schwer die Arbeit der Bergleute war, die bis Anfang des 20. Jahrhunderts hier Manganerz abgebaut haben.

Ein Ausflug in die Grube Ludwig führt bis 83 Meter in den Berg.

Adresse: Am Wetzel, Gruppenführungen nach Absprache, 06207/947111

Freizeit und Natur

Waldlehrpfad Ober-Schönmattenwag
Dieser Waldlehrpfad, der im Ortsteil Ober-Schönmattenwag seinen Anfang nimmt, ist der älteste seiner Art in Deutschland. Er wurde 1957 angelegt und bietet heute Einheimischen wie Auswärtigen die Möglichkeit, sich mit der Natur und Kultur der Region zu befassen.

Heinrich Schlerf Erholungsanlage
Diese Parkanlage ist genau der richtige Ort, um Kraft zu tanken. Hier gibt es ein Café, einen Ententeich mit Bachlauf und einen Spielplatz.
Adresse: Rudi-Wünzer-Straße 33, 69483 Wald-Michelbach

Solardraisine
Voraussichtlich ab Sommer 2013 werden auf der ehemaligen Trasse der Überwaldbahn zwischen Mörlenbach und Wald-Michelbach Draisinen verkehren. Der Clou: durch Solarkraft und einen Elektromotor gelangt man auch ohne große körperliche Anstrengung auf elf Kilometern Länge ans Ziel. Unterwegs genießt man auf einer der schönsten (ehemaligen) Eisenbahnstrecken Deutschlands durch Tunnels und über Viadukte die landschaftliche Schönheit des Odenwalds.

Schwimmbad Wald-Michelbach
Das beheizte Freibad liegt idyllisch am Wald und bietet neben Schwimmer- und Nichtschwimmerbecken ausladende Liegeflächen zum Entspannen.

Adresse: Waldschwimmbad, 69483 Wald-Michelbach, 06207/2360, **Öffnungszeiten:** ab Mai: 13–19 Uhr, in den Sommermonaten: 8–20 Uhr

Sommerrodelbahn
An der Kreidacher Höhe gelegen, befindet sich die Sommerrodelbahn Odenwaldbob, die Jung und Alt aus nah und fern immer wieder anzulocken vermag.
Adresse: Kreidacher Höhe 2, 69483 Wald-Michelbach, 06207/9224848

Hardberg
Der Hardberg beim Wald-Michelbacher Ortsteil Siedelsbrunn ist die dritthöchste Erhebung des Odenwalds. Wanderern, Radfahrern und Spaziergängern bietet sich hier ein herrlicher Ausblick über das Rheintal und den Odenwald.

Veranstaltungen und Feste

Am ersten Wochenende im Juli findet in Wald-Michelbach das traditionelle **Heimatfest** statt, ein Volksfest mit Festumzug am Sonntag und Veranstaltungen von Montag bis Freitag. Mitte September wird dann im Ortskern der **Gassenmarkt** veranstaltet, auf dem sich Gewerbetreibende und Handwerker aus der Region präsentieren. Livemusik, Aufführungen und Aktionen runden das große Fest ab. Neben den Kirchweihen in allen Ortsteilen laden die zahlreichen Veranstaltungen der über 100 Vereine zu einem Besuch ein. Ein kulturelles Highlight setzt die **Überwälder Traumnacht.** Als eine lange Nacht der Überwälder Museen öffnen im Juli in allen drei Gemeinden des Überwaldes Museen, Bergwerke und Ausstellungen von 18–24 Uhr die Türen. Musik, Theater und Comedy gepaart mit kulinarischen Köstlichkeiten und einem Shuttle-Bus sorgen für ein einzigartiges Ambiente.

Wehrheim

C1

(Hochtaunuskreis)

Die Gemeinde Wehrheim besteht aus den Ortsteilen Wehrheim, Obernhain, Pfaffenwiesbach und Friedrichsthal. Erstmals urkundlich erwähnt wurde Wehrheim 1046. Spuren der Besiedelung konnten jedoch bereits für die Bronzezeit belegt werden. Wehrheim hat etwa 9750 Einwohner.

Gemeinde Wehrheim
Dorfborngasse 1
61273 Wehrheim
06081/5890
www.wehrheim.de
e.rasch@Wehrheim.de

Sehenswertes

Obergermanisch-Raetischer Limes
Wer sich für die Römerzeit interessiert, der sollte sich die 13 km des Obergermanisch-Raetischen Limes anschauen, die durch das Gemeindegebiet verlaufen und 2005 zum UNESCO-Weltkulturerbe avancierten. So befindet sich in der Nähe des Ortsteils Pfaffenwiesbach das Römerkastell Kapersburg, das ganz besonders interessant ist. An der Passstraße in Richtung Bad Homburg steht das Römerkastell Saalburg.

Evangelische Kirche
Die Evangelische Kirche steht direkt neben dem alten historischen Rathaus. Sie wurde als Dorfkirche von 1780–1782 in barockem Stil errichtet. Vorher hatte sich an derselben Stelle eine mittelalterliche Kirche befunden.
Adresse: Oranienstraße 8A, 61273 Wehrheim, 06081/95280

▸ Katholische Kirche St. Michael
Die etwas kleinere katholische Kirche wurde in den Jahren von 1712/13 im Auftrag des Erzbischofs von Trier errichtet. Sie basiert auf Resten einer ehemaligen Wehrheimer Burganlage. Interessant sind hier vor allem das Kreuz von 1694 über dem Altar und das Taufbecken aus Marmor, das 1729 gebaut wurde.
Adresse: St.-Michaels-Weg 4, 61273 Wehrheim

▸ Jüdischer Friedhof
Der Jüdische Friedhof liegt etwa zwei Kilometer außerhalb von Wehrheim im Bizzenbachtal. Bis heute sind ungefähr zwölf Grabsteine erhalten.

Museen

▸ Stadttormuseum Wehrheim
Das ehemalige Wehrheimer Stadttor, das sogenannte Untertor, wurde 1778 errichtet. Heute befindet sich darin das Stadttormuseum. Hier werden Fundstücke aus der Bronzezeit präsentiert, aber auch andere regionalhistorische Exponate, z. B. die Urkunde von 1046, in der Wehrheim erstmals schriftlich erwähnt worden war.
Adresse: Zum Stadttor 33, 61273 Wehrheim, 06081/57450, **Öffnungszeiten:** auf Anfrage und während laufender Ausstellungen

Freizeit und Natur

▸ Freizeitpark
Der Freizeitpark Lochmühle bietet auf etwa einer Viertelmillion Quadratmetern haufenweise Attraktionen für die ganze Familie. So z. B. ein landwirtschaftliches Museum und Tierkoppeln, aber auch Fahrgeschäfte, wie Achterbahnen und Wasserbahn.
Adresse: Köpperner Straße, 61273 Wehrheim, 06175/790060, www.lochmuehle.de, **Öffnungszeiten:** 31. März–28. Oktober: täglich 9–18 Uhr

▸ Freibad
Das Wehrheimer Ludwig-Bender-Bad bietet neben Schwimmer- und Nichtschwimmerzonen eine große Liegewiese, eine Beachvolleyball-Feld, eine Rutsche, eine Sprunganlage und vieles mehr. Für Kinder gibt es außerdem einen Spielplatz sowie ein großes solarbeheiztes Kinderbecken.
Adresse: an der Verlängerung Rodheimer Straße, Wehrheim, 06081/981837, **Öffnungszeiten:** Mai–September: täglich 9–20 Uhr

Das Wehrheimer Stadttor.

Veranstaltungen und Feste

Jeden Donnerstag ab 9 Uhr findet in der Wehrheimer Mitte der **Wochenmarkt** statt. Im August wird im Wehrheimer Ortsteil Pfaffenwiesbach die **Kerb** gefeiert. Ende November wird dann im Ortsteil Obernhain der **Adventsmarkt** abgehalten, bevor im Dezember im Ortsteil Pfaffenwiesbach und im alten Ortskern Wehrheims der **Weihnachtsmarkt** stattfindet.

Weiterstadt

(Darmstadt-Dieburg)

In Weiterstadt leben etwa 24 700 Einwohner. Die Stadt, die neben der Kernstadt aus den Stadtteilen Schneppenhausen, Gräfenhausen, Braunshardt und Riedbahn besteht, wurde 948 erstmals unter dem Namen „Widerestat“ urkundlich erwähnt.

Stadt Weiterstadt
Riedbahnstraße 6
64331 Weiterstadt
06150/4000
www.weiterstadt.de
stadt@weiterstadt.de

Sehenswertes

Historische Bauwerke

Sehenswerte Gebäude sind in Weiterstadt die alte Dorfkirche sowie die Gräfenhausener Dorfkirche und das Ohlystift Gräfenhausen, das Rathaus in Schneppenhausen und zahlreiche Fachwerkhäuser in Weiterstadt und den Stadtteilen.

Schloss Braunshardt

Immer in wechselndem Privatbesitz, blieb das Haus der Öffentlichkeit über die Jahrhunderte weitgehend verschlossen. Gekrönte Häupter aber sind hier öfter zu Gast gewesen und waren nicht selten so entzückt wie Queen Victoria, die in ihrem Tagebuch schwärmerisch bekannte, dass sie die intimen Räume des Schlosses an „kleine bunte Pralinenkästchen“ erinnert hätten. Kunsthistoriker zählen Braunshardt zu einer der wichtigsten erhaltenen Rokokoanlagen Deutschlands. Obwohl es sehr viel kleiner ist, nennen sie es in einem Atemzug mit Potsdam Sanssouci. Nur wenige Jahre später als dieses wurde es in den Sechzigerjahren des 18. Jahrhunderts erbaut, ebenfalls angelehnt an französische Vorbilder. Zunächst noch im Besitz des Darmstädter Hofes oder verschiedener Privatpersonen, diente das einstige Lustschloss zwischenzeitlich als „Heim für schwererziehbare Mädchen“, bevor es wieder in Privatbesitz kam, um endlich als Altersheim genutzt zu werden. Die Zweckentfremdung führte zu beklagenswerten baulichen Zuständen. Der Verlust eines Kulturgutes drohte, bis 1987 der passionierte Denkmalschützer Helmuth von Maltzahn daran ging, die verfallende Substanz zu restaurieren, das Schloss mit Hilfe der Deutschen Stiftung Denkmalschutz wieder so herzurichten, wie es die berühmten Gäste früherer Jahrhunderte beschrieben haben. Jeder kann das jetzt entdecken, bei einer Besichtigung, bei kleinen Konzerten oder auch bei Tagungen und Feiern.
Adresse: Schlossgartenstraße 2, 64331 Weiterstadt, 06150/186433

Freizeit und Natur

Erholungsgebiet Steinrod

Das Zentrum des Erholungsgebiets Steinrod im Norden von Weiterstadt bildet der Steinrodsee, um den ein Spazierweg angelegt ist. Angler und Camper können hier ihrem Hobby frönen.
Adresse: Erholungsgebiet Steinrod, Gräfenhausen

Braunshardter Tännchen

Für Naturfreunde ein Muss: das Waldgebiet Braunshardter Tännchen. Es ist durchzogen von Spazierwegen, die zum Entspannen und Abschalten einladen. Außerdem gibt es einen Wasserspielplatz, eine kleine Minigolfanlage und ein Bocciafeld. Jedes Jahr wird hier zudem das Open-Air-Filmfest veranstaltet.

Hallenbad Weiterstadt

Das Bad ist ganzjährig geöffnet, folgende Becken stehen zur Verfügung: ein 25-Meter-

Weiterstadt aus der Vogelperspektive.

Schwimmer-Becken, ein Springerbecken (3,95 m tief) mit 1-Meter-Brett und 3-Meter-Turm, ein Lehrschwimmbecken, eine Kinderrutsche und ein Babybecken. Für das weitere Wohlbefinden bietet das Hallenbad Solariumkabine, Cafeteria, Sonnenterrasse, Liegewiese mit Kinderspielplatz, Beachvolleyball-Feld und Bolzplatz. Im Sommer ist durch den direkten Zugang von der gepflegten Schwimmhalle zur Sonnenterrasse und Liegewiese ein angenehmes „Freibad-Ambiente" gewährleistet. Der viermal jährlich stattfindende „Familien-Fun-Tag" findet großen Anklang bei den Gästen des Bades. **Adresse:** Büttelborner Weg 4, 64331 Weiterstadt, ✆ 06150/400-1510, **Öffnungszeiten:** Montag 13–21 Uhr, Dienstag 7.30–19 Uhr, Mittwoch 7.30 – 19.45 Uhr, Donnerstag (Warmbadetag) 7.30 – 21 Uhr, Freitag (Warmbadetag) 7.30 – 21 Uhr, Samstag, Sonntag 7.30–18 Uhr

Veranstaltungen und Feste

Das **Open Air Filmfest Weiterstadt** wird seit 1977 jedes Jahr am zweiten Wochenende im August veranstaltet. Ort des Geschehens ist das Braunshardter Tännchen. Auf mehreren Leinwänden sowie in einem Zirkuszelt, das zum Kino umgestaltet wird, laufen Filmbeiträge aus verschiedenen Ländern. Im Frühjahr veranstaltet der Gewerbeverein Weiterstadt die schon zur Tradition gewordene **„Weiterstädter Automobil-Ausstellung"** auf der Darmstädter Straße mit großem Rahmenprogramm. Anfang Oktober steigt in Weiterstadt das **Oktoberfest.** Im Schlosspark des Schlosses Braunshardt findet am zweiten Wochenende im Dezember der **Adventmarkt** statt. Die **Kirchweihen** in Braunshardt, Gräfenhausen und Schneppenhausen zählen zu den ältesten Veranstaltungen in Weiterstadt.

Wiesbaden

B2

(Wiesbaden)

Wiesbaden ist hessische Landeshauptstadt und eines der ältesten Kurbäder in ganz Europa. 15 Mineral- und Thermalquellen sprudeln in und um die Stadt. Wiesbaden ist in 26 Ortsbezirke gegliedert. Außerdem gehört die Stadt, weinrechtlich betrachtet, zum Rheingau, dem hessischen Hauptanbaugebiet für Wein. Etwa 277 000 Einwohner finden in Wiesbaden ihre Heimat. Wiesbaden wurde erstmals 1346 urkundlich erwähnt. Die Römer, die als die Entdecker der 26 heißen Quellen in Wiesbaden gelten und deren Fundamente prächtiger Bädereinrichtungen noch heute zu bewundern sind, waren sich der heilenden Wirkung des Wassers und des milden Klimas der Stadt sehr bewusst. Noch heute genießt Wiesbaden einen ausgezeichneten Ruf als erstklassige Bäder- und Medizinstadt.

Wiesbaden Tourist Information
Marktplatz 1
65183 Wiesbaden
0611/1729-930
www.wiesbaden.de

Sehenswertes

▸ Schlossplatz
Auf dem Schlossplatz, der das Zentrum der historischen Altstadt darstellt, befindet sich eine Gruppe geschichtsträchtiger Bauwerke, wie zum Beispiel das Alte Rathaus vom Beginn des 17. Jahrhunderts, das als ältestes erhaltenes Gebäude der Innenstadt gilt und heutzutage als Standesamt genutzt wird.

▸ Stadtschloss
An der Nordseite des Schlossplatzes ist das Stadtschloss zu finden, das einst den Nassauischen Herzögen und auch Kaiser Wilhelm II. vorübergehend als Wohnsitz diente. Seit 1946 ist der Hessische Landtag im Schloss angesiedelt.

▸ Marktkirche
Die fünftürmige evangelische Marktkirche wurde von 1852–1862 errichtet. Der Hauptturm gilt mit 98 Metern Höhe als das höchste Bauwerk Wiesbadens.
Adresse: Schlossplatz, 65183 Wiesbaden

▸ Sonstige Bauwerke auf dem Schlossplatz
Weitere Anlaufpunkte auf dem Schlossplatz sind das historische Marktgewölbe, das zurzeit als Veranstaltungsort genutzt wird, sowie das Dern'sche Gelände, auf dem

Die Türme der Russischen Kirche.

sowohl der Wiesbadener Wochenmarkt als auch in regelmäßigen Abständen Open-Air-Veranstaltungen abgehalten werden.

▸ Ringkirche
Diese evangelische Kirche in neoromanischer Bauweise wurde von 1889–1894 vom Architekten Johannes Otzen errichtet. Der Zwillingsturm der Ringkirche ist 65 Meter hoch. Im Gotteshaus werden regelmäßig Konzerte klassischer und modernerer Musik abgehalten.
Adresse: Kaiser-Friedrich-Ring 7, 65185 Wiesbaden, ☏ 0611/440281, 🌐 www.ringkirche.de

▸ Lutherkirche
Diese Kirche im Jugendstil ist am Gutenbergplatz zu finden. Sie umfasst drei Treppenhaustürme und einen Hauptturm. Die Gewölberippen des Kirchenraums sind nach dem Vorbild peruanischer Indianermasken gestaltet.
Adresse: Mosbacherstraße 2, 65187 Wiesbaden, ☏ 0611/8906730, 🌐 www.lutherkirche-wiesbaden.de

▸ Russische Kirche
Diese einzige russisch-orthodoxe Kirche der Stadt, die vollständigerweise Russisch-Orthodoxe Kirche der heiligen Elisabeth in Wiesbaden heißt, wird auch Griechische Kapelle genannt. Die Russische Kirche wurde von 1847–1855 im Auftrag des Herzogs Adolf von Nassau anlässlich des frühen Todes seiner Gemahlin erbaut. Imposant sind vor allem die vergoldeten Zwiebeltürme des Bauwerks.
Adresse: Christian-Spielmann-Weg 1, 65193 Wiesbaden, 🌐 www.rus-kirche-wiesbaden.de

▸ Christophoruskirche
Die Christophoruskirche im Stadtteil Schierstein ist ein Bauwerk im Stil des auslaufenden Barocks und Rokokos. Das Bauwerk ist der Nachfolgebau der alten Schiersteiner Kirche, deren Turm 1752 zum Teil einstürzte. Die Christophoruskirche entstand in der Folge von 1752–1754. Heute zählt sie zu den wenigen alten Wiesbadener Baudenkmälern – sie wird als eines der schönsten deutschen Rokoko-Gebäude gehandelt.
Adresse: Bernhard-Schwarz-Straße 25, 65201 Wiesbaden-Schierstein, ☏ 0611/22350, 🌐 www.christophorusgemeinde-schierstein.de

▸ Weitere Kirchen in den Stadtteilen
In Wiesbadens Stadtteilen gibt es eine weitere Anzahl von Kirchen. So sind z. B. die barocke Dorfkirche zu Naurod sowie die in romanischem Stil errichtete Nikolauskirche im Stadtteil Bierstadt, die aus dem 12. Jahrhundert stammt und damit das älteste Gotteshaus Wiesbadens ist, einen Ausflug wert.

▸ Wilhelmstraße
Östlich des historischen Fünfecks der Wiesbadener Innenstadt liegt die Wilhelmstraße. Hier finden sich das Museum Wiesbaden, die Villa Clementine, in der unter anderem Thomas Manns Buddenbrooks verfilmt wurde, das Erbprinzenpalais und der Nassauische Kunstverein. Eine ganze Reihe von Bars und Cafés sowie exquisite Boutiquen machen die Wilhelmstraße zu einer pulsierenden Zeile Wiesbadens.

▸ Söhnlein-Villa
Dieses auch „Weißes Haus“ genannte Bauwerk, die Söhnlein-Villa, liegt an der Paulinenstraße in der Nähe der Wilhelmstraße und wurde 1906 errichtet. In direkter Nachbarschaft der Villa befindet sich der 1861 angelegte Landschaftspark Warmer Damm.

▸ Kurhaus
Das von 1905–1907 erbaute Kurhaus beherbergt unter anderem die Spielbank. Hinter dem Gebäude liegt der Kurpark. Ganz in der

Nähe befinden sich die Kurhauskolonnaden. Vis-á-vis stehen die Theaterkolonnaden und das Hessische Staatstheater.
Adresse: Kurhausplatz 1, 65189 Wiesbaden, 0611/17290, www.wiesbaden.de/kurhaus

Kochbrunnen
Der Kochbrunnen am Kranzplatz ist nicht nur Wiesbadens Wahrzeichen, sondern auch ein oft frequentierter Ort von Gesundheitsbewussten. Er ist Wiesbadens bekannteste Thermalquelle, denn dem Wasser, das die Quelle jeden Tag abgibt – immerhin eine halbe Million Liter – schreibt man eine gesundheitsfördernde Wirkung zu.
Adresse: Kranzplatz, 65183 Wiesbaden

Waterloo-Obelisk
Dieses Mahnmal erinnert an die nassauischen Gefallenen, die bei der Schlacht um Waterloo 1815 ums Leben kamen. Der Waterloo-Obelisk steht auf dem klassizistisch gestalteten Luisenplatz in der Nähe der St.-Bonifatius-Kirche und wurde zum 50. Jahrestag der Schlacht dort installiert.

Hauptbahnhof
Dieser Bahnhof ist im Stil des Neobarock gehalten und wurde von 1904–1906 erbaut. Imposant ist für alle Freunde historischer Architektur vor allem der 40 Meter hohe Uhrenturm aus rotem Sandstein.

Jagdschloss Platte
Zu Beginn des 19. Jahrhunderts wurde dieses Jagdschloss in Auftrag des Herzogs Wilhelm I. auf der Taunusanhöhe Platte gebaut, kurz vor Ende des Zweiten Weltkriegs jedoch bei einem Luftangriff zerbombt. Vom originalen Jagdschloss, im klassizistischen Stil errichtet, ist heute nur noch die Ruine vorhanden. Diese ist mit einem gläsernen Dach vor den schädlichen Einflüssen der Witterung geschützt und wird häufig als Festplatz genutzt. Außerdem ist hier heute ein Restaurant angesiedelt.
Adresse: an der B 417, Wiesbaden, 0611/181180, www.jagdschloss-platte.de

Burg Sonnenberg
Zu Beginn des 13. Jahrhunderts wurde diese Burg im Stadtteil Sonnenberg im Auftrag der Grafenbrüder Ruprecht von Nassau und Heinrich II. als Schutzfestung errichtet. Bis heute ist eine gut erhaltene Ruine der Höhenburg übriggeblieben, in der ein Restaurant untergebracht ist.
Adresse des Restaurants: Am Schlossberg 20, 65191 Wiesbaden, 0611/541409, www.gollners.de

Biebricher Schloss
In der Zeit von 1700–1750 wurde das barocke Schloss am Biebricher Rheinufer errichtet. Es diente als Residenz der Nassauischen Herzöge, der dazugehörige Park wurde im englischen Landschaftsgartenstil angelegt. Das Biebricher Schloss dient heutzutage als Veranstaltungsort für das Wiesbadener Pfingst-Reitturnier.
Adresse: Rheingaustraße 140, 65203 Wiesbaden, 0611/7244481, www.sehenswertes-biebrich.de

Burgruine Frauenstein
Im Ortsteil Frauenstein ist heute die Ruine einer Burg zu sehen, die bereits gegen Ende des 12. Jahrhunderts erbaut wurde. Ihr Bauherr Heinrich Bodo von Idstein hatte die Festung damals „Vrouwensteyn“ genannt. Daraus entwickelte sich im Lauf der Jahrhunderte der heutige Name. Die Burg zählt zu den kleinsten Nassauischen Burganlagen, die bekannt sind.
Adresse: Burg Frauenstein, 65199 Wiesbaden, www.burgverein-frauenstein.de

Museen

▸ Museum Wiesbaden
Das Hessische Landesmuseum ist das größte Wiesbadener Museum. Innerhalb der Kunstsammlungen im Museum Wiesbaden umfasst die Abteilung „Alte Meister" Gemälde und Skulpturen vom Ende des 12. Jahrhunderts bis ins 19. Jahrhundert. Die heutige Wiesbadener Jawlensky-Sammlung, die mit insgesamt über 100 Werken neben der des Norton Simon Museums in Pasadena (USA/Kalifornien) die umfangreichste zum Werk des Künstlers darstellt, konnte in den letzten 25 Jahren hinsichtlich Qualität und Werkauswahl zur bedeutendsten Sammlung weltweit ausgebaut werden. Im naturkundlichen Teil des Hauses werden mineralogische, geologische, botanische, völkerkundliche, erdgeschichtliche und zoologische Sammlungen präsentiert.
Adresse: Friedrich-Ebert-Allee 2, 65185 Wiesbaden, ✆ 0611/3352250, 🌐 www.museum-wiesbaden.de, **Öffnungszeiten:** Dienstag und Donnerstag 10–20 Uhr, Mittwoch, Freitag, Samstag und an Sonn- und Feiertagen 10–17 Uhr, Montag geschlossen

▸ Frauen-Museum
Mitten in Wiesbaden befindet sich das erste kulturhistorisch geprägte Frauen-Museum, das im Jahr 1984 vom Verein frauenwerkstatt wiesbaden e.V. gegründet wurde. Hier werden wechselnde Ausstellungen zur Geschichte, Kultur und Kunst genauso präsentiert wie mannigfaltige Veranstaltungen und Tagungen zu unterschiedlichen Themengebieten. Geleitete Stadtrundgänge, die kulturgeschichtliches Wissen vermitteln, und naturkundliche Exkursionen runden das Angebot des Frauen-Museums ab.
Adresse: Wörthstraße 5, 65185 Wiesbaden, ✆ 0611/3081763, 🌐 www.frauenmuseum-wiesbaden.de, **Öffnungszeiten:** Mittwoch und Donnerstag 10–17 Uhr, Samstag, Sonntag und an Feiertagen 12–17 Uhr

▸ Burgmuseum Sonnenberg
In der Turmstube des Bergfrieds der Burg Sonnenberg ist das Burgmuseum beheimatet, das heute zu den ältesten Museen Wiesbadens gehört. Die Ausstellung des Museums setzt sich mit der Geschichte der im 13. Jahrhundert errichteten Burg Sonnenberg auseinander.
Adresse: Am Schlossberg 20, 65191 Wiesbaden-Sonnenberg, ✆ 0611/541409, **Öffnungszeiten:** Mai–September: jeden ersten Sonntag im Monat 14–16 Uhr, im Winter geschlossen

▸ Römisches Freilichtmuseum
Neben dem Römertor befindet sich das Römische Freilichtmuseum, das archäologische Funde einer römischen Befestigung präsentiert. Die stammt aus den Jahren 364 bis 375 und dürfte damit Wiesbadens ältestes Bauwerk sein. Daneben präsentiert der Wiesbadener Kur- und Verkehrsverein e.V. Repliken von römischen Steintafeln, die in Wiesbaden ausgegraben wurden.
Adresse: Römertor, 65183 Wiesbaden

▸ Harlekinäum
Die wahrscheinlich schrägste Sammlung humoristischer Exponate ist in den Räumen des Harlekinäums beheimatet. Hier gibt es einen Urwald im Badezimmer, einen Riesenkäse, den die Besucher begehen können, tanzende Regale und vieles mehr. Das Harlekinäum ist das weltweit einzige Museum, das sich allein dem Humor verschrieben hat. Etwa 10 000 Besucher kommen jährlich, um das Spektakel zu erleben.
Adresse: Wandersmannstraße 39, 65205 Wiesbaden, 🌐 www.harlekinaeum.de, **Öffnungszeiten:** April–August: Sonntag 11.11–17.17 Uhr

▸ Stadtteilmuseen
In etwa 13 Stadtteilen Wiesbadens sind heimatkundliche Museen beheimatet, die auf anschauliche und lebendige Weise die Historie des Lebens in der Region dokumentieren. Dabei präsentieren einzelne Museen nicht nur ihre heimatlichen Sammlungen. Immer wieder beleben wechselnde Sonderausstellungen und Vortragsveranstaltungen die Stadtteilmuseen, die sich in Biebrich, Bierstadt, Delkenheim, Dotzheim, Erbenheim, Mainz-Kastel, Kloppenheim, Mainz-Kostheim, Medenbach, Naurod, Nordenstadt, Schierstein und Sonnenberg befinden.
Information: ✆ 0611/1729-930, 🌐 www.wiesbaden.de

Freizeit und Natur

▸ Tier- und Pflanzenpark Fasanerie
In einem Waldareal des Taunuses, im Nordwesten von Wiesbaden gelegen, wartet der Tier- und Pflanzenpark Fasanerie auf seine Besucher. Auf etwa 25 Hektar finden Tierarten ein Zuhause, die aus unserer Heimat heute so gut wie verdrängt wurden, z. B. Luchse und Wisente. Ein Streichelzoo, Spielgeräte und ein Wasserspielplatz sind die Höhepunkte für jüngere Gäste.
Adresse: Wilfried-Ries-Straße 20, 69195 Wiesbaden, ✆ 0611/460933, 🌐 www.fasanerie.net, **Öffnungszeiten:** April–Oktober: 9–18 Uhr, November–März: 9–17 Uhr

▸ Schloss Freudenberg
Hier bietet sich dem Gast die Möglichkeit, die Natur mit allen Sinnen zu genießen. Die Veranstalter versprechen ein Erlebnis zur „Entdeckung, Erkundung, zum spielerischen Umgang mit all den Erscheinungen, die Himmel und Erde zusammenhalten". Beim Essen und Trinken im Restaurant Nacht Bar in völliger Finsternis erlebt man Gaumenfreuden durch den Duft und den Geschmack und nicht durch das Auge – ein sinnliches Erlebnis der besonderen Art.
Adresse: Freudenbergstraße 220–226, Wiesbaden, ✆ 0611/41101-41, 🌐 www.schlossfreudenberg.de, **Öffnungszeiten:** Montag-Freitag 10–18 Uhr, Samstag und Sonntag 11–18 Uhr

▸ Wandern/Radfahren und mehr
Die Rheingauer Riesling-Route verläuft durch Wiesbadens Süden, der Wanderweg Rheinsteig führt von Biebrich nach Bonn – vorbei an allen Burgen rechts des Mittelrheins. Außerdem nimmt in Wiesbaden die Bäderstraße ihren Anfang. Speziell für Fahrradfahrer gibt es den Rheinradweg, den Main-Radweg sowie die Hessischen Radfernwege R3 und R6.

▸ THermine-Touristikbahn Wiesbaden
Ausgangspunkt der einstündigen Fahrt ist der Haltepunkt „Markt" gegenüber der Touristinformation. Ihren Gästen bietet die THermine die Möglichkeit, die schönsten Sehenswürdigkeiten der hessischen Landeshauptstadt zu entdecken, etwa das Kurhaus, historische Villen mit schöner Aussicht und im Nerotal, die russisch-orthodoxe Kirche auf dem Neroberg sowie die Nerobergbahn. An den Haltepunkten „Griechische Kapelle" und „Nerotal/Talstation Nerobergbahn" kann der Gast die Fahrt für einen Spaziergang unterbrechen und nach Fahrplan wieder fortsetzten.
Information: 🌐 www.thermine.de

▸ Thermalbad Aukammtal
Gesundheit und Wellness sind oberste Maxime des Bads, in dem Massagen und Behandlungen in Traditioneller Chinesischer Medizin genauso zum Angebot gehören wie Erlebnisduschen, Eisbecken, Saunalandschaft und Aqua-Workout.
Adresse: Leibnizstraße 7, 65191 Wiesbaden
Öffnungszeiten: Montag, Mittwoch, Donnerstag und Sonntag 8–22 Uhr, Dienstag 6–22 Uhr, Freitag und Samstag 8–24 Uhr

Kaiser-Friedrich-Therme
Die Badeanstalt ist ganz im Stil einer römisch-antiken Therme aufgebaut. Es gibt hier unter anderem eine russische und eine finnische Sauna, ein Dampfsteinbad und eine tropische Eisregenzone. Zum Angebot gehören außerdem Wellness-Anwendungen aller Art.
Adresse: Langgasse 38, 65183 Wiesbaden, 0611/1729-0, **Öffnungszeiten:** Mai–August: täglich 10–22 Uhr, September–April: Montag–Freitag 10–22 Uhr, Samstag und Sonntag 10–24 Uhr

Die Kaiser-Friedrich-Therme in römischem Stil.

Freibad Maaraue
Mit 46 000 Quadratmetern Liegewiese ist das Bad im Landschaftsschutzgebiet Maaraue zu finden. Zur Ausstattung gehören neben der Schwimm- und Sprunganlage ein Beachvolleyball- und ein Basketballfeld, eine Tischtennis- und eine Badmintonhalle, Spielplätze und andere Attraktionen.
Adresse: Maaraue, 55246 Mainz-Kostheim, 06134/285664, **Öffnungszeiten:** in der Vor- und Nachsaison: Montag–Freitag 10–20 Uhr, Samstag, Sonntag und Feiertage 9–20 Uhr, in der Hauptsaison: Montag–Sonntag 9–21 Uhr

Freibad Kallebad
Das Freibad Kallebach verfügt über ein 50-Meter-Becken, einen Kinderpool, Liegewiese und Beachvolleyball-Feld, ein Badmintonfeld, einen Wasserspielbereich und eine Sprungbucht.
Adresse: Wörther-See-Straße 14, 65187 Wiesbaden, 0611/312524, **Öffnungszeiten:** in der Vor- und Nachsaison: Montag–Freitag 10–20 Uhr, Samstag, Sonntag und Feiertag 9–20 Uhr, in der Hauptsaison: Montag–Sonntag 9–20 Uhr

Frei- und Hallenbad Kleinfeldchen
Auf der 32 000 Quadratmeter großen Außenfläche gibt es einen Sprungturm, einen Nichtschwimmerbereich, eine Speed- und eine Großwasserrutsche, Massagedüsen, Whirl-Liegen und einen Strömungskanal.
Adresse: Hollerbornstraße 9, 65197 Wiesbaden, 0611/312286, **Öffnungszeiten:** Hallenbad: Montag, Dienstag, Donnerstag, Freitag 7–21.45 Uhr, Samstag 8–18 Uhr, Frauenschwimmen 8–10 Uhr, Sonntag 8–10 Uhr und 13–18 Uhr, Freibad: während der Hauptsaison Montag–Sonntag 8–20 Uhr

Weihnachtsmarkt in Wiesbaden.

▸ Hallenbad Kostheim
25-Meter-Becken, Sprungbecken, Saunabereich, Außengelände mit 4000 Quadratmetern, Liegewiesen, Beachvolleyball-Feld, Wasserspielplatz und Sportflächen – all das findet man im Hallenbad Kostheim.
Adresse: Waldhofstraße 11, 55246 Mainz-Kostheim, ✆ 06134/603-355, **Öffnungszeiten:** Dienstag–Freitag 7–21.45 Uhr, Samstag und Sonntag 9–17 Uhr, Montag geschlossen

▸ Opelbad Neroberg
Auf dem Hausberg befindet sich das Opelbad Neroberg mit finnischer Sauna, solarbeheiztem Wasser und einer Sauna. Besonderer Höhepunkt des Bads ist der herrliche Ausblick auf Wiesbaden.
Adresse: Neroberg 1, 65183 Wiesbaden, ✆ 0611/525100, **Öffnungszeiten:** Mai–September: täglich 7–20 Uhr

▸ Freizeitbad Mainzer Straße
Das Bad verfügt über ein 50 Meter langes Hallengroßbecken und über einen 7,50-Meter-Sprungturm. Daneben gibt es eine Dampfgrotte, einen Sonnengarten, eine große Saunalandschaft und einen herrlichen Außenbereich.
Adresse: Mainzer Straße 144, 65189 Wiesbaden, ✆ 0611/318041, 🌐 www.wiesbaden.de **Öffnungszeiten:** Dienstag–Freitag 7–20.45 Uhr, Samstag und Sonntag 8–20 Uhr, Montag geschlossen

▸ Weitere Freizeitmöglichkeiten
In und um die Stadt gibt es unter anderem zahlreiche Sportplätze, Tennisplätze, Bolzplätze, drei Golfplätze, eine Rollschuhbahn, eine Kunsteisbahn und Skateplätze sowie viele Büchereien und Grünanlagen.
Information: 🌐 www.wiesbaden.de

▸ Wintersport in und um Wiesbaden
In der unmittelbaren Umgebung der Stadt bietet sich die Möglichkeit, mehrere Langlaufloipen zu nutzen, z. B. die viereinhalb km lange Loipe Kellerskopf, der Skiwanderweg Platte, die Loipe Hohe Kanzel, die auf den

in 600 Metern Höhe gelegenen Gipfel der gleichnamigen Anhöhe führt. Rings um Wiesbaden haben Winterurlauber außerdem die Gelegenheit, auf einem der zahlreichen Hügel zu rodeln.

Veranstaltungen und Feste

Jährlich zwei Wochen vor Ostern findet in der Wiesbadener Fußgängerzone der traditionelle **Ostermarkt** statt. Weitere Veranstaltungen die im Frühjahr stattfinden, sind das **Filmfestival goEast** im April, die **Internationalen Maifestspiele** im Hessischen Staatstheater sowie das international beachtete **„Internationale Wiesbadener Pfingstturnier“,** das die Größen des weltweiten Pferdesports nach Wiesbaden führt. Am zweiten Wochenende im Juni wird in Wiesbaden das **Wilhelmstraßenfest** gefeiert, eines der größten deutschen Straßenfeste. Das Drachenbootrennen ist eine der Attraktionen des **Schiersteiner Hafenfests,** das im Juli an der Uferpromenade des Orts gefeiert wird. Höhepunkt des Wiesbadener Veranstaltungskalenders ist die seit 37 Jahren jährlich im August stattfindende **Rheingauer Weinwoche.** In der Nähe des Hauptbahnhofs findet jährlich gegen Ende August das vom Kulturzentrum Schlachthof veranstaltete **Folklore Festival** statt. Außerdem beginnt am letzten Wochenende im August im Hessischen Staatstheater die neue Spielsaison. Diese wird mit einem großen **Theaterfest** eröffnet. Im September findet dann das **Wiesbadener Stadtfest** statt, bei welchem auf den schönsten Plätzen Wiesbadens ein täglich wechselndes Programm geboten wird. Teil des Stadtfestes sind auch der Herbstmarkt, das Erntedankfest auf dem „Warmen Damm“, ein verkaufsoffener Sonntag sowie die Wiesbadener Automobil-Ausstellung auf dem Schlossplatz. Der **Wiesbadener Sternschnuppenmarkt,** der von Ende November bis Weihnachten auf dem Schlossplatz und Dern’schen Gelände stattfindet, ist ein Publikumsmagnet. Den Jahresabschluss feiern die Wiesbadener mit einer **Silvesterfeier** im Kurhaus.

Stichwortverzeichnis

Sehenswertes

Altstädte/historische Ortskerne/Fachwerk

Babenhausen 8
Bad Orb 15
Bad Soden-Salmünster 21
Bad Vilbel 22
Bensheim 24
Bruchköbel 30
Büdingen 32
Büttelborn 36
Butzbach 37
Dieburg 45
Dietzenbach 48
Eltville 50
Erbach im Odenwald 54
Erlensee 59
Friedrichsdorf 75
Fürth 77
Groß-Umstadt 90
Heppenheim 101
Idstein 109
Kelsterbach 116
Lorsch 128
Maintal 130
Michelstadt 131
Nidda 142
Rodgau 170
Schwalbach am Taunus 175
Seligenstadt 179
Steinau an der Straße 182
Weiterstadt 204

Brücken

Aarbergen (Aarbrücke) 4
Frankfurt am Main (Mainbrücken) 68

Brunnen/Quellen

Aarbergen (Sauerbrunnen) 4
Bad Homburg (Quellen entlang der Brunnenallee) 10
Bad Schwalbach (Lindenbrunnen, Brodelbrunnen, Stahlbrunnen, Ehebrunnen, Schwalbenbrunnen, Weinbrunnen) 17
Bad Soden am Taunus 20
Bad Vilbel 22
Flörsheim (Bad Weilbach) 65
Kronberg im Taunus (Quellenpark Kronthal) 122
Nidda (Marktbrunnen) 142
Sulzbach (Bürgerbrunnen) 186
Wald-Michelbach (Bücherbrunnen) 200
Wiesbaden (Kochbrunnen) 208

Burgen/Schlösser

Aarbergen (Ringwall-Altschloss) 4
Alsbach-Hähnlein (Schloss Alsbach) 7
Babenhausen (Schloss) 9
Bad Homburg (Landgrafenschloss) 10
Bad Vilbel (mittelalterliche Wasserburg) 22
Biblis (Burg Stein) 26
Birkenau (Barockschloss) 28
Büdingen (Schloss) 32
Butzbach (Landgrafenschloss) 38
Darmstadt (Residenzschloss) 40
Darmstadt (Jagdschloss Kranischstein) 40
Dieburg (Schloss Fechenbach) 46
Eltville (Hotel Schloss Reinhartshausen) 50
Eltville (Burg Hattenheim) 50
Eltville (Schloss Reichartshausen) 50
Eltville (Kurfürstliche Burg) 50
Eppstein (Burg) 52
Erbach im Odenwald (barockes Schloss) 54
Erlensee (Schlösschen und Wasserburg in Rückingen) 60
Friedberg (Burg) 73
Geisenheim (Schloss Schönborn) 79
Geisenheim (Schloss Kosakenberg) 80
Gelnhausen (Kaiserpfalz) 81
Groß-Umstadt (Wambolt'sches Schloss) 90
Hanau (Schloss Philippsruhe) 93
Hanau (Schloss Steinheim) 94
Idstein (Residenzschloss) 110
Königstein im Taunus (Luxemburgisches Schloss) 118
Kronberg im Taunus (Burg) 119
Kronberg im Taunus (Schloss Friedrichshof) 121
Lampertheim (Schloss Rennhof) 123
Langen (Jagdschloss Wolfsgarten) 125
Langenselbold (Schloss) 126
Michelstadt (Schloss der Grafen zu Erbach-Fürstenau) 133
Mörfelden-Walldorf (Jagdschloss Mönchbruch) 136
Neu-Anspach (Römerkastell Saalburg) 149
Nidderau (Schloss Naumburg) 145
Nidderau (Burg Windecken) 145
Oestrich-Winkel (Schloss Reichartshausen) 151
Oestrich-Winkel (Schloss Vollrads) 152
Offenbach (Isenburger Schloss) 154
Offenbach (Rumpenheimer Schloss) 154
Reichelsheim (Schloss Reichenberg) 164
Seeheim-Jugenheim (Schloss Heiligenberg) 176
Seeheim-Jugenheim (Burg Tannenberg) 177
Steinau an der Straße (Schloss Steinau) 182
Taunusstein (Wehener Schloss) 189
Usingen (Schloss) 193
Wächtersbach (Schloss) 198
Weiterstadt (Schloss Braunshardt) 204
Wiesbaden (Stadtschloss) 206
Wiesbaden (Jagdschloss Platte) 208
Wiesbaden (Burg Sonnenberg) 208
Wiesbaden (Bierbricher Schloss) 208
Wiesbaden (Schloss Freudenberg) 210

Baudenkmäler/Denkmäler

Aarbergen (Aartalbahn) 5
Bad Homburg (Gotisches Haus) 10
Bad Homburg (Hölderlin-Haus) 10
Bad Nauheim (Sprudelhof) 13
Bad Nauheim (Trinkkuranlage) 13
Bad Nauheim (Fernheizwerk im Jugendstil) 13
Bad Nauheim (Jugendstilbauten Am Goldstein) 13
Bad Schwalbach (Elisabethtempel) 18
Bad Soden am Taunus (Hundertwasserhaus) 19
Bad Soden am Taunus (Sodenia-Tempel) 20
Bad Vilbel (Römer-Mosaik im Kurpark) 23
Bensheim (Alte Faktorei) 25
Birkenau (Rathaus) 28

Bischofsheim (Eisenbahnlandschaft) 29
Bürstadt (Historisches Rathaus) 35
Darmstadt (Altes Rathaus) 39
Darmstadt („Langer Ludwig“) 39
Darmstadt (Weißer Turm) 39
Darmstadt (Pädagog) 39
Darmstadt (darmstadium) 39
Darmstadt (Mathildenhöhe mit Hochzeitsturm) 39
Darmstadt (Waldspirale) 41
Eppstein (Bahnhofsgebäude im Jugenstil) 53
Eppstein (Kaisertempel) 53
Erlensee (Römerbad in Rückingen) 60
Flörsheim (Flörsheimer Warte) 65
Flörsheim (Haus am Weilbach mit Glockenspiel in Weilbach) 65
Frankfurt am Main (Kaiserdom) 66
Frankfurt am Main (Römerberg) 66
Friedberg (Mikwe) 73
Geisenheim (Villa Monrepos) 80
Gelnhausen (Romanisches Haus) 81
Groß-Gerau (Historisches Rathaus) 87
Hanau (Brüder-Grimm-Denkmal) 95
Hanau (Deutsches Goldschmiedehaus) 96
Heppenheim (Kurmainzer Amtshof) 101
Idstein (Höerhof) 111
Idstein (Gerberhaus) 111
Kelkheim (Rettershof) 113
Kelkheim (Altes Rathaus in Münster) 113
Königstein im Taunus (Villa Andreae) 117
Michelstadt (Historisches Rathaus) 132
Michelstadt (Kellerei) 132
Ober-Ramstadt (Hammermühle) 147
Ober-Ramstadt (Petri-Villa) 147
Oestrich-Winkel (Oestricher Kran) 151
Oestrich-Winkel (Graues Haus) 151
Oestrich-Winkel (Brentanohaus) 152
Offenbach (Büsingpalais) 153
Pfungstadt (Altes Rathaus) 159
Pfungstadt (Villa Büchner) 159
Pfungstadt (Pfungstädter Galgen) 160
Pfungstadt (Pfungstädter Mühlen) 160
Rüsselsheim (Opelvillen) 172
Seeheim-Jugenheim (Goldschmidtsche Villa) 176
Seeheim-Jugenheim (Altes Rathaus) 177
Seeheim-Jugenheim (Altes Amtshaus) 177
Seeheim-Jugenheim (Schuldorf Bergstraße) 177
Seligenstadt (Barbarossa-Relikte) 179
Seligenstadt (Rathaus) 179
Seligenstadt (Fachwerkviertel „Klaa Frankreich“) 179
Spessart, Gutsbezirk (Zentgrafenstein) 181
Sulzbach (Käsfraa) 185
Sulzbach (Herrenhaus) 186
Taunusstein (Ehemalige Wehener Schule) 188
Trebur (Zeppelindenkmal) 191
Usingen (Rathaus) 194
Usingen (Prinzenpalais) 194
Weiterstadt (Ohlystift) 204
Weiterstadt (Rathaus Schneppenhausen) 204
Wiesbaden (Söhnlein-Villa) 207
Wiesbaden (Kurhaus) 207
Wiesbaden (Hauptbahnhof) 208
Wiesbaden (Waterloo-Obelisk) 208

▸ Grabstätten/Friedhöfe

Eppstein (Alter Friedhof) 53
Oberursel (Kalvarienberg) 149
Wehrheim (Jüdischer Friedhof) 203

▸ Kirchen/Kapellen/Klöster/Tempel

Aarbergen (Orgel der evang. Kirche) 4
Aarbergen (Wehrkirche Michelbach) 4
Aarbergen (Fachwerkkirche Daisbach) 4
Abtsteinach (Kathol. Pfarrkirche St. Bonifatius) 6
Abtsteinach (Kapelle) 6
Bad Homburg (Russische Kirche) 10
Bad Homburg (Thai-Salas) 10
Bad Nauheim (Wilhelmskirche) 13
Bad Soden Salmünster (Pfarr- und Klosterkirche St. Peter und Paul) 21
Bad Soden Salmünster (St. Peter Kirche in Mernes) . . . 21
Bensheim (Katholische Pfarrkirche St. Georg) 24
Bischofsheim (Evangelische Barockkirche) 29
Bischofsheim (Katholische Christ-Königs-Kirche) 29
Büttelborn (Evangelische Kirche) 36
Büttelborn (Worfeldener Fachwerkkirche) 36
Butzbach (Wendelinskapelle) 37
Butzbach (Markuskirche) 38
Dieburg (Wallfahrtskirche) 46
Dietzenbach (Christuskirche) 48
Eschborn (evangelische Kirche) 61
Flörsheim (St.-Gallus-Kirche) 64
Frankfurt am Main (Paulskirche) 67
Frankfurt am Main (Katharinenkirche) 67
Frankfurt am Main (Leonhardskirche) 68
Friedberg (Stadtkirche Unseren Lieben Frau) 73
Friedberg (Burgkirche) 74
Fürth (Saalkirche) 77
Fürth (Walpurgiskapelle) 78
Geisenheim (Pfarrkirche Heilig Kreuz) 80
Gelnhausen (Evangelische Marienkirche) 81
Gelnhausen (Katholische Kirchen St. Peter) 82
Glashütten (Evangelische Kapelle) 83
Groß-Gerau (Stadtkirche) 87
Groß-Umstadt (Evangelische Stadtkirche) 90
Hainburg (Marienwallfahrtsstätte Liebfrauenheide) 92
Heppenheim (Katholische Pfarrkirche St. Peter) 101
Höchst im Odenwald (Augustinerinnenkloster) 103
Hofheim (Evangelische Kirche Diedenbergen) 106
Hofheim (Fachwerkkapelle in Marxheim) 106
Hünstetten (Evangelische Kirchen Görsroth) 108
Idstein (Unionskirche) 109
Idstein (Katholische Pfarrkirche St. Martin) 110
Kelkheim (Kloster) 113
Kelsterbach (Mönchhofkapelle) 116
Königstein im Taunus (Ursulinenkloster St. Angela) . 118
Kronberg im Taunus (Streitkirche) 120
Lampertheim (Katholische Pfarrkirche St. Michael) . . 123
Langen (Evangelische Stadtkirche) 125
Langenselbold (Evangelische Kirche) 126
Lorsch (Kloster) 128
Michelstadt (Stadtkirche) 132
Michelstadt (Einhardsbasilika) 132
Nidda (Stadtkirche Zum Heiligen Geist) 143
Oberursel (Kreuzkapelle) 149
Oestrich-Winkel (St. Aegidius-Basilika) 151

Stichwortverzeichnis

Offenbach (Französisch-Reformierte Kirche) 153
Raunheim (Martin-Luther-Kirche) 162
Raunheim (Möchhofkapelle) 162
Seligenstadt (Einhard-Basilika) 178
Steinau an der Straße (Katharinenkirche) 182
Steinau an der Straße (Reinhardskirche) 182
Sulzbach (Evangelische Kirche) 186
Taunusstein (Evangelische Kirche Wehen) 188
Taunusstein (Klosterkirche Bleidenstadt) 189
Taunusstein (Evangelische Kirche Bleidenstadt). 189
Trebur (Evangelische Laurentiuskirche) 190
Trebur (Katholische Pfarrkirche St. Petrus) 191
Usingen (Evangelische Laurentiuskirche). 193
Usingen (Hugenottenkirche) 194
Wald-Michelbach (Katholische Pfarrkirche
St. Laurentius). 199
Wald-Michelbach (Evengelische Pfarrkirche) 200
Wald-Michelbach (Pfarrkirche St. Johannes Baptist) . 200
Wehrheim (Evangelische Kirche) 202
Wehrheim (Katholische Kirche St. Michael) 203
Weiterstadt (Dorfkirche) 204
Weiterstadt (Gräfenhausener Dorfkirche). 203
Wiesbaden (Marktkirche) 206
Wiesbaden (Ringkirche) 207
Wiesbaden (Lutherkirche) 207
Wiesbaden (Russische Kirche) 207
Wiesbaden (Christophoruskirche) 207

▸ Ruinen

Abtsteinach (St. Maria Lichtenklingen). 6
Bad Soden Salmünster (Burgruine Stolzenberg) 21
Darmstadt (Burgruine Frankenstein). 40
Hünstetten (Burg Wallrabenstein). 108
Königstein im Taunus (Bugruine) 117
Königstein im Taunus (Burgruine Falkenstein) 117
Reichelsheim (Ruine Rodenstein) 164
Seeheim-Jugenheim (Burgruine Jossa). 177
Wiesbaden (Burgruine Frauenstein) 208

▸ Stadtbefestigungen/Türme

Babenhausen (Hexenturm). 9
Bad Orb (Wartturm). 15
Bad Soden am Taunus (Burgberg-Aussichtsturm) 19
Bad Soden am Taunus (Wasserturm) 19
Bensheim (Rinnentorturm). 25
Bischofsheim (Wasserturm). 29
Büdingen (Stadtmauer und Jerusalemer Tor). 33
Darmstadt (Hochzeitsturm) 39
Darmstadt (Mozartturm). 41
Dietzenbach (Aussichtsturm Wingertsberg). 49
Eltville (Martinstor) 50
Eppstein (Neufville-Turm) 53
Flörsheim (Mainturm). 64
Gelnhausen (Hexenturm) 81
Idstein (Hexenturm) 110
Michelstadt (Diebsturm) 132
Mühlheim (Wasserturm) 137
Nidda (Johanniterturm) 143
Rodgau (Wasserturm). 170
Seligenstadt (Wasserturm) 179

▸ Stadtführungen

Büdingen (Historischer Rundgang) 34
Eltville (Kutschfahrten). 51
Erbach im Odenwald (Kostümführungen). 57
Friedrichsdorf (Geführte Spaziergänge) 76
Gelnhausen (Themen- und Erlebnisführungen) 83
Groß-Umstadt (mit Segway oder E-Bike) 91
Hofheim (Themenführungen) 107
Idstein (Themen- und Schlossführungen) 112
Lorsch (Kloster- und Tabakführungen) 129
Michelstadt (Kulinarische Führung
und Nachtführung). 134
Rüsselsheim (Themenführungen) 174
Seligenstadt (Historische Entdeckungsreisen). 180
Steinau an der Straße (Märchen-Stadtführungen). . . 185

▸ Sternwarten

Bad Nauheim (Volkssternwarte). 13
Hofheim (Sternwarte). 106
Trebur (Michael-Adrian-Observatorium) 192

▸ Sonstige Sehenswürdigkeiten

Birkenau (über 100 Sonnenuhren in Gärten und
an Hauswänden der Kerngemeinde) 28
Eltville (Kloster und Weingut Eberbach). 50
Erbach im Odenwald (koziol-Glücksfabrik) 56
Erlensee (Limes). 59
Flörsheim (Weindorf Wicker) 65
Frankfurt am Main (Flughafen). 68
Frankfurt am Main (Kleinmarkthalle) 68
Frankfurt am Main (Messe). 68
Griesheim (August-Euler-Flughafen). 85
Heppenheim (Laternenweg). 103
Höchst im Odenwald (Altarstein in der Bergkirche
von Mümling-Grumbach) 104
Hofheim (Ringwall Kapellenberg). 106
Idstein (Limes) 111
Oberursel (Kreuzallee). 149
Offenbach (Hafen) 156
Schwalbach am Taunus (Platz am Viergötterstein) . . 175
Seeheim-Jugenheim (Skulptur „Stau in Seeheim-
Jugenheim“) 178
Sulzbach (Weihnachtspyramide auf dem Dalles) 186
Taunusstein (Orlener Limes). 189
Wald-Michelbach (Marienkultstätte St. Maria
Lichterklingen) 200
Wehrheim (Obergermanisch-Raetischer Limes) 202

Museen

▸ Stadtmuseen/Heimatmuseen/Freilichtmuseen

Alsbach-Hähnlein (Heimatmuseum). 8
Bad Orb (Heimatmuseum) 15
Bad Schwalbach (Kur-Stadt-Apothekenmuseum) 18
Bad Soden am Taunus (Stadtmuseum) 20
Bad Soden Salmünster (Heimatmuseum) 21
Bad Vilbel (Heimatmuseum Massenheim) 23
Bensheim (Stadtmuseum). 25
Biblis (Burg Stein Museum). 26
Bischofsheim (Heimatmuseum) 29

Bruchköbel (Heimatmuseum im Alten Rathaus/ Heimatmuseum im Neuen Spielhaus) 31
Büdingen (Heuson-Museum)........................ 33
Bürstadt (Heimatmuseum).......................... 35
Butzbach (Stadtmuseum) 38
Darmstadt (Altstadtmuseum im Hinkelsturm)....... 43
Dietzenbach (Heimatmuseum)...................... 48
Eltville (Heimatmuseum)............................ 51
Eppstein (Stadt- und Burgmuseum) 53
Erlensee (Heimatmuseum).......................... 60
Eschborn (Städtisches Museum).................... 61
Flörsheim (Heimatmuseum)......................... 65
Frankfurt am Main (historisches museum frankfurt) . 69
Friedrichsdorf (Heimatmuseum Seulberg) 76
Fürth (Museumsscheune Erlenbach)................. 78
Gelnhausen (Stadtmuseum) 82
Glashütten (Heimatmuseum) 84
Griesheim (Heimatmuseum) 85
Groß-Gerau (Stadtmuseum)......................... 88
Groß-Umstadt (Heimatmuseum).................... 91
Hanau (Museum Schloss Steinheim)................. 95
Hanau (Heimatmuseum Mittelbuchen).............. 97
Heppenheim (Museum für Stadtgeschichte und Volkskunde) 102
Höchst im Odenwald (Freilichtmuseum „Römische Villa Haselburg“) 104
Hofheim (Stadtmuseum)........................... 106
Idstein (Stadtmuseum)............................. 111
Kelkheim (Stadtmuseum) 114
Kelsterbach (Stadtmuseum)........................ 116
Königstein im Taunus (Burg- und Stadtmuseum) ... 118
Kronberg im Taunus (Museum Stadtgeschichte) 121
Lampertheim (Heimatmuseum)..................... 123
Langenselbold (Heimatmuseum im Schloss) 126
Maintal (Heimatmuseum).......................... 130
Michelstadt (Römerbad und Kastelle)............... 133
Mörfelden-Walldorf (Stadtmuseum)................ 135
Mörfelden-Walldorf (Museum Walldorf)............ 136
Mühlheim (Stadtmuseum) 137
Neu-Anspach (Freilichtmuseum Hessenpark) 140
Neu-Isenburg (Stadtmuseum Haus zum Löwen) 141
Nidda (Heimatmuseum) 143
Nidderau (Städtisches Museum im Hospital)........ 146
Oberursel (Vortaunusmuseum)..................... 149
Oestrich-Winkel (Rothmühler Heimatmuseum)..... 152
Offenbach (Haus der Stadtgeschichte).............. 156
Pfungstadt (Städtisches Museum).................. 160
Raunheim (Heimatmuseum) 162
Reichelsheim (Regionalmuseum) 164
Reichelsheim (Freilandmuseum Keilvelterhof) 165
Reinheim (Heimatmuseum)........................ 166
Riedstadt (Heimatmuseum Wolfskehlen)........... 168
Riedstadt (Museum Crumstadt) 168
Riedstadt (Heimatmuseum Erfelden) 168
Riedstadt (Heimatmuseum Leeheim) 168
Rodgau (Heimatmuseum Nieder-Roden)............ 170
Rodgau (Museum Weiskirchen) 170
Rodgau (Museum Jügesheim) 171
Rodgau (Museum (Dudenhofen) 172
Rüsselsheim (Museum für Stadt- und Industriegeschichte)............................ 172
Seeheim-Jugenheim (Bergsträßer Museum) 178
Seligenstadt (Landschaftsmuseum) 180
Taunusstein (Heimatmuseum im Wehner Schloss).. 189
Usingen (Stadtmuseum) 194
Viernheim (Museum) 196
Wächtersbach (Heimatmuseum)................... 198
Wald-Michelbach (Überwälder Heimatmuseum).... 200
Wehrheim (Stadttormuseum)...................... 203
Wiesbaden (Römisches Freilichtmuseum) 209
Wiesbaden (Heimatkundliche Stadtteilmuseen) 210

‣ Kunstmuseen/Ausstellungen/Galerien

Abtsteinach (Kunstweg)............................. 6
Bad Homburg (Sinclair-Haus)........................ 11
Darmstadt (Museum Künstlerkolonie)............... 42
Darmstadt (Kunsthalle) 42
Darmstadt (Kunst Archiv Darmstadt)................ 43
Erbach im Odenwald (Gräfliche Sammlung im Schloss)..................................... 55
Eschborn (Skulpturenachse und Skulpturenpark)..... 62
Flörsheim (Kunstforum Mainturm) 64
Fürth (Fürther Kunstweg) 78
Hanau (Historisches Museum Schloss Philippsruhe).. 95
Kronberg im Taunus (Museum Kronberger Malerkolonie) 120
Kronberg im Taunus (Fritz-Best-Museum) 121
Mörfelden-Walldorf (Kunst im öffentlichen Raum).. 135
Neu-Isenburg (Stadtgalerie)........................ 141
Reinheim (Galerie im Hofgut) 166
Wiesbaden (Museum)............................... 209

‣ Naturkundliche Museen

Bad Nauheim (Rosenmuseum) 13
Büdingen (Sandrosen-Museum)..................... 33
Darmstadt (bioversum und Jagdmuseum Kranichstein).................................. 42
Frankfurt am Main (Senckenbergmuseum) 69
Frankfurt am Main (Archäologisches Museum) 69
Kelkheim (privates Paläontologisches Museum) 114
Reinheim (Odenwaldmineralien) 166
Trebur (Eugen-Schenkel-Stiftung) 191
Usingen (Museum für Vor- und Frühgeschichte) 194

‣ Technische Museen

Darmstadt (Eisenbahnmuseum Kranichstein)........ 42
Gelnhausen (Turmuhrenmuseum) 82
Gelnhausen (Flugzeugmuseum)..................... 83
Kelheim (technikum29) 114
Kronberg im Taunus (Braun-Sammlung)............ 121
Michelstadt (Motorrad-Museum).................. 134
Neu-Isenburg (Zeppelin-Museum).................. 141
Wald-Michelbach (Stoewer-Museum) 201

‣ Sonstige Museen

Bad Vilbel (Brunnen- und Bädermuseum)............ 23
Bad Vilbel (Hassia Quellenmuseum) 23
Büdingen (Schlossmuseum)......................... 33
Büdingen (Modellbaumuseum im Oberhof).......... 33
Büdingen (50er-Jahre-Museum)..................... 33
Büdingen (Metzgermuseum im Schlaghaus)......... 34
Büttelborn (Heimatstube)........................... 37
Darmstadt (Hessisches Landesmuseum)............. 41
Darmstadt (Schlossmuseum)........................ 42
Dieburg (Museum Schloss Fechenbach).............. 46

Stichwortverzeichnis

Dietzenbach (Feuerwehrmuseum) ... 48
Erbach im Odenwald (Deutsches Elfenbeinmuseum) . 55
Frankfurt am Main (Museum für Kommunikation) ... 69
Frankfurt am Main (Jüdisches Museum) ... 70
Frankfurt am Main (Verkehrsmuseum) ... 70
Friedberg (Wetterau-Museum) ... 74
Friedrichsdorf (Philipp-Reis-Haus/Hugenottenmuseum) ... 75
Hanau (Papiertheatermuseum) ... 95
Hanau (Museum Großauheim) ... 96
Hanau (Deutsches Goldschmiedehaus) ... 96
Hanau (Hessisches Forstmuseum „Alte Fasanerie") .. 96
Hanau (Museumseisenbahn) ... 97
Heppenheim (Feuerwehrmuseum) ... 102
Kronberg im Taunus (Museum Burg Kronberg) ... 121
Langen (Glasmuseum) ... 125
Lorsch (Museumszentrum) ... 129
Michelstadt (Odenwald- und Spielzeugmuseum) ... 133
Michelstadt (Museumsmühle Michelstadt) ... 133
Michelstadt (Landesrabbiner-Dr.-I.-E.-Lichtigfels-Museum) ... 134
Mühlheim (Auto- und Möbelmuseum) ... 138
Nidda (Zimmermann-Strauss-Museum) ... 143
Nidda (Feuerwehrmuseum) ... 143
Ober-Ramstadt (Museum im alten Rathaus) ... 148
Oberursel (Turmmuseum) ... 150
Offenbach (Deutsches Leder- und Schuhmuseum) .. 155
Offenbach (Klingspor-Museum) ... 155
Pfungstadt (Alte Remise) ... 160
Riedstadt (Büchnerhaus) ... 167
Riedstadt (Psychiatriemuseum) ... 168
Rodgau (DDR-Museum) ... 170
Seligenstadt (Fastnachtsmuseum) ... 180
Steinau an der Straße (Brüder-Grimm-Haus/Museum) ... 183
Steinau an der Straße (Privatmuseum) ... 183
Steinau an der Straße (Schlossmuseum) ... 183
Trebur (Museum mit wechselnden Ausstellungen) .. 191
Wächtersbach (Töpfermuseum) ... 199
Wald-Michelbach (Besucherstollen „Grube Ludwig") . 201
Wiesbaden (Frauen-Museum) ... 209
Wiesbaden (Burgmuseum Sonnenberg) ... 209
Wiesbaden (Harlekinäum) ... 209

Kultur

Theater/Veranstaltungszentren

Bad Homburg (Englische Kirche) ... 11
Bürstadt (Bürgerhaus) ... 36
Büttelborn (Kleinkunstbühne) ... 37
Darmstadt (Staatstheater) ... 45
Darmstadt (Boulevard- und Kindertheater TAP) ... 45
Darmstadt (Puppentheater Comedy Hall) ... 45
Darmstadt (HalbNeun Theater) ... 45
Frankfurt am Main (Oper und Schauspielhaus) ... 71
Frankfurt am Main (Alte Oper) ... 71
Frankfurt am Main (Fritz-Rémond-Theater) ... 71
Frankfurt am Main (English Theatre) ... 71
Frankfurt am Main (Varieté Tigerpalast) ... 71
Riedstadt (Büchnerbühne) ... 169
Seeheim-Jugenheim (Freilichtbühne) ... 177
Steinau an der Straße (Marionettentheater) ... 185

Natur und Landschaft

Erlebnis-/Lehrpfade

Aarbergen (Walderlebnispfad Panrod) ... 4
Aarbergen (Landwehrrundweg) ... 4
Bad Orb (Barfußpfad) ... 16
Eschborn (Arboretum Main-Taunus) ... 62
Fürth (Themenpfade im Fürther Wald) ... 78
Glashütten (Limeserlebnispfad) ... 83
Heppenheim (Erlebnispfad Wein und Stein) ... 103
Hofheim (Weinlehrpfad am Wickerer Berg) ... 106
Kelkheim (Naturerlebnispfad Sindlinger Wiesen) ... 114
Lampertheim (Pädagogischer Waldlehrpfad) ... 124
Mörfelden-Walldorf (Natur- und Erlebnispfad) ... 136
Oberursel (heimat- und naturkundliche Lehrpfade) . 150
Riedstadt (Goller Erlebnispfad) ... 169
Riedstadt (Lehrpfad Stromtalwiesen) ... 169
Wald-Michelbach (Waldlehrpfad Ober-Schönmattenwag) ... 201

Naturdenkmäler

Aarbergen (Apostellinde) ... 4
Babenhausen („Schöne Eiche") ... 9
Bad Orb (Fuchsstein) ... 15
Büdingen (Geotop Wilder Stein) ... 34
Geisenheim (Geisenheimer Linde) ... 79
Nidda (Kindstein) ... 143
Pfungstadt (Süntelbuche) ... 160

Naturschutzgebiete/Geoparks

Flörsheim (Weilbacher Kiesgruben) ... 65
Frankfurt am Main (Schwanheimer Düne) ... 71
Griesheim (Kühkopf-Knoblochsaue) ... 86
Lampertheim (Lampertheimer Altrhein) ... 124
Mörfelden-Walldorf (Mönchbruch) ... 136
Mühlheim (Dietesheimer Steinbrüche) ... 138
Pfungstadt (Pfungstädter Moor) ... 161
Riedstadt (Geopark Bergstraße-Odenwald) ... 169
Riedstadt (Knoblochsaue) ... 169
Spessart, Gutsbezirk (Vogelschutzgebiete) ... 181

Parkanlagen/Gärten/Wälder

Bad Homburg (Kurpark) ... 10
Bad Nauheim (Kurpark) ... 13
Bad Orb (Kurpark) ... 15
Bad Soden am Taunus (Alter und Neuer Kurpark) ... 19
Bad Soden Salmünster (Kurpark) ... 21
Bad Vilbel (Kurpark) ... 22
Darmstadt (Herrngarten) ... 43
Darmstadt (Park Rosenhöhe) ... 43
Darmstadt (Prinz-Emil-Garten) ... 44
Darmstadt (Bürgerpark Nord) ... 44
Darmstadt (Orangerie-Garten) ... 44
Darmstadt (Wolfskehl'scher Park) ... 45
Dieburg (barocker Schlossgarten) ... 47
Dietzenbach (Hessentagspark) ... 49
Eltville (Schlosspark Reinhartshausen) ... 50
Eppstein (Altangarten) ... 54
Eschborn (Ober- und Unterwiesen) ... 62
Flörsheim (Christian-Georg-Schütz-Park) ... 65
Frankfurt am Main (Palmengarten) ... 70
Frankfurt am Main (Botanischer Garten) ... 71

Groß-Gerau (Fasanerie) . . . 88
Groß-Umstadt (u.a. „Die Bleiche") . . . 91
Hanau (Staatspark Wilhelmsbad) . . . 94
Königstein im Taunus (Kurpark) . . . 119
Langenselbold (Schlosspark) . . . 127
Offenbach (Stadtwald) . . . 156
Offenbach (Büsingpark) . . . 156
Offenbach (Dreieich-Park) . . . 156
Offenbach (Leonhard-Eißnert-Park) . . . 157
Offenbach (Lilli-Park) . . . 157
Offenbach (Schlosspark Rumpenheim) . . . 157
Offenbach (Wetterpark) . . . 157
Schwalbach am Taunus (Baumpark Arboretum) . . . 175
Sulzbach (Arboretum Main-Taunus) . . . 186
Sulzbach (Heinrich-Kleber-Park) . . . 187
Usingen (Schlossgarten) . . . 194
Vierheim (Tivolipark) . . . 196
Wächtersbach (Schlosspark) . . . 198
Wald-Michelbach (Heinrich-Scherf-Erholungs-anlage) . . . 201
Weiterstadt (Erholungsgebiet Steinrod) . . . 204
Weiterstadt (Braunshardter Tänchen) . . . 204

▸ Steinbrüche/Felsen/Schluchten/Höhlen/Stauseen

Höchst im Odenwald (Obrunnschlucht) . . . 105
Ober-Ramstadt (Hochwasserrückhaltebecken) . . . 148
Steinau an der Straße (Teufelshöhle) . . . 184
Usingen (Eschbacher Klippen) . . . 194

▸ Tierparks/Wildparks/Zoos

Bad Orb (Wildpark) . . . 16
Büdingen (Wildpark) . . . 34
Erbach im Odenwald (Wildpark im Brudergrund) . . . 57
Frankfurt am Main (Zoo) . . . 71
Fürth (Bergtierpark Fürth-Erlenbach) . . . 78
Hanau (Wildpark „Alte Fasanerie") . . . 98
Kronberg im Taunus (Opel-Zoo) . . . 122
Lampertheim (A. Z. Vogelpark) . . . 124
Viernheim (Vogelpark) . . . 196
Wiesbaden (Tier- und Pflanzenpark Fasanerie) . . . 210

Freizeit und Sport

▸ Golf

Bad Homburg (Golfplatz im Kurpark) . . . 12
Bad Orb (Golfclub) . . . 17
Büttelborn (Golfplatz Bachgrund) . . . 37
Hanau (Golfplatz Wilhelmsbad) . . . 98
Hofheim (Hof Hausen) . . . 107
Idstein (Golfpark) . . . 112
Michelstadt (Vielbrunn) . . . 134

▸ Minigolf

Bad Schwalbach . . . 18
Dietzenbach (im Hessentagspark) . . . 49
Friedrichsdorf . . . 76
Hanau (Wilhelmsbad) . . . 98
Nidda (Bad Salzhausen) . . . 145
Oberursel (Putter's Paradise) . . . 150
Oestrich-Winkel . . . 153

▸ Fußball

Hofheim (Soccer-Park Taunus Hills) . . . 107
Sulzbach (Sportanlage „Am Eichwald") . . . 187

▸ Radfahren

Aarbergen (Aartalradweg) . . . 5
Bad Orb (Eselsweg) . . . 16
Birkenau (Mountainbike-Rundtour) . . . 28
Eltville („Unterwegs auf der Fachwerkstraße", Burgentour) . . . 51
Flörsheim (Main-Radweg) . . . 66
Hanau („Grüner Ring") . . . 99
Idstein (Ems- und Wörsbachtal) . . . 122
Kelsterbach (Mainufer-Radwanderweg) . . . 116
Mühlheim (Hessische Apfelwein- und Obstwiesen-route) . . . 138
Nidderau (Hessische Apfelwein- und Obstwiesen-route, Bonifatiusroute) . . . 146
Ober-Ramstadt (Geschichtsweg) . . . 148
Oestrich-Winkel (Rheingauer Rieslingpfad) . . . 152
Offenbach (Hugenotten- und Waldenserpfad, Hessische Apfelweinroute, Route der Industriekultur) . . . 158
Reichelsheim (Radwanderweg R2, Rundkurs Rodensteiner Land) . . . 165
Steinau an der Straße (Rhein-Main-Kinzig-Radweg, Vulkanradweg, Radweg „Perlen der Jossa", Spessart-Nordost-Passage) . . . 184
Wächtersbach (Hessischer Fernradweg R3, Vogels-berger Südbahnradweg) . . . 199
Wiesbaden (Rheinradweg, Mainradweg, Hessische Fernradwege R3 und R6) . . . 210

▸ Reiten

Biblis (Reitanlage im Sportgebiet Pfaffenau) . . . 26
Groß-Umstadt . . . 91
Taunusstein . . . 190

▸ Schwimm-/Freizeitbäder/Thermen/Badeseen

Aarbergen (Passavant-Waldschwimmbad) . . . 4
Babenhausen (Freibad) . . . 9
Bad Homburg (Seedammbad) . . . 11
Bad Homburg (Taunus-Therme) . . . 12
Bad Nauheim (Therme am Park) . . . 14
Bad Nauheim (Usa-Wellenbad) . . . 14
Bad Orb (Toskana Therme) . . . 16
Bad Schwalbach (Freibad) . . . 19
Bad Soden am Taunus (FreiBadSoden) . . . 20
Bad Soden Salmünster (Spessart-Therma) . . . 22
Bensheim (Basinus-Bad) . . . 25
Birkenau (Freibad) . . . 28
Büdingen (Freibad) . . . 34
Bürstadt (Waldschwimmbad) . . . 35
Butzbach (Schrenzer Bad) . . . 38
Butzbach (Freibad Maibach) . . . 38
Butzbach (Hallenbad) . . . 38
Darmstadt (Jugendstilbad) . . . 43
Dietzenbach (Waldschwimmbad) . . . 48
Eltville (Freibad) . . . 51
Eltville (Hallenbad im Hotel Schloss Reinharts-hausen) . . . 51
Erlensee (Hallenbad und Sauna) . . . 61

Eschborn (Wiesenbad) 63
Friedrichsdorf (Freibad) 76
Fürth (Freibad).. 78
Geisenheim (Rheingaubad)........................... 80
Griesheim (Freibad) 86
Griesheim (Hallenbad) 86
Groß-Gerau (Freibad) 88
Groß-Gerau (Hallenbad)............................. 88
Groß-Umstadt (Freizeitbad) 91
Hainburg (Badesee) 92
Hanau (Heinrich-Fischer-Bad) 98
Hanau (Lindenaubad) 98
Heppenheim (Naherholungsgebiet Bruchsee)....... 102
Heppenheim (Freibad) 102
Höchst im Odenwald (Freibad) 105
Hofheim (Rhein-Main-Therme)...................... 107
Idstein (Tournesol-Erlebnisbad).................... 111
Kelsterbach (Sport- und Wellnessbad) 116
Königstein im Taunus (Kurbad)..................... 119
Kronberg im Taunus (Waldschwimmbad)........... 122
Lampertheim (Freibad)............................. 124
Lampertheim (Hallenbad) 124
Langen (Waldsee).................................. 125
Langen (Freizeit- und Familienbad) 125
Langenselbold (Freibad)............................ 127
Langenselbold (Kinzigsee)......................... 127
Lorsch (Waldschwimmbad) 129
Maintal (Maintal-Bad).............................. 131
Michelstadt (Waldschwimmbad).................... 134
Mörfelden-Walldorf (Badesee Walldof) 136
Mörfelden-Walldorf (Waldschwimmbad)........... 137
Mühlheim (Hallenbad) 138
Mühlheim (Freibad)................................ 138
Neu-Anspach (Waldschwimmbad) 140
Neu-Isenburg (Waldschwimmbad) 142
Neu-Isenburg (Hallen- und Wellenbad) 142
Nidda (Justus-von-Liebig-Therme).................. 144
Nidda (Hallen- und Freibad) 144
Nidderau (Nidderbad).............................. 146
Ober-Ramstadt (Freibad) 148
Oberursel (Freibad) 150
Oestrich-Winkel (Freibad) 153
Offenbach (Schultheis-Weiher)..................... 157
Offenbach (Waldschwimmbad Rosenhöhe).......... 158
Pfungstadt (Bade SaunaPark)....................... 161
Raunheim (Hallenbad) 163
Raunheim (Waldsee)............................... 163
Reichelsheim (Schwimmbad)....................... 165
Reichelsheim (Schwimmbad Beerfurth)............. 165
Reinheim (Freibad)................................ 167
Riedstadt (Freibäder Goddelau/Crumstadt)......... 169
Riedstadt (Riedsee)................................ 169
Rodgau (Strandbad Rodgau-See) 171
Rüsselsheim (Hallen- und Freizeitbad An der Lache). 173
Rüsselsheim (Waldschwimmbad) 173
Seeheim-Jugenheim (Freizeitbad) 178
Seligenstadt (Freibad).............................. 180
Steinau an der Straße (Freibad Steinau)............ 184
Steinau and der Straße (Freibad Ulmbach) 184
Taunusstein (Freibad).............................. 190
Trebur (Freibad)................................... 192
Usingen (Hattensteinweiher)........................ 194
Usingen (Taunusbad) 195
Viernheim (Waldsee)................................ 197
Wächtersbach (Freibad)............................ 199
Wald-Michelbach (Freibad)......................... 201
Wehrheim (Freibad)................................ 203
Weiterstadt (Hallenbad) 204
Wiesbaden (Thermalbad Aukammtal) 210
Wiesbaden (Kaiser-Friedrich-Therme)............... 211
Wiesbaden (Freibad Maaraue)...................... 211
Wiesbaden (Freibad Kallebad) 211
Wiesbaden (Frei- und Hallenbad Kleinfeldchen)..... 211
Wiesbaden (Hallenbad Kostheim) 212
Wiesbaden (Opelbad Neroberg) 212
Wiesbaden (Freizeitbad Mainzer Straße)............ 212

‣ Tennis

Bad Schwalbach 18
Nidda.. 145
Sulzbach.. 187

‣ Wandern

Aarbergen (Aarhöhenwanderweg).................... 4
Abststeinach (Panoramaweg) 6
Bad Vilbel (Stadtwald).............................. 24
Birkenau (Höhenweg)............................... 28
Bischofsheim (Ortsdamm-Rundweg) 30
Büdingen (Vulkansteig) 34
Butzbach (Hessentagswanderweg/
Keltenrundwanderweg) 38
Dietzenbach (Regionalparkroute).................... 48
Eltville (Wanderwege in und um Rauenthal, Tour
„Kloster Eberbach“, Rheinsteig) 51
Erbach im Odenwald (Nibelungensteig,
Alemannenweg) 58
Erlensee (Jakobsweg) 61
Friedrichsdorf (Friedrichsdorfer Rundwanderweg).... 76
Geisenheim (Weinwanderungen) 80
Groß-Umstadt (Weininselweg, Umstädter
Panoramaweg, Weinlehrpfad).................. 91
Kelsterbach (Regionalparkroute).................... 116
Riedstadt (Elisabeth-Langgässer-Wanderweg) 169
Rodgau (Rodgau-Rundweg) 171
Rüsselsheim (Route der Industriekultur) 174
Steinau an der Straße (Eselsweg, Hessische Apfel-
wein- und Obstwiesenroute, Jakobsweg)........ 185
Wiesbaden (Rheingauer Riesling-Route, Rheinsteig). 210

‣ Wellness

Bad Homburg (Kaiser-Wilhelm-Bad/Day Spa
Kur Royal).. 12
Bad Nauheim (Wellness in den Gradierbauten) 13
Bad Orb (Gradierwerk) 16

‣ Wintersport

Taunusstein (Loipen in Naturpark Rhein-Taunus) ... 190
Wiesbaden (Loipe Kellerskopf, Skiwanderweg
Platte, Loipe Hohe Kanzel) 212

‣ Sonstige Freizeitmöglichkeiten

Bad Homburg (Casino) 10
Bruchköbel (Campinganlage Bärensee) 31
Bruchköbel (Freizeitanlage Dicke Eiche)............. 31
Eltville (Schiffsausflüge auf dem Rhein).............. 51

Fürth (Generationenpark „Steinbachwiesen“) 78
Hanau (Aqua Fun Bootsverleih) 98
Idstein (Hochseilgarten) 112
Lorsch (Trimm-Dich-Anlage) 129
Maintal (Schiffstour) 131
Michelstadt (Erlebniskletterpark Würzberg) 134
Neu-Anspach (Motorradstraße) 140
Neu-Isenburg (Sport- und Bewegungspark) 142
Nidda (Geocaching) 144
Oestrich-Winkel (Kutschfahrten) 153
Offenbach (Kletterpark) 157
Steinau an der Straße (Kletterwald) 184
Sulzbach (Main-Taunus-Einkaufszentrum) 187
Viernheim (Familiensportpark West) 197
Viernheim (Kletterwald Rhein-Neckar) 197
Wächtersbach (Kartbahn) 199
Wald-Michelbach (Solardraisine) 201
Wiesbaden (THermine-Touristikbahn) 210

Veranstaltungskalender

▸ wiederkehrende Veranstaltungen

Aarbergen (Kerb in allen Ortsteilen) 5
Abtsteinach (Prunksitzung und Umzug am Fastnachtssonntag) 7
Abtsteinach (Kunsthandwerkermarkt zu Pfingsten) . . . 7
Abtsteinach (Wallfahrt nach Lichtenklingen am Sonntag nach Maria Himmelfahrt) 7
Alsbach-Hähnlein (Kunst- und Handwerkermarkt zu Pfingsten) 7
Babenhausen (Ostermarkt eine Woche vor Ostern) 9
Bad Homburg (Skulpturenausstellung „Blickachsen“ alle zwei Jahre) 12
Bad Homburg (Orgelfestival „Fugato“ alle zwei Jahre) 12
Bad Homburg („Amazing Thailand“ im Sommer) 12
Bad Nauheim (Museumszug an jedem ersten und dritten Sonntag im Monat) 14
Bad Orb (Ausstellung „Dialog der Elemente“ im Frühjahr“) 17
Bad Schwalbach (autofreier Sonntag „Fahr zur Aar“) . 19
Bad Schwalbach (Moorspektakel) 19
Bad Schwalbach (Eisbahn „Ice 4 Moor“) 19
Bad Soden (Weintage am Frühjahr) 20
Bad Soden Salmünster (Salmünsterer Passionsspiele alle drei Jahre) 20
Bad Vilbel (Open-Air-Kino im Freibad) 24
Bad Vilbel (Quellenfest in der Woche nach Pfingsten) 24
Bensheim (Verleihung des Theaterpreises „Gertrud-Eysoldt-Ring“) 26
Benheim (Musikfestival „Vogel der Nacht“ in der letzten Woche der Sommerferien) 26
Bensheim („Maiway-Festival“ in der Christi-Himmelfahrt-Nacht) 26
Bruchköbel (Ostermarkt) 31
Bruchköbel (Hof- und Gassenfest) 31
Bruchköbel (Mais- und Kürbisfest zur Erntezeit) 31
Büttelborn (Rosensonntagsumzug) 37
Butzbach (Open-Air-Kino im Schloss im Sommer) 39
Darmstadt (Schlossgrabenfest) 45
Darmstadt („Darmstädter lange Nacht“ alle zwei Jahre Ende August) 45
Dieburg (Fastnacht) 47
Dieburg (Schlossgartenfest im Sommer) 47
Eltville (Narzissenmarkt zwei Wochen vor Ostern) 52
Eltville (Rheingau Musik-Festival im Sommer) 52
Eltville (Burghofspiele) 52
Eppstein (Burgfestspiele im Sommer) 54
Eppstein (Burglauf im Juni oder Juli) 54
Eppstein (Holzbildhauersymposium alle drei Jahre) . . 54
Erlensee (Hof- und Gassenfest alle zwei bis drei Jahre) 61
Eschborn („Summertime“ von Juni bis August) 63
Eschborn (Niederhöchstädter Markt alle zwei Jahre) . . 63
Flörsheim (Bad Weilbacher Brunnenfest am Pfingstwochenende) 66
Frankfurt am Main (IAA – Internationale Automobilausstellung) 72
Frankfurt am Main (Museumsuferfest) 72
Frankfurt am Main (Wäldchestag am Dienstag nach Pfingsten) 72
Frankfurt am Main (Dippemess im Frühjahr und im Herbst) 72
Fürth (Adventsmarkt am ersten Advent in Steinbach) 79
Glashütten (Kerb an Pfingsten) 84
Groß-Gerau („Groß-Gerauer Akzente“ von März bis November) 89
Groß-Gerau (Kreisbauernmarkt am Erntedank-Sonntag) 89
Hainburg (Hainburger Markt im Frühling) 93
Hainburg (Martinsmarkt im Herbst) 93
Hanau (Brüder-Grimm-Märchenfestspiele im Sommer) 99
Hofheim (Wäldchestag am Dienstag nach Pfingsten) 108
Hofheim (Internationale Musiktage) 108
Idstein (Weinfest zu Himmelfahrt) 112
Kelkheim (Rosenmontagszug) 115
Kelkheim (Stadtmarkt im Frühjahr) 115
Kelkheim (Erntedankfest auf dem Rettershof) 115
Königstein im Taunus (Burgfest) 119
Königstein im Taunus (Bahnhofsfest) 119
Langen (Sommerspiele) 125
Langenselbold (Stadtfest alle drei Jahre) 127
Lorsch (Umzug am Fastnachtsdienstag) 129
Michelstadt (Bienenmarkt zu Pfingsten) 134
Michelstadt (Erbach-Michelstädter Theatersommer) . 134
Neu-Anspach (Seifenkistenrennen) 140
Neu-Isenburg (Open-Doors-Festival im Sommer) 142
Nidda (nidda erlesen) 145
Oberursel (Brunnenfest am Wochenende nach Pfingsten) 150
Oberursel (Seifenkistenrennen im Sommer) 150
Offenbach (Internationale Lederwarenmesse) 159
Raunheim (Strandbar am Main im Sommer) 163
Reichelsheim (Ostermarkt) 165
Reinheim (Reinheimer Musiktage alle zwei Jahre) . . . 167
Rüsselsheim (Kultur im Sommer) 174
Rüsselsheim (Mainfest) 174
Schwalbach am Taunus (Faschingsball „Zulu's Ball“) . . 176
Seligenstadt (Zunft- und Handwerkermarkt alle zwei Jahre) 180

Seligenstadt (Geleitsfest alle vier Jahre) 181
Steinau an der Straße (Jockes-Markt im Juni/Juli) ... 185
Wächtersbach (Messe in der Himmelfahrtswoche) .. 199
Wächtersbach (Heiratsmarkt über Pfingsten) 199
Weiterstadt (Weiterstädter Automobil-Ausstellung) . 205
Wiesbaden (Ostermarkt zwei Wochen vor Ostern) .. 213
Wiesbaden (Internationales Pfingstreitturnier) 213

‣ Januar

Eltville (Gutenberg-Winter) 52

‣ März

Butzbach (Faselmarkt) 39
Gelnhausen (Barbarossamarkt) 83
Heppenheim (Frühjahrsmarkt) 103
Idstein (Hexenmarkt alle zwei Jahre) 112
Idstein (Monkey-Jump-Festival) 112

‣ April

Darmstadt (Frühjahrsmesse) 45
Eltville (Rheingauer Schlemmerwochen) 52
Wiesbaden (Filmfestival goEast) 213

‣ Mai

Aarbergen (Fahr zur Aar) 5
Bensheim (Weinlagenwanderung) 25
Darmstadt (Jugendstilfest) 45
Eltville (Frühlingsfest) 52
Eschborn (Eschenfest) 63
Frankfurt am Main (Radrennen „Rund um den Finanzplatz Eschborn-Frankfurt“) 72
Glashütten (Kirmes in Schlossborn) 84
Höchst im Odenwald (Apfelblütenfest) 105
Königstein im Taunus (Ritterturnier) 119
Lorsch (Frühlingsmarkt) 129
Oestrich-Winkel (Dippemarkt) 153
Seeheim-Jugenheim (Kulturtage) 178
Wiesbaden (Internationale Maifestspiele) 213

‣ Juni

Bad Schwalbach (Sommernachtsfest) 19
Bad Vilbel (Burgfestspiele bis September) 24
Biblis (Gurkenfest) 27
Eltville (Rosentage) 52
Eltville (Erdbeerfest) 52
Fürth (Johannismarkt) 79
Groß-Umstadt (Johannisfest) 91
Hanau (Lamboyfest) 99
Heppenheim (Bergsträßer Weinmarkt) 103
Höchst im Odenwald (Römerfest auf der Haselburg) . 105
Idstein (Jazz-Festival) 112
Kronberg im Taunus (Festival Chamber-Music-connects-the-World) 122
Lampertheim (Spargelfest) 124
Langen (Ebbelwoi-Fest) 125
Lorsch (Pfingstrosenmarkt) 129
Mörfelden-Walldorf (Jazzfest) 137
Nidda (Parkfest) 145
Oestrich-Winkel (Weinfest) 153
Offenbach (Mainuferfest) 158
Raunheim (Bahnhofstraßenfest) 163
Reinheim (Reinheimer Markt) 167
Sulzbach (Straßenfest) 187
Taunustein (Hahner Zentrumsfest) 190
Usingen (Flohmarkt) 195
Viernheim (Brundtland-Citylauf) 197
Viernheim (4nheimer Stadtfest) 197
Wiesbaden (Wilhelmstraßenfest) 213

‣ Juli

Bad Orb (Kurpark-Fest) 17
Bad Soden Salmünster (Stadtfest Bad Soden) 22
Darmstadt (Heinerfest) 45
Eltville (Sekt- und Biedermeierfest) 52
Erbach im Odenwald (Wiesenmarkt) 58
Eschborn (Wiesenfest) 63
Frankfurt am Main (Ironman European Championship) 72
Geisenheim (Lindenfest am dritten Wochenende) ... 80
Hanau („Love Family Park“) 99
Hanau (Wilhelmsbader Sommernacht) 100
Heppenheim (Festspiele bis September) 103
Heppenheim („Gassensensationen“) 103
Kronberg im Taunus (Thäler Kerb) 122
Maintal (Hochstädter Kerb) 131
Pfungstadt (Brauereifest) 162
Reichelsheim (Ponyspiele) 165
Usingen(Familienfest) 195
Usingen (Schlossgartenfest) 195
Viernheim (Siedlerfest) 197
Wald-Michelbach (Heimatfest) 202
Wald-Michelbach (Überwälder Traumnacht) 202
Wiesbaden (Schiersteiner Hafenfest) 213

‣ August

Alsbach-Hähnlein (Kinder-Ritterfest) 8
Bad Nauheim (European Elvis Festival) 14
Bad Soden Salmünster (Altstadtfest Salmünster) 22
Bad Vilbel (Bad Vilbeler Markt) 24
Biblis (Wattenheimer Kerb) 27
Bruchköbel (Altstadtfest) 31
Büttelborn (Weinfest) 37
Eppstein (Burgfest) 54
Flörsheim (Wickerer Weinfest) 66
Flörsheim (Prozession anlässlich des „Verlobten Tags“) 66
Friedrichsdorf (Sommerbücke) 77
Glashütten (Fischerfest) 85
Hanau (Internationaler Kunsthandwerkermarkt) 100
Heppenheim (Kirchweih) 103
Idstein (Römerfest) 112
Idstein (Altenburger Markt) 112
Kornberg im Taunus (Brunnenfest in Schönberg) 122
Maintal (Wachenbuchener Kerb) 131
Oberursel (Rheingauer Weinfest) 150
Offenbach (Lichterfest) 159
Raunheim (Kerb) 163
Rüsselsheim (Kerb) 174
Steinau an der Straße (Märchensonntag) 185
Sulzbach (Jazz-Dämmerschoppen) 187
Taunusstein (Bleischter Kerb) 190
Trebur (Trebur Open-Air-Festival) 192
Trebur (Kerb) 192
Viernheim (Triathlon) 197
Viernheim (Museumsfest) 197

Wehrheim (Kerb in Pfaffenwiesbach) . . . 203
Weiterstadt (Open-Air-Filmfest) . . . 205

▸ September

Alsbach-Hähnlein (Kinder-Kelterfest) . . . 8
Babenhausen (Altstadtfest) . . . 9
Bad Homburg (Laternenfest) . . . 12
Bad Nauheim (Jugenstilfestival) . . . 14
Bad Orb (Spessartchallenge) . . . 17
Bad Orb (Blasmusikfest) . . . 17
Bensheim (Bergsträßer Winterfest) . . . 25
Biblis (Kirchweih) . . . 27
Biblis (Kerb in Nordheim) . . . 27
Bischofsheim („Bischemer Kerb") . . . 30
Butzbach (Altstadtfest) . . . 39
Darmstadt (Martinskerb am Riegerplatz und Lappingskerb in Bessungen) . . . 45
Erbach im Odenwald (Kerwemarkt) . . . 59
Frankfurt am Main (Buchmesse) . . . 72
Fürth (Michaelismarkt) . . . 79
Glashütten (Museumsfest) . . . 85
Griesheim (Zwiebelmarkt) . . . 87
Groß-Gerau (Nach der Sinne) . . . 89
Groß-Umstadt (Winzerfest) . . . 92
Hanau (Bürgerfest) . . . 100
Höchst im Odenwald (Kartoffelmarkt) . . . 105
Kelsterbach (Kerb) . . . 116
Kelsterbach (Altstadtfest) . . . 116
Lampertheim (Kerwe) . . . 124
Langen (Fürstliches Gartenfest) . . . 126
Lorsch (Kerb) . . . 129
Offenbach (Kulturfest der Nationen) . . . 159
Pfungstadt (Kerb) . . . 162
Reinheim (Reinheimer Satirewochen) . . . 167
Riedstadt (Wutzdog-Festival) . . . 169
Rodgau (Familiendrachenfest) . . . 172
Steinau an der Straße (Puppenspieltage) . . . 185
Sulzbach (Folklore-Fest) . . . 187
Taunussstein (Neuhofer Kerb) . . . 190
Trebur (Straßenfest „Spass uff de Gass") . . . 192
Usingen (Laurentiusmarkt) . . . 195
Wald-Michelbach (Gassenmarkt) . . . 202

▸ Oktober

Aarbergen (Rückershäuser Markt) . . . 5
Aarbergen (Erlebnistag im Aartal) . . . 5
Bad Orb (Gradierwerkfest) . . . 17
Butzbach (Katharinenfest) . . . 39
Erbach im Odenwald (Odenwälder Bauernmarkt) . . . 59
Frankfurt am Main (Marathon) . . . 72
Gelnhausen (Schelmenmarkt) . . . 83
Hainburg (Kerb in Klein-Krotzenburg und Hainstadt). 93
Hofheim (Gallusmarkt) . . . 108
Hünstetten (Abbuter Kerb in Wallrabenstein) . . . 109
Hünstetten (Görsrother Kerb) . . . 109
Kronberg im Taunus (Oberhöchstädter Kerb) . . . 122
Kronberg im Taunus (Herbstfrüchtefest) . . . 122
Michelstadt (Kirchweih und Weinbrunnenfest) . . . 134
Mörfelden-Walldorf (Kerbe in Merfelle und Walldorf) . . . 137
Nidderau (Herbstmarkt) . . . 147
Steinau an der Straße (Katharinenmarkt) . . . 185
Sulzbach (Kerb) . . . 187
Taunusstein (Hahner Kerb) . . . 190
Taunusstein (Wingsbacher Kerb) . . . 190
Taunusstein (Orlener Kerb) . . . 190
Taunusstein (Wehener Kerb) . . . 190
Weiterstadt (Oktoberfest) . . . 205

▸ November

Dieburg (Martinsmarkt) . . . 47
Eltville (Kappeskerb) . . . 52
Hanau (SWH-Eisarena) . . . 100
Hünstetten (Beuerbacher Kerb) . . . 109
Michelstadt (Nightgroove) . . . 134
Mörfelden-Walldorf (Mö-Wa-rockt) . . . 137
Nidda (Martinimarkt) . . . 145
Viernheim (Kerwe) . . . 197
Wehrheim (Adventsmarkt in Obernhain) . . . 203
Wiesbaden (Sternschnuppenmarkt) . . . 213

▸ Dezember

Aarbergen (Weihnachtsmarkt) . . . 5
Abtsteinach (Weihnachtsmarkt in Ober-Abtsteinach) . . 7
Alsbach-Hähnlein (mittelalterlicher Weihnachtsmarkt). .8
Babenhausen (Weihnachtsmarkt) . . . 9
Bad Vilbel (Weinachtsmärkte) . . . 24
Biblis (Weihnachtsmarkt in Nordheim und Wattenheim) . . . 27
Bruchköbel (Weihnachtsmarkt) . . . 31
Darmstadt (Weihnachtsmarkt) . . . 45
Eltville (Weihnachtsmarkt) . . . 52
Erbach im Odenwald (Schlossweihnacht) . . . 59
Eschborn (Weihnachtsmarkt) . . . 63
Frankfurt am Main (Weihnachtsmarkt) . . . 72
Friedrichsdorf (Weihnachtsmärkte) . . . 77
Fürth (Weihnachtsmarkt am zweiten Adventswochenende) . . . 79
Glashütten (Weihnachtsmärkte) . . . 85
Groß-Gerau (Weihnachtsmarkt) . . . 89
Groß-Umstadt (Weihnachtsmarkt) . . . 92
Hanau (Weihnachtsmarkt) . . . 100
Idstein (Weihnachtsmarkt) . . . 112
Kelkheim (Weihnachtsmärkte) . . . 115
Königstein im Taunus (Weihnachtsmarkt) . . . 119
Kronberg im Taunus (Weihnachtsmärkte) . . . 122
Langenselbold (Weihnachtsmarkt) . . . 127
Lorsch (Weihnachtsmarkt) . . . 129
Michelstadt (Weihnachtsmarkt) . . . 134
Mörfelden-Walldorf (Lichter- und Weihnachtsmarkt) . . . 137
Nidda (Weihnachtsmarkt) . . . 145
Oberursel (Weihnachtsmarkt) . . . 150
Oestrich-Winkel (Weihnachtsmarkt) . . . 153
Raunheim (Weihnachtsmarkt) . . . 163
Schwalbach am Taunus (Weihnachtsmarkt) . . . 176
Steinau an der Straße (Weihnachtsmarkt) . . . 185
Sulzbach (Weihnachtsmarkt) . . . 187
Taunusstein (Weihnachtsmärkte) . . . 190
Trebur (Weihnachtsmarkt) . . . 192
Usingen (Weihnachtsmarkt) . . . 195
Viernheim (Weihnachtsmarkt) . . . 197
Wächtersbach (Weihnachtsmarkt) . . . 199
Wehrheim (Weihnachtsmärkte) . . . 203
Weiterstadt (Weihnachtsmarkt) . . . 205
Wiesbaden (Silvester im Kurhaus) . . . 213

Abbildungsverzeichnis

Tourismus+Congress GmbH Frankfurt am Main 1
Stadt Steinau 3
Gemeinde Aarbergen 5
Gemeinde Abtsteinach 6, 7 oben
wikipedia,Fotograf/User Diana: CC-BY-SA-3.0-DE 7 unten
Stadt Babenhausen 9
wikipedia, Fotograf/User Karsten Ratzke: CC-BY-SA-3.0-DE 11
Bad Nauheim Stadtmarketing und Tourismus GmbH 13, 14
Bad Nauheim Stadtmarketing und Tourismus GmbH
Bad Orb Marketing GmbH 16, 17
Stadt Bad Schwalbach 18
Stadt Bad Soden am Taunus 20
Kur- und Freizeit GmbH Bad Soden-Salmünster 21, 22
Seeger, Bad Vilbel 23
Stadt Bensheim 25
Archiv Gemeinde Biblis 26
Gemeinde Birkenau 27, 28
Bernd Schiffler, Bischofsheim 29
Stadt Büdingen 32, 33
Stadt Bürstadt 35
Gemeinde Büttelborn 36
Stadt Butzbach 37
Ulrich Matthias, Darmstadt 40, 44
Alex Deppert, Darmstadt 41
Stadt Dieburg 46
Stadt Dietzenbach 48, 49
Stadt Eppstein 53
Stadtmarketing Erbach im Odenwald 55, 56, 57
Stadt Erlensee 60
Stadt Eschborn 62, 63
Stadt Flörsheim 64
Tourismus+Congress GmbH Frankfurt am Main 67, 70, 72
Reiner Strack, Friedberg 73
Fotoarchiv Stadt Friedrichsdorf 75, 76
Wikipedia, Fotograf/User September9: CC-BY-SA-2.0-DE 77
Stadt Geisenheim 79
Stadt Gelnhausen 81, 82
Gemeinde Glashütten 84
Stadt Griesheim 85, 86
Kreisstadt Groß-Gerau 87, 89
Stadt Groß-Umstadt 90
Gemeinde Hainburg 92
Medienzentrum der Stadt Hanau 93, 94, 95
Stadt Heppenheim 101, 102
Stadt Höchst im Odenwald 103, 104, 105
Stadt Hofheim, Pfannkuch/Huber 106, 107
wikipedia, Fotograf/User Frank Winkelmann: CC-BY-SA-3.0-DE 80
wikipedia, Fotograf/User Johannes Robalotoff: CC-BY-SA-3.0-DE 81
Stadt Idstein 110, 111
Stadt Kelkheim 113, 114
Stadt Kelsterbach 115
Stadt Königstein im Taunus 117, 118
Wikipedia, Fotograf/User dontworry: CC-BY-SA-2.5-DE 120 oben
Wikipedia, Fotograf/User dontworry: CC-BY-SA-2.5-DE 120 unten
Armin Kübelbeck 123
Stadt Langenselbold 126, 127
Gerhard Lindemann, Lorsch 128 oben
Ludwig März, Lorsch 128 unten
Stadt Maintal 130
Stadt Michelstadt, Corinna Panayi-Konrad 132, 133
Stadt Mörfelden-Walldorf 135, 136
Pressestelle der Stadt Mülheim am Main 137, 138
wikipedia, Fotograf/User dontworry: CC-BY-SA-3.0-DE 139
Stadt Neu-Isenburg 141, 142
Stadt Nidda 144
Stadt Nidderau 146
Wikipedia, Fotograf/User DietG: CC-BY-SA-3.0-DE 147
Stadt Oberursel 149
Christian Hoffmann, Oestrich Winkel 151, 152
Magistrat der Stadt Offenbach, Amt für Öffentlichkeitsarbeit, Marketing 154, 155, 158
Stadt Pfungstadt 160, 161
Stadt Raunheim 162
Stadt Reichelsheim 164, 165
wikipedia, Fotograf/User Vadder Pemm, Public Domain 166 oben
Stadt Reinheim 166 unten
Stadt Riedstadt, Rudolf Stricker 167
Stadt Rodgau 170, 171
Stadt Rüsselsheim 172, 173
Archiv der Stadt Schwalbach am Taunus 175
wikipedia, Fotograf/User Rudolf Stricker 177
Mathias Neubauer, Seligenstadt 179
Stadt Steinau 182, 183
Stadt Sulzbach 186, 187
Stadt Taunusstein 188, 189
Presse- und Öffentlichkeitsarbeit Trebur 191
Eberhard Schrimpf, Usingen 193, 195
wikipedia, Fotograf/User Rudolf Stricker 196
Stadt Wächtersbach 198
Gemeinde Wald-Michelbach 200, 201
Karl-Friedrich Kolaß, Wehrheim 203
Stadt Weiterstadt 205
Wiesbaden Marketing, Stephan Richter 206
Wiesbaden Marketing, Oliver Hebel 211
Wiesbaden Marketing, Axel Unbehend 212/213
Umschlagvorderseite: dpa picture-alliance GmbH/ Friedel Gierth
Umschlagklappe hinten: Stadtmarketing Erbach im Odenwald, Stadt Babenhausen, Stadt Dietzenbach
Umschlagrückseite: Stadt Eltville